学术顾问：魏中林

应用型大学课程思政建设研究

周二勇　毕会东　著

北京理工大学出版社
BEIJING INSTITUTE OF TECHNOLOGY PRESS

内 容 简 介

本书围绕应用型大学课程思政建设工作,深入探讨了如何落实立德树人根本任务,深化课程思政改革的相关问题。本书聚焦应用型大学课程思政面临的新问题、新任务、新要求,从价值、制度、机制、体系、模式、方法、评价、案例等方面切入,并结合应用型大学的特性,全面阐述了应用型大学课程思政建设的关键内容、核心问题,既有学理层面的分析阐述,又有实践层面的探索应用。全书框架完整、内容全面、结构清晰,是理论与实践相结合的研究成果,对于应用型大学课程思政建设有借鉴和启发作用。

版权专有　侵权必究

图书在版编目(CIP)数据

应用型大学课程思政建设研究 / 周二勇,毕会东著.
北京:北京理工大学出版社,2024.6.
ISBN 978-7-5763-4185-0

Ⅰ.G641

中国国家版本馆 CIP 数据核字第 20242DR490 号

责任编辑:徐艳君		**文案编辑**:徐艳君	
责任校对:周瑞红		**责任印制**:李志强	

出版发行 / 北京理工大学出版社有限责任公司
社　　址 / 北京市丰台区四合庄路 6 号
邮　　编 / 100070
电　　话 / (010)68914026(教材售后服务热线)
　　　　　　(010)68944437(课件资源服务热线)
网　　址 / http://www.bitpress.com.cn

版 印 次 / 2024 年 6 月第 1 版第 1 次印刷
印　　刷 / 唐山富达印务有限公司
开　　本 / 787 mm×1092 mm　1/16
印　　张 / 13.25
字　　数 / 308 千字
定　　价 / 105.00 元

图书出现印装质量问题,请拨打售后服务热线,负责调换

序

习近平总书记在全国高校思想政治工作会议上指出，"高校立身之本在于立德树人。"他强调，"要用好课堂教学这个主渠道，思想政治理论课要坚持在改进中加强，提升思想政治教育亲和力和针对性，满足学生成长发展需求和期待，其他各门课都要守好一段渠、种好责任田，使各类课程与思想政治理论课同向同行，形成协同效应。"这为新时代高校课程思政建设指明了方向。党的二十大报告强调"办好人民满意的教育"，这对"全面贯彻党的教育方针，落实立德树人根本任务，培养德智体美劳全面发展的社会主义建设者和接班人"提出了更高的要求，也将课程思政建设推进到了一个崭新的阶段。

课程思政理念，缘起于习近平总书记2016年12月在全国高校思想政治工作会议上的重要讲话。为了贯彻落实习近平总书记的重要讲话精神，2017年2月，中共中央、国务院印发《关于加强和改进新形势下高校思想政治工作的意见》，要求"充分发掘和运用各学科蕴含的思想政治教育资源"。同年12月，教育部印发文件《高校思想政治工作质量提升工程实施纲要》，首次正式提出"课程思政"概念，提出一体化构建内容完善、标准建全、运行科学、保障有力、成效显著的高校思想政治工作质量体系，形成全员全过程全方位育人（即"三全育人"）格局。这是我们党和国家在思想政治工作中，经过多年的探索和实践总结，正式提出来的一个新概念。

党和国家高度重视课程思政建设。2018年9月，习近平总书记在全国教育大会上强调："要把立德树人融入思想道德教育、文化知识教育、社会实践教育各环节，贯穿基础教育、职业教育、高等教育各领域，学科体系、教学体系、教材体系、管理体系要围绕这个目标来设计，教师要围绕这个目标来教，学生要围绕这个目标来学。"而后，教育部随即出台了《关于加快建设高水平本科教育全面提高人才培养能力的意见》，特别强调"把思想政治教育贯穿高水平本科教育全过程"，在构建"三全育人"大格局的过程中，着力推动高校全面加强课程思政建设，做好整体设计，根据不同专业人才培养特点和专业能力素质要求，科学合理设计思想政治教育内容。2019年3月，习近平总书记在学校思想政治理论课教师座谈会上指出，"要坚持显性教育和隐性教育相统一，挖掘其他课程和教学方式中蕴含的思想政治教育元素。"之后，教育部于2020年5月印发了《高等学校课程思政建设指导纲要》，于2021年3月印发了《关于开展课程思政示范项目建设工作的通知》，又于同年12月印发了《关于深入推进高校课程思政建设的通知》。2022年7月，中宣部、教育部等十部委联合印发《全面推进"大思政课"建设的工作方案》。

在党和国家的大力推进下，各省市、各高校相继出台相关文件，积极进行探索实践。如今，课程思政建设已经形成了丰富的经验。这些宝贵的经验，亟须进行总结提炼，形成相应的理论成果并分享，从而给更多的教育同人提供相应的指导和借鉴，以便更好地将价值塑造、知识传授和能力培养融为一体，抓住教师队伍"主力军"、课程建设"主战场"、课堂教学"主渠道"，让高校各类课程与思政课程同向同行，构建全员全过程全方位育人大格局，提高人才培养质量，为党育人、为国育才。

基于这一思想，南博教育研究院结合广东科技学院建设应用型本科大学的实践探索，在应用型大学系列研究中，开展了应用型大学课程思政建设研究。近年来，南博教育研究院在此系列研究中，已经取得丰硕的成果，目前已经组织系列研究项目8项，出版专著《粤港澳大湾区与新时代应用型高等教育》《高水平应用型本科专业建设：人才培养模式与评价体系研究》《高水平应用型大学要素研究》《高水平应用型大学课程建设研究》《高水平应用型大学产教融合研究》等5部。

《应用型大学课程思政建设研究》紧紧围绕应用型大学课程思政面临的顶层设计和体制机制不完善、教师课程思政意识不强及能力不足、思政教育与专业教育融合较难等新问题，聚焦于思想政治教育工作、高等教育教学发展和时代新人成长成才三个方面肩负的重要历史使命，从应用型大学课程思政价值、制度、协同育人机制、体系建设、模式、方法、成效评价、数字化赋能以及实践案例等方面，全面阐述了应用型大学课程思政建设的关键内容、核心问题，既有学理层面的分析阐述，又有实践层面的着力探索，以期积极应对中国特色社会主义思想政治教育面临的新挑战，回应新时代对高等教育育人工作提出的新要求，满足培养担当民族复兴大任的时代新人的新需求。

应用型大学课程思政建设研究具有重要意义。早在2014年，上海市将德育纳入教育综合改革重要项目，逐步探索从思政课程到课程思政的转变，推出了"大国方略"等一批"中国系列"课程，选取部分高校进行试点，发掘专业课程思想政治教育资源。这些"课程思政"改革，给全国高校提供了一套有价值、可推广的"上海经验"。而对于应用型大学的探索与实践，广东科技学院也已初步形成了"广科模式"，在此基础上，广东科技学院又组织团队进行了应用型大学课程思政建设的深入研究，这些经验和研究，也必将对应用型大学开展课程思政工作有所裨益。总的来说，可概括为"三个有利于"：一是有利于应用型大学推动"大思政"格局的形成和"三全育人"模式的构建，二是有利于为应用型大学开展课程思政工作提供指导与借鉴，三是有利于新时代应用型大学学生的成长成才。

当然，课程思政建设是一个长期的过程，目前对于"广科模式"的经验总结和应用型大学课程思政建设的研究还有不够完善的地方，需要在今后的实践和研究中逐步丰富和完善。但就目前来看，这的确是一个极具有学术价值和实践意义的研究成果。这一研究成果，正如我在之前的系列著作的序中所说："是在南博集团刘东风董事长坚定持续的支持下，在主持者周二勇宏观组织和统筹下，由南博教育研究院的研究者与广东科技学院相关教师通力合作而成其功。从确定选题到分工，从形成提纲到初稿，其间一年多来笔耕不辍，每月一次的汇报、交流、讨论均留下深刻印象，并由此形成上下结合、左右协同、分工落实、互相支撑的良好工作机制。"在成书过程中，广东科技学院党委书记吴念香的大力支持、统筹协调，广东科技学院副校长毕会东的宏观指导，南博教育研究院执行院长邱林润卓有成效的具体组织落实，南博教育研究院办公室主任刘佳敏认真细心的保障安排，都给人留下了深刻的印象。

自2018年以来，南博教育研究院持续推进广东科技学院应用型大学系列研究，形成了教师广泛参与的系列研究项目，目前已有200多人次参与研究工作，营造了浓厚的应用型大学研究的学术氛围，取得了可喜成绩，锻炼了教师队伍。时至今日，已经形成有一定知名度的应用型大学"广科模式"品牌，得到了相关部门的高度认可、兄弟院校的广泛好评，以及专家学者的积极关注。应用型大学"广科模式"的系列研究成果，不仅极大地促进了广东科技学院高水平应用型大学的建设，也为应用型大学的健康发展提供了宝贵经验和借鉴。如今，《应用型大学课程思政建设研究》即将付梓，我们有理由相信，它将对应用型大学的课程思政建设起到积极的促进作用。

魏中林
2024年3月20日

目 录

绪 论 ·· 1
  一、课程思政的发展演变和内涵 ·· 1
  二、应用型大学课程思政研究的重要意义 ·· 6

第一章 应用型大学课程思政价值 ·· 15
  第一节 应用型大学课程思政价值意蕴 ·· 15
    一、应用型大学课程思政的价值本源 ·· 15
    二、应用型大学课程思政的价值内涵 ·· 18
  第二节 应用型大学课程思政价值取向 ·· 21
    一、爱党爱国、造福人类的核心价值取向 ·· 21
    二、育人为本、效力国家的社会价值取向 ·· 23
    三、能力为要、身心和谐的个人价值取向 ·· 25
    四、守法尚德、诚信敬业的人文价值取向 ·· 26
  第三节 应用型大学课程思政的价值导向 ·· 27
    一、坚定办学的政治方向 ·· 27
    二、坚持育人的精神引领 ·· 30
  第四节 应用型大学课程思政价值的实现路径 ·· 31
    一、构建"三全育人"的"大思政"格局 ·· 31
    二、构建"五育并举"的育人模式 ·· 32
    三、构建协同育人的课程思政体系 ·· 34

第二章 应用型大学课程思政制度 ·· 36
  第一节 历史视域下的课程思政制度 ·· 36
    一、历史逻辑：课程思政制度的由来 ·· 36
    二、理论逻辑：课程思政制度的本来 ·· 38
    三、实践逻辑：课程思政制度的未来 ·· 41
  第二节 层级视域下的课程思政制度 ·· 44
    一、课程思政制度的国家战略 ·· 44
    二、课程思政制度的省级设计 ·· 47
    三、课程思政制度的校级落地 ·· 50
  第三节 新时代视域下应用型大学课程思政制度 ······································ 51
    一、新时代应用型大学课程思政制度设计 ·· 52

  二、新时代应用型大学课程思政制度创新 ·················· 55
  三、新时代应用型大学课程思政制度评价 ·················· 57

第三章 应用型大学课程思政协同育人机制 ·················· 61
 第一节 理论基础、基本原则与顶层设计 ·················· 61
  一、课程思政协同育人的理论基础 ·················· 61
  二、课程思政协同育人的基本原则 ·················· 64
  三、课程思政协同育人的顶层设计 ·················· 65
 第二节 应用型大学课程思政协同育人机制创新实践 ·················· 66
  一、课程思政协同育人机制构建 ·················· 66
  二、课程思政协同育人实现机制 ·················· 69
  三、课程思政协同育人支持保障机制 ·················· 71

第四章 应用型大学课程思政体系建设 ·················· 74
 第一节 应用型大学课程思政体系构建的现状、目标、原则 ·················· 74
  一、应用型大学课程思政体系构建的现状 ·················· 74
  二、应用型大学课程思政体系构建的目标 ·················· 78
  三、应用型大学课程思政体系构建的原则 ·················· 79
 第二节 应用型大学课程思政体系构建的内容 ·················· 82
  一、切实构建"十大"育人体系 ·················· 82
  二、扎实构建"三全育人"体系 ·················· 87
 第三节 应用型大学课程思政体系构建的路径 ·················· 90
  一、统筹课程思政的部署设计 ·················· 90
  二、提升课程思政师资队伍的意识自觉 ·················· 92
  三、完善课程思政实践的教学方案 ·················· 94
  四、营造课程思政的浓厚环境氛围 ·················· 97

第五章 应用型大学课程思政模式 ·················· 100
 第一节 基于"五育并举"的课程思政模式探讨 ·················· 100
  一、"五育并举"的由来、内涵及意义 ·················· 100
  二、应用型大学"五育并举"模式介绍 ·················· 103
  三、"五育并举"育人模式下的课程思政模式构建 ·················· 108
 第二节 基于学生关键能力培养的课程思政模式探讨 ·················· 113
  一、应用型大学学生关键能力培养目标 ·················· 113
  二、应用型大学学生关键能力培养阐述 ·················· 117
  三、基于学生关键能力培养的课程思政模式构建 ·················· 120

第六章 应用型大学课程思政方法 ·················· 124
 第一节 应用型大学课程思政元素挖掘 ·················· 124
  一、课程思政元素挖掘的内在逻辑 ·················· 124
  二、课程思政元素内容的基本要求 ·················· 125
  三、课程思政元素挖掘的基本原则 ·················· 127
  四、课程思政元素挖掘的具体方法 ·················· 128
  五、课程思政元素融入的原则 ·················· 130

第二节　应用型大学课程思政融入 ……………………………………………………… 131
　　　一、课程思政融入的理论基础 …………………………………………………… 131
　　　二、课程思政融入的具体方法 …………………………………………………… 132
　　第三节　应用型大学课程思政教学实施 ………………………………………………… 134
　　　一、应用型大学课程思政载体创新 ……………………………………………… 134
　　　二、课程思政教学数字化赋能 …………………………………………………… 137
　　　三、应用型大学课程思政教学方法创新 ………………………………………… 138
　　　四、应用型大学课程思政教学考核方式创新 …………………………………… 139

第七章　应用型大学课程思政成效评价 ……………………………………………………… 141
　　第一节　课程思政成效评价整体概述 …………………………………………………… 141
　　　一、课程思政成效评价的背景意义 ……………………………………………… 141
　　　二、课程思政成效评价的现实境遇 ……………………………………………… 143
　　　三、课程思政成效评价的模式构建 ……………………………………………… 144
　　第二节　课程思政成效评价的改革路径 ………………………………………………… 147
　　　一、课程思政成效评价的对策建议 ……………………………………………… 147
　　　二、课程思政成效评价的方法创新 ……………………………………………… 148
　　　三、课程思政成效评价的反馈机制 ……………………………………………… 149
　　第三节　课程思政成效评价的应用范式 ………………………………………………… 151
　　　一、高等教育立德树人的内在要义 ……………………………………………… 151
　　　二、课程思政成效评价的标准体系 ……………………………………………… 153
　　　三、课程思政成效评价指标的构建逻辑 ………………………………………… 155

第八章　数字化赋能课程思政新探索 ………………………………………………………… 160
　　第一节　数字化赋能课程思政的背景、历程及意义 …………………………………… 160
　　　一、数字化赋能课程思政的背景 ………………………………………………… 160
　　　二、数字化赋能课程思政的历程 ………………………………………………… 161
　　　三、数字化赋能课程思政的意义 ………………………………………………… 163
　　第二节　数字化对传统课程思政的赋能机理 …………………………………………… 165
　　　一、数字化赋能课程思政的目的 ………………………………………………… 165
　　　二、数字化赋能课程思政的五大主体 …………………………………………… 167
　　　三、数字化对传统课程思政的赋能机理 ………………………………………… 169
　　第三节　数字化赋能课程思政的基本路径 ……………………………………………… 171
　　　一、数字化赋能构建智慧课程思政教学文化系统 ……………………………… 171
　　　二、数字化赋能建设课程思政开放课程 ………………………………………… 172
　　　三、数字化赋能建设课程思政优秀案例 ………………………………………… 173
　　　四、数字化赋能课程思政师资培训 ……………………………………………… 174
　　　五、数字化赋能课程思政教育效果评价机制 …………………………………… 175

第九章　应用型大学课程思政实践案例研究 ………………………………………………… 177
　　第一节　案例研究的意义 ………………………………………………………………… 177
　　　一、融通实践经验与理论创新，促进教育理论和实践的共同发展 …………… 177
　　　二、融通案例研究与案例教学，推动教育改革 ………………………………… 179

三、课程思政典型案例具有重要的引领价值作用 …………………… 181
　第二节　案例研究的基本思路 ………………………………………… 183
　　一、从"个"到"类"、从"典型"到"一般"的研究和概括………… 183
　　二、把握新时代课程思政典型案例的新特征 ………………………… 185
　　三、课程思政典型案例"三达成"目标 ……………………………… 187
　第三节　实践案例的探索 ……………………………………………… 189
　　一、基于内容的典型案例 ……………………………………………… 189
　　二、基于目标导向的典型案例 ………………………………………… 192
　　三、课程类视角的典型案例 …………………………………………… 197
后　记 …………………………………………………………………… 200

绪　论

一、课程思政的发展演变和内涵

（一）课程思政的发展演变

课程思政作为一个重要的教育理念，虽然是在当前特定历史时期提出的，但其发展演变却经历了一个漫长的历史过程。我国高等教育发展的实践表明，课程思政教育理念的形成和发展，是与思政课教育的演进过程紧密相连的，它们既相互统一，又相互影响，逐渐形成了同向同行、协同育人的良好格局。

中华人民共和国成立以来，在思想政治教育的实践过程中，中国共产党始终坚持将科学的马克思主义理论与中国教育的具体实际相结合、与中华优秀传统文化相结合，探索并创立了中国特色思想政治教育体系。在这一教育体系不断发展完善的过程中，思想政治理论课程的地位和作用日益凸显，同时其他课程的育人功能也越来越受到重视，课程思政教育理念便逐渐产生、发展、演变、成熟。

在梳理文献的过程中发现，对于课程思政教育理念的历史演进，学界说法不一。很多学者以"上海经验"为开端，追溯到2014年；有些学者则认为是从中共中央提出"把思想政治教育与业务教学工作结合起来"[①]开始的，追溯到20世纪80年代末；有些学者以改革开放为起点进行了深入系统分析，追溯到1978年[②]；还有些学者认为，对于思政课与其他课程同向同行的探索尝试可追溯到中华人民共和国成立初期。综合借鉴以上观点，笔者认为，自中华人民共和国成立以来，课程思政教育理念的发展演变，先后经历了探索尝试、初步形成、内涵发展和深化创新四个阶段。

课程思政教育理念的探索尝试阶段：1955—1986年。1955年，教育部提出教师对学生全面负责的思想[③]，指出全体教师要将育人渗透到各个教学环节中。这一思想，成为我国课程思政教育理念探索尝试的起点。在此阶段，党中央、教育部通过对思想政治教育工作的一系列重要部署，强调马列主义理论课程为大学生的必修课程，确立了马列主义理论课程在高校思想政治教育工作中的主体地位。马列主义理论课程与其他专业课程同等，须

[①] 中共中央文献研究室. 十二大以来重要文献选编（下）[M]. 北京：人民出版社，1988：1415.
[②] 孟旭琼，汤志华. 改革开放以来课程思政教育理念的历史演进[J]. 河南师范大学学报（哲学社会科学版），2021（3）：151-156.
[③] 教育部社会科学司. 普通高校思想政治理论课文献选编（1949—2008）[M]. 北京：中国人民大学出版社，2008.

同步建设、推进和发展。所有教师都要切实担负起教书育人的重要职责,在传授理论知识的同时还要开展思想政治教育工作,达到知识育人与思想育人相统一。① 在这一时期,课程思政"有其实无其名",已经出现知识育人与思想育人相统一的思想。

课程思政教育理念的初步形成阶段：1987—2003 年。1987 年 5 月,中共中央在《关于改进和加强高等学校思想政治工作的决定》中明确指出,在传授马克思主义理论时,要"把思想政治教育与业务教学工作结合起来";哲学社会科学和文学艺术课程,要"把思想政治教育贯穿到教学环节中去"②。这一决定标志着课程思政教育理念进入初步形成阶段。在这个阶段,党中央、教育部进一步加强和改进学校德育工作,全面启动思想政治教育的两翼规划,强调课程建设要坚持社会主义办学方向,各个学科和专业的课程都要发挥德育功能,要充分挖掘思政元素,将德育融入专业课程教学过程中,使其发挥与思政课同等重要的育人作用,把德育贯穿教育的全过程。这一时期逐渐形成专业课也同样具有德育功能的意识,课程思政教育理念得到认同。

课程思政教育理念的内涵发展阶段：2004—2015 年。2004 年,《关于进一步加强和改进大学生思想政治教育的意见》的颁布,标志着课程思政教育理念进入内涵发展阶段。该意见全面安排和系统部署了大学生思想政治教育,尤其是高校思政课教学工作,明确指出思政课的"主渠道"作用和"必修课"地位,并强调"高等学校各门课程都有育人功能,所有教师都负有育人职责"。接着,中宣部、教育部又下发了一系列重要文件,从大学生到研究生,从思政课程到课程思政,进行了全面系统的安排部署。上海市作为先行者,在教育部的指导下,2005 年开始积极探索思想政治教育改革工作新思路,以"学科德育"为核心理念推进课程改革,积极构建大中小学一体化的德育体系,丰富了课程思政的理论与实践内容,形成了一个全面覆盖的课程思政育人体系。2014 年上海市在教育部的指导下,构建了集思政课、专业课、通识课"三位一体"的思政教育全课程体系,旗帜鲜明地提出课程思政理念。

课程思政教育理念的深化创新阶段：2016 年至今。2016 年,习近平在全国高校思想政治工作会议上指出,"要用好课堂教学这个主渠道,思想政治理论课要坚持在改进中加强,提升思想政治教育亲和力和针对性,满足学生成长发展需求和期待,其他各门课都要守好一段渠、种好责任田,使各类课程与思想政治理论课同向同行,形成协同效应。"这为课程育人工作指明了方向,为课程思政育人工作提供了根本遵循,标志着课程思政教育理念进入了深化创新的新阶段。2017 年,中共教育部党组印发的《高校思想政治工作质量提升工程实施纲要》(以下简称《实施纲要》) 中,首次正式提出"课程思政"概念,提出构建高校思想政治工作一体化质量体系和"三全育人"格局。之后,国家出台了关于课程思政建设的文件,教育部 2020 年 5 月颁布了《高等学校课程思政建设指导纲要》(以下简称《指导纲要》),2021 年 12 月印发了《关于深入推进高校课程思政建设的通知》,明确提出课程思政教学体系,要求各教育部门和各高校结合本地本校实际情况,深入开展课程思政建设工作。在课程思政的建设实践中,逐渐形成了"国—省—校—院"的四级实

---

① 孟旭琼,汤志华. 改革开放以来课程思政教育理念的历史演进 [J]. 河南师范大学学报 (哲学社会科学版),2021 (3)：151-156.

② 教育部思想政治工作司. 加强和改进大学生思想政治教育重要文献选编 (1978—2014) [M]. 北京：知识产权出版社,2015：70.

施框架。

从以上四个阶段的发展历程中，我们不难看出：课程思政教育理念是伴随着中国特色社会主义思想政治教育的发展而产生和发展起来的，是对思想政治理论课育人理念的继承和发展；其与思政课程一样，都是中国特色社会主义思想政治教育的重要组成部分，都以立德树人为根本任务，本质属性都是铸魂育人；其不断完善和实践探索，与思政课程形成了有益的互补，二者在高校育人实践中同向同行，形成了协同效应。课程思政教育理念是中国特色社会主义思想政治教育体系不断优化整合的必然结果。有学者指出，"课程思政教育理念是与马克思主义教育理念一脉相承的科学体系，是高校培养担当民族复兴大任的时代新人和德智体美劳全面发展的社会主义建设者和接班人的必然选择，它与思政课程形成了一体两翼，相互支持、相互补充的科学的思想政治教育工作架构，是中国特色社会主义教育理念在新时代的传承、创新和发展。"[①]

（二）课程思政的内涵

1. 课程思政的基本概念

"课程思政"这一概念，是党和国家在进行中国特色社会主义思想政治教育的过程中，在进一步加强和改进大学生思想政治教育的背景下，尤其是在高校思政课程与其他课程同向同行、全课程育人的理念下提出来的。

"课程思政"一词包含两个部分，即"课程"和"思政"。这里的"课程"，有广义和狭义两种含义，广义上是指包括思政课在内的全部课程，狭义上则是指除思政课外的其他课程。这里的"思政"，主要是指思想政治教育。而对于"课程思政"一词，我们决不能单纯地理解为"课程"和"思政"的简单叠加，它不是在课程知识传授过程中生硬地加上思想政治教育内容，而是二者的有机融合，在课程教学中有机融入思想政治教育。

由于"课程"一词有广义和狭义之分，"课程思政"这一概念也便有了广义和狭义之分。广义的课程思政，是相对于高等学校的全面思想政治体系而言的，或者说是相对于"非课程"的思想政治而言的。刘建军认为，广义的课程思政，是指《实施纲要》提出的"十大"育人体系（包括课程育人、科研育人、实践育人、文化育人、网络育人、心理育人、管理育人、服务育人、资助育人、组织育人）中排在首位的"课程育人"，是相对于其他九个"非课程"育人方面而言的。"在它的语境中，'育人'主要指的是'立德'，是'铸魂育人'，即思想政治教育。"这里的课程育人，指的就是课程思政。[②] 韩宪洲认为，"课程思政是指导高校各门各类课程充分发挥承载的思想政治教育功能，形成'全课程育人'格局的一种新时代教育理念"，"将高校思想政治教育的'主渠道'从单一的思想政治理论课延伸扩展到各门各类全部课程。"[③] 广义的课程思政，包括思政课程的思政和其他课程的思政。而狭义的课程思政，则是仅指除思政课程之外的其他课程的思政，这是"人们已经对思政课程足够关注并保持这种关注的前提下，逐步把目光转向思政课程之外的其他课程"的结果。高德毅、宗爱东认为，课程思政是一种隐性思政，是相对于思政课

[①] 孟旭琼，汤志华. 改革开放以来课程思政教育理念的历史演进 [J]. 河南师范大学学报（哲学社会科学版），2021（3）：151-156.

[②] 刘建军. 课程思政：内涵、特点与路径 [J]. 教育研究，2020，41（9）：28-33.

[③] 韩宪洲. 深化"课程思政"建设需要着力把握的几个关键问题 [J]. 北京联合大学学报（人文社会科学版），2019：1-6+15.

程的显性思政而言的，其"实质是一种课程观，不是增开一门课，也不是增设一项活动，而是将高校思想政治教育融入课程教学和改革的各环节及各方面，实现立德树人润物无声"。①

2. 课程思政的主要特征

课程思政，是中国特色社会主义思想政治教育工作的重大理论创新，充分挖掘了课程进行知识传授外的思想引领功能，并作为全部课程的"灵魂"，将显性教育与隐性教育相结合，贯彻落实立德树人根本任务，遵循教育规律和大学生成长规律，构建全员、全过程、全课程协同育人格局，实现铸魂育人、培养时代新人的目标。这一创新理念，具有四个显著的特征：

一是政治性。课程思政，核心是"思政"，担负着立德树人、铸魂育人的历史使命，肩负着培养堪当中华民族伟大复兴大任的社会主义建设者和接班人的时代责任。为党育人、为国育才是课程思政的首要任务。这表明，课程思政具有鲜明的政治性。

二是隐蔽性。课程思政不是在课程的知识传授时加上一段思政内容，而是通过对课程中蕴含的思政元素的挖掘，将思想政治教育内容渗透其中，在潜移默化中对学生进行主流价值观熏陶，起到价值引领作用。

三是协同性。课程思政建设是一个系统工程，需要在"三全育人"理念下实现整体协同，主要包括教书与育人的协同、思政课程与其他课程的协同、各类课程思政资源之间的协同、显性思政与隐性思政的协同、教学管理与教师之间的协同等。

四是浸润性。课程思政是隐性思政，强调的是感染和熏陶，而不是传统的说教和理论灌输。它是内隐的，是通过思政元素与理论知识的融合，实现课堂教学全过程对大学生进行春风化雨般的浸润，使之能够真正入脑入心、入情入神、入魂入行。

（三）课程思政与思政课程的辩证关系

1. 思政课程的含义

思政课程，就高校而言，就是指思想政治理论课。2018年教育部印发的《新时代高校思想政治理论课教学工作基本要求》（以下简称《基本要求》）中明确规定：思想政治理论课承担着对大学生进行系统的马克思主义理论教育的任务，是巩固马克思主义在高校意识形态领域指导地位、坚持社会主义办学方向的重要阵地，是全面贯彻党的教育方针、落实立德树人根本任务的主干渠道和核心课程，是加强和改进高校思想政治工作、实现高等教育内涵式发展的灵魂课程。

目前，高校思政课必修课程主要包括马克思主义基本原理、毛泽东思想和中国特色社会主义理论体系概论、习近平新时代中国特色社会主义思想概论、中国近现代史纲要、思想道德与法治、形势与政策、新时代中国特色社会主义理论与实践、中国马克思主义与当代等，此外还有一些选修课程。

中宣部、教育部印发的《新时代学校思想政治理论课改革创新实施方案》指出，大学思政课课程目标重在增强学生的使命担当。重点引导学生系统掌握马克思主义基本原理和马克思主义中国化理论成果，了解党史、新中国史、改革开放史、社会主义发展史，认识

---

① 高德毅，宗爱东. 课程思政：有效发挥课堂育人主渠道作用的必然选择［J］. 思想理论教育导刊，2017（1）：31-34.

世情、国情、党情，深刻领会习近平新时代中国特色社会主义思想，培养运用马克思主义立场观点方法分析和解决问题的能力；自觉践行社会主义核心价值观，尊重和维护宪法法律权威，识大局、尊法治、修美德；矢志不渝听党话跟党走，争做社会主义合格建设者和可靠接班人。

2. 思政课程与课程思政概念的异同

通过之前的分析，我们可以清楚地知道，思政课程与课程思政是两个完全不同的概念，它们之间既有区别又有联系。厘清二者之间的区别和联系，是开展课程思政研究的基础与前提。我们只有正确辨析二者的关系，才能在课程育人的实践中，使其形成合力，发挥出协同效应。

二者的区别在于：一是概念不同。思政课程与课程思政，尽管都是"课程"与"思政"两个词的组合，但二者的顺序不同，也使其内涵相去甚远。思政课程的"思政"，是"思想政治理论"的简称，其强调的是"思政"这种课程形态；而课程思政的"思政"，则是"思想政治教育"的简称，其强调的是"课程"这种思想政治教育实践活动。二是范畴不同。思政课程是一门系统的课程体系，是一系列的实体课程，是广义课程思政的"课程"中的一类课程；课程思政不是一门学科，也不是一系列确定的课程，它是一种教育理念、一种课程观、一种方法论，要贯穿于所有的课程之中。三是育人方式不同。思政课程，是思想政治理论课的简称，是一系列具有明显意识形态教育的课程，这些课程要对广大学生进行思想政治教育，是显性的思政；而课程思政，则是要挖掘各类课程的思政元素，把思想政治教育有机融入课程之中，潜移默化地给学生提供价值导向，是隐性的思政。四是内容不同。思政课程是通过系统的思想政治理论的讲授，让学生获得相关知识和能力，提升精神境界；而课程思政，是通过基于课程的理论知识和专业特点挖掘出潜在的思政元素，在教学中进行渗透、熏陶和感染，来实现价值引领。五是角色定位不同。《基本要求》对思政课程进行了"重要阵地""主干渠道和核心课程""灵魂课程"的角色定位，充分表明思政课程是大学生思想政治教育的主渠道；而课程思政，则是从"大思政"理念出发，充分发挥课堂教学这个诸多育人环节中的主渠道作用，与思政课程同向同行，协同育人。

二者的联系主要有：一是根本任务与育人目标的一致性。思政课程与课程思政共同构建了高校"课程育人有机体"，二者都以立德树人为根本任务，用社会主义核心价值观铸魂育人，目标都是培养堪当民族复兴大任的时代新人。二是教育内容与育人要求上的契合性。思政课程的思想政治理论，课程思政的思想政治教育元素，虽然侧重点不同，但都是思想政治教育内容体系的重要组成部分；同时，思政课程是课程思政的"课程"中的一类课程，课程思政是一个"全课程育人共同体"，包括思政课程在内的所有课程都要实施。[①] 所以，在教育内容和育人要求上，二者具有必然的内在契合性。三是功能作用与育人方式的协同性。思政课程是思想政治教育的核心课程，"是落实立德树人根本任务的关键课程"[②]，对课程思政起着引领作用；而非思政课程的课程思政，则是思想政治教育在其他课程中的延伸和拓展。同时，前者是显性教育，后者是隐性教育，因此，二者在全课

---

① 石书臣. 正确把握"课程思政"与思政课程的关系 [J]. 学科与课程建设，2018（11）：57-61.
② 《求是》杂志发表习近平总书记重要文章《思政课是落实立德树人根本任务的关键课程》[N]. 人民日报，2020-09-01（01）.

程育人过程中，功能相衬、方式互补，在同向同行中实现协同育人。

3. 从思政课程到课程思政的意义

从思政课程到课程思政，是中国特色社会主义思想政治教育的本质要求，是新时代高校思想政治教育改革创新的现实需要，是克服思政课程建设中存在的问题和充分发挥其他课程独特的思政教育价值的重要举措，是我国高等教育办学育人本质上的一种理性回归，是高等院校落实立德树人根本任务的实现路径，对于进一步加强和改进大学生思想政治教育，培养堪当民族复兴大任的社会主义合格建设者和可靠接班人具有十分重要的意义。

课程思政的实施，结束了高校在对大学生进行思想政治教育过程中思政课程单打独斗、孤军奋战的不利局面，打破了非思政课程长期以来形成的重知识传授轻铸魂育人的思想政治教育的课程壁垒，明确了高校培养时代新人的所有课程都应承担的"教书"和"育人"的双重功能，形成了思政课程引领、其他课程协同、全体教师齐抓共管的"全课程育人共同体"的思想政治教育局面。《指导纲要》指出，"这一战略举措，影响甚至决定着接班人问题，影响甚至决定着国家长治久安，影响甚至决定着民族复兴和国家崛起。"从思政课程到课程思政，从"专人专课育人"到"人人课课育人"，"既是一种人才培养模式的创新转型，也是一种教育内在逻辑的本源回归，其核心都是立德树人。"[①] 这种创新和回归，使高校的思想政治教育真正形成了"育人合力"，有力推动了"大思政"格局建设，有利于铸牢大学生的信仰根基。

二、应用型大学课程思政研究的重要意义

（一）应用型大学课程思政面临的新问题

课程思政，是伴随着中国特色社会主义思想政治教育的改革与发展而形成的一种新的育人理念，一种新型育人模式。它对传统的思想政治教育理念进行了革新，改进和优化了育人的方式方法，进一步提升了高校思想政治教育工作和为党育人的实效。虽然当前许多应用型大学在积极开展课程思政工作，加强与思政课程的协同育人，推进全课程育人格局的构建，但是，从目前来看，应用型大学课程思政仍面临着以下问题：

1. 顶层设计和体制机制不完善

课程思政建设是一个复杂的系统性工程，不仅仅是教师的事，也不仅仅是教学的事，而是需要高校自上而下地做好多方面、多领域育人资源的统筹协调。这就需要高校首先做好顶层设计，建立起一整套应用型大学课程思政建设的体制机制，设计出科学完善的运行方案。

首先是要做好顶层设计。目前很多应用型大学进行了课程思政建设，但一些高校认为这是教务管理和学生管理部门的事情，与其他部门关系不大，其他部门不愿意参与其中；还有一些高校只是把它作为教育教学和课程改革的新举措，直接落实到各二级学院，由各个二级学院分散推进。这些做法都无法形成协同育人合力，无法实现既定的育人目标。究其原因，是缺少对课程思政的整体统筹规划。这就需要加强党委统一领导，在党委领导下做好顶层设计，构建出教务、学工及其他各职能部门和二级学院等相互协作配合的课程思

[①] 郑宏，汪婉霞. 从思政课程到课程思政：回归与创新 [J]，内蒙古师范大学学报（教育科学版），2022（6）：34-40.

政协同育人体系。

其次是要完善运行机制。在应用型大学里，尽管很多高校已经建立由党委统一领导、党政齐抓共管、教师参与其中的课程思政协同育人机制，但受内部条块分割的教育体制运作管理模式的影响，各部门具有高度的界限感，再加上管理制度的缺位及顶层统筹规划的不足，出现工作主体定位不明、组织不善、协同不够、支撑不足、操作不准确等现象，影响了课程思政建设的管理深度与立德树人的效度。[①] 因此，高校需要进一步建立健全相关管理制度，对各职能部门在课程思政建设中的职责进行明确和规范，完善协同育人机制，使各个方面的教育力量有机结合起来，形成育人合力，提升立德树人实效。

最后是健全评价和激励措施。在评价方面，高校需要建立起与课程思政相匹配的新的评价体系。在应用型大学的考核评价制度中，人们往往忽视育人指标。传统的评价体系重知识传授轻铸魂育人，重点放在日常管理和课堂教学上，这在客观上削弱了协同育人效果，阻碍了课程思政建设。在激励方面，没有将教师的绩效考核与课程思政建设挂钩的相关措施，致使教师参与课程思政建设的积极性不高。这就需要高校从全局出发，从物质奖励、精神奖励方面，从职称评审、职位晋升等教师发展方面，采取激励措施，激发教师的育人热情。总之，在课程思政建设过程中，应用型大学亟须建立起一套科学合理的专项考核、全面监管、科学评价、绩效激励、系统评估的课程思政建设的保障机制。

2. 教师课程思政意识不强、能力不足

教师作为课程思政建设中课程育人的引领者，是课程思政建设的主力军。《指导纲要》指出："全面推进课程思政建设，教师是关键。要推动广大教师进一步强化育人意识，找准育人角度，提升育人能力，确保课程思政建设落地落实、见功见效。"但是，就应用型大学课程思政施行的效果来看，教师还存在着课程思政意识不强、能力不足等问题。

在课程思政建设过程中，一些教师在思想认识上出现了问题。一是部分思政课教师认为，思政课程不用搞课程思政，这种观点是错误的。前文提到，思政课程是广义课程思政的"课程"中的一类课程，而课程思政是指包括思政课程在内的所有课程都有育人功能。那么，什么是思政课程的课程思政呢？思政课程的课程思政，"是指坚持将马克思主义中国化最新成果融入思政课，增强思政课的思想性、政治性和理论性，实现思政课思政教育的系统性、整体性和实效性。"[②] 思政课教师也要加强课程思政意识，在课程思政建设中让思政课程真正起到引领作用。二是部分专业课教师对于课程思政建设的价值存在质疑。他们不认为专业课程也具有思政功能，觉得在专业课中进行思想政治教育就是生拉硬拽。这些认知上的偏差，使专业课教师无法通过专业课来对大学生实现价值引领，使课程思政教学无法实现既定的建设目标，从而使课程思政建设难以形成协同育人的良好态势，出现课程思政"两张皮"的问题。

同时，还存在着部分教师课程思政能力不足的问题。课程思政能力，其实就是教师的育人能力，就是指教师"根据一定社会和阶级的思想观点和道德行为规范，以及受教育者身心发展规律，通过一定方式，启迪学生，促其感悟、领会、悦纳，从而达到道德内化、行为自律、个性优良的能力"。[③] 一是部分思政课教师缺乏把马克思主义中国化最新成果

[①] 杨拓. 新时代高校课程思政建设的着力方向、现实困境及实践进路 [J]. 教育观察，2022（7）：78-80+105.
[②] 刘福军. 高校思政课的课程思政怎么看、怎么办、怎么建 [J]. 北京教育（高教），2020（9）：96-98.
[③] 张益，罗艺. 大中小学德育一体化探析 [M]. 上海：上海书店出版社，2016：261.

融入思政课程的能力，甚至自己都没有学深悟透，不知道在哪儿融入、如何融入；同时，他们也缺乏运用思想政治理论解决现实问题的能力，对于大学生关心、关注的社会上的热点、焦点问题，无法借助思政课教学予以深刻分析和正确解决，也无法起到价值引领作用。二是部分专业课教师缺乏相应的思想政治素养和挖掘思政元素的能力。长期以来，专业课教师重专业知识技能传授轻思想政治引导，只重"教书"，不重"育人"。他们受学科背景的影响，一般只具备本专业的学科知识，缺乏系统的思想政治理论基础，难以挖掘课程中的思政元素，也难以将思政元素融入课堂教学之中，再加上缺乏对思想政治教育规律的了解和对思政教学手段的把握，也就无法实现课程思政的预期效果。

3. 思政教育与专业教育融合较难

课程思政的"全课程育人"一体化建设，就是要使所有课程都承担知识传授和价值引领的双重任务，使思政课程的显性育人与其他课程的隐性育人相结合，在育人上充分发挥思政课程的引领作用和其他课程的协同作用，实现同向同行、同频共振，从而形成"大思政"的育人新格局。《指导纲要》指出，"专业课程是课程思政建设的基本载体。老师要深入梳理专业课教学内容，结合不同课程特点、思维方法和价值理念，深入挖掘课程思政元素，有机融入课程教学，达到润物无声的育人效果"，并强调要"将课程思政融入课堂教学建设全过程"。然而，在课程思政建设实践中，大多数应用型大学面临着思政教育与专业教育难以融合的巨大挑战。

首先，思政课程与专业课程是完全独立的不同学科，各有自身不同的本质特征。不同的专业课程具有独特的学科属性，在教学理论体系、教学方法、教学目标上都各不相同，而要深入挖掘各类各门专业课程所蕴含的思政元素，并将其融入专业课程的教学之中，解决好融什么、在哪融、怎么融的问题，的确绝非易事。其次，作为应用型大学，对于各类专业课程，一般更加注重专业知识的传授和专业技能的培养，而课程思政的思政育人又无法量化，没有明确的育人指标，加之传统观念上的"学科优势论"，很难分门别类地将专业课程体系改造成"专业育才+思政育人"相协同的课程体系，从而出现思政课程与专业课程"两张皮"现象。最后，专业课程的课程思政建设，与思政课程一样，也离不开思想政治理论的坚实基础，也需要深入掌握思想政治教育的规律和大学生思想成长规律，这样，在课程思政建设中，才不会出现专业教育和思政教育的简单相加现象，才会让思政教育真正融入专业课程的学科系统和实践教学之中。而专业课教师缺少这样的基础，所以很难将专业教育与思政教育内容有机融合到一起。另外，课程思政对于专业课程的课堂教学建设，提出了更高的要求，比如教学目标的合理设定、教学内容的恰当取舍、教学方式的灵活运用、教学设备的多样选择、教学资源的深度挖掘、教学主体的专业素养及彼此之间的重组建构等[①]，都需要进一步系统优化，这对于传统专业课程的教学实践来说，是一个不小的挑战。

(二) 应用型大学课程思政肩负的新使命

习近平总书记在 2016 年全国高校思想政治工作会议上指出："要用好课堂教学这个主渠道，思想政治理论课要坚持在改进中加强，提升思想政治教育亲和力和针对性，满足学生成长发展需求和期待，其他各门课都要守好一段渠、种好责任田，使各类课程与思想政

---

① 杨拓. 新时代高校课程思政建设的着力方向、现实困境及实践进路 [J]. 教育观察，2022 (7)：78-80+105.

治理论课同向同行，形成协同效应。"这为课程思政育人工作提供了根本遵循。课程思政"全课程育人"迅速成为高校思想政治教育的重中之重。从全局的角度来看，课程思政建设是落实立德树人根本任务的战略举措，是全面提高人才培养质量的重要任务，是培养社会主义合格建设者和可靠接班人的一项系统工程。对于应用型大学来说，大力推进课程思政建设，在思想政治教育工作、高等教育教学发展和时代新人成长成才三个方面肩负着重要的历史使命。

1. 应对中国特色社会主义思想政治教育面临的新挑战

在新的历史形势下，西方意识形态的演变渗透、多元价值文化的社会冲击、网络新媒体的不良干扰等，都是我国大学在思想政治教育方面面临的新挑战。

一是西方意识形态的演变渗透。随着世界多极化、经济全球化和网络技术的飞速发展，中西方社会文化思潮的冲突与碰撞日益加剧，西方一些敌对势力借助西方思想文化的全面渗透和其娱乐、影视、食品等产品的强势推广，美化和宣扬西方资本主义制度与价值观念，恶意炒作社会热点贬低中国特色社会主义制度，不断加强对我国的和平演变；他们还大力鼓吹"西方文明优越论""西方文明中心论"等论调，强力输出他们的思想，打压他国思想，试图通过控制青年的价值观，进一步加强对大学生思想渗透。随着我国的国际影响力日益提升，他们还别有用心地炮制了"中国威胁论""中国崩溃论"等论调和各种"反马""非马"的错误言论，抹黑我国政府形象，企图通过扰乱民心、消磨意志、侵蚀思想来实现"颜色革命"；同时，他们还有意鼓动各种极端主义，尤其是极端民族主义，企图搞乱和分裂中国，严重威胁着我国的国家安全与稳定。对此，高校要充分做好应对敌对势力持续弱化我国大学生民族自尊心、民族自豪感和民族文化认同感的图谋，做好在意识形态领域长期斗争的准备，加强对广大学生的思想武装和价值引领。

二是多元价值文化的社会冲击。改革开放40多年来，中国与世界各国的联系越来越紧密，越来越多的西方社会思潮也在不断涌入，而这些西方社会思潮并不都是积极健康的，有很多是消极错误的，比如民族虚无主义、历史虚无主义、享乐主义、拜金主义、极端个人主义等，这些消极的错误思潮不断冲击和影响着我们的主流价值观。高校是一个思想文化交流碰撞的场所，具有很强的包容性，往往会充斥着各种思想，多元且多变，但此时大学生还处于"拔节孕穗期"，很多大学生还没有形成正确的价值观，价值辨别能力相对较低，容易受到诱惑。这对我国高校意识形态领域的建设和发展提出了新的要求，给中国特色社会主义思想政治教育带来了不小的挑战。

三是网络新媒体的不良干扰。随着现代信息技术的飞速发展，网络新媒体如雨后春笋般不断涌现，而大学生是互联网世界的原住民，他们的生活、学习都与网络息息相关，如微信、QQ、抖音、快手、头条等新兴媒体，已经成为他们获取信息的主要来源。这些网络新媒体信息传播的复杂性和虚拟化，加大了高校思想政治教育的难度。首先，西方敌对势力充分利用网络信息传播优势，让各种不良社会思潮蜂拥而至，使各种不良文化沉渣泛起，在意识形态领域展开暗战。其次，由于网络的虚拟性，网民可以匿名发布信息，致使网络空间充斥着大量虚假、不良信息，而求知欲强但鉴别能力薄弱的大学生很容易受到这些信息的误导和煽动，导致思绪混乱、行为失范。最后，网络的泛娱乐化，会使部分大学生沉迷于网络而无所节制，从而忽视理论知识的学习、正常的人际交往和思想道德素质的提升，甚至还会触碰法律底线。

对于这些挑战，高校要充分发挥课堂教学的育人"主渠道"作用，积极推进课程育人工作。课程是教育思想、教育目标和教育内容的主要载体，更是思想政治教育的重要实施渠道。课程育人是回归教育本真的核心路径。对于应用型大学来说，更要抓住课堂教学这个思想政治教育的"主渠道"，做好课程思政建设，加强课程思政与思政课程的协同育人，开展好"全课程育人"工作，进一步做好大学生的理论武装和思想引领工作，积极应对中国特色社会主义思想政治教育面临的新挑战。

2. 回应新时代对高等教育育人工作提出的新要求

中国特色社会主义进入新时代，新时代对高等教育的育人工作也提出了新的要求：加强党对高校的全面领导，维护国家意识形态安全，落实立德树人根本任务。课程思政建设，正是对这些新要求的现实回应。

一是加强党对高校的全面领导。习近平总书记强调，高校肩负着学习研究宣传马克思主义、培养中国特色社会主义事业建设者和接班人的重大任务。加强党对高校的领导，加强和改进高校党的建设，是办好中国特色社会主义大学的根本保证。① 新时代高校要坚持社会主义办学方向，就必须加强党的领导；要进行课程育人工程建设，就必须在党的领导下进行。课程思政"全课程育人"建设，要加强党委统一领导，在党委领导下做好顶层设计，就是对这一新时代的新要求的回应。

二是维护国家意识形态安全。习近平总书记指出，办好中国特色社会主义大学，要坚持立德树人，把培育和践行社会主义核心价值观融入教书育人全过程；强化思想引领，牢牢把握高校意识形态工作领导权……②当下，在西方敌对势力不断的意识形态演变渗透下，在多元化社会文化思潮的冲击下，我国意识形态安全面临诸多严重威胁。如果不加强对大学生的正确引导，就会造成他们思想上的模糊和混乱。习近平总书记在党的十九大报告中强调，要"牢牢掌握意识形态工作领导权。意识形态决定文化前进方向和发展道路"。所以，高校在育人过程中，必须肩负起维护国家意识形态安全的重要使命。课程思政建设，就是要通过"全课程育人""全过程育人"，维护好马克思主义在意识形态领域的指导地位，用党的最新理论成果武装学生头脑，"要教育引导学生正确认识世界和中国发展大势……正确认识中国特色和国际比较……正确认识时代责任和历史使命……正确认识远大抱负和脚踏实地"③，牢固树立"四个意识"，坚定"四个自信"，牢牢把握意识形态话语权。

三是落实立德树人根本任务。立德树人是教育的根本任务，是高校的立身之本。习近平总书记在全国高校思想政治工作会议上明确指出，立德树人是中心环节，要努力实现高校育人新格局。当今世界正经历百年未有之大变局，中国特色社会主义进入了新时代，信息技术的进步使我们迎来了全媒体时代，我们的大学生也已步入高等教育大众化时代，这些新情况、新变化，要求高校在教书育人上也要进行相应的改革创新以适应新的发

---

① 习近平：牢牢把握高校意识形态工作领导权. [N/OL]. (2024-12-30) [2024-02-26]. http://world.chinadaily.com.cn/2014-12/30/content_19201199.htm.

② 习近平：牢牢把握高校意识形态工作领导权. [N/OL]. (2024-12-30) [2024-02-26]. http://world.chinadaily.com.cn/2014-12/30/content_19201199.htm.

③ 习近平. 把思想政治工作贯穿教育教学全过程 开创我国高等教育事业发展新局面 [N]. 人民日报，2016-12-09 (1).

展需要。然而，高校思想政治教育中思政课程的孤军奋战、课程育人的难以协同、显性隐性教育的无法互补、教育内容未能与时俱进，以及教育手段的单一枯燥、缺乏亲和力等，都严重制约着中国特色社会主义高等教育立德树人工程的建设和发展。针对这些情况，加强课程思政建设，能够破除思政课程的"孤岛"困境，构建起思政课程与其他课程协同育人、显性教育与隐性教育共同发力的"大思政"格局，提升高校立德树人的整体效果。

3. 满足培养担当民族复兴大任的时代新人的新需求

党的十九大报告提出了"培养担当民族复兴大任的时代新人"的战略任务，这是我们党在新时代提出的育人目标。培养时代新人是中国特色社会主义进入新时代这个新的历史方位，我们党基于历史实践与现实需要，对"社会主义建设者和接班人"的新定位。报告指出："青年兴则国家兴，青年强则国家强。青年一代有理想、有本领、有担当，国家就有前途，民族就有希望。"① 自此，"有理想、有本领、有担当的时代新人"便成了"时代新人"比较规范的表述。

习近平总书记在党的二十大报告中，又对时代新人的内涵进行了丰富和发展，他强调："广大青年要坚定不移听党话、跟党走，怀抱梦想又脚踏实地，敢想敢为又善作善成，立志做有理想、敢担当、能吃苦、肯奋斗的新时代好青年，让青春在全面建设社会主义现代化国家的火热实践中绽放绚丽之花。"② 这是习近平总书记对新时代青年的殷殷嘱托，也是对高校培养时代新人提出的新要求。

对于新时代的高等教育而言，在时代新人的培养上，必须回答好"培养什么人、为谁培养人、怎样培养人"这个中国特色社会主义教育的根本问题。从"培养什么人"来看，在中国特色社会主义新时代，是要培养时代新人，培养能够担当民族复兴大任的时代新人，培养有理想、敢担当、能吃苦、肯奋斗的新时代好青年。从"为谁培养人"来看，我国高校是中国特色社会主义高校，必须坚持社会主义办学方向，其教育的根本目的是为党育人、为国育才。那么，对于"如何培养人"而言，作为新时代应用型大学，核心就是以立德树人为本抓好课程育人工作，大力推进课程思政建设，紧紧围绕时代新人培养，构建思政课程与其他课程相互协同的"全课程育人"的"大思政"格局。

习近平总书记强调，"要高度重视对青年一代的思想政治工作，完善思想政治工作体系，不断创新思想政治工作内容和形式"③。课堂教学是大学生学习科学文化知识的基本途径，也是对大学生开展思想政治教育的主渠道。应用型大学课程思政建设，就是要创新思想政治教育的内容和形式，把各门课程、各个教师和育人的各个环节都连接起来，进一步完善思想政治工作体系，把立德树人这一根本任务落到实处，加强时代新人的培养。要通过"全课程育人"的价值塑造和精神引领，帮助学生扣好"人生的第一粒扣子"，使其成长为有理想、敢担当、能吃苦、肯奋斗的新时代好青年，成为能够担当民族复兴大任的时代新人。

---

① 习近平. 决胜全面建成小康社会 夺取新时代中国特色社会主义伟大胜利——在中国共产党第十九次全国代表大会上的报告 [R]. 北京：人民出版社，2017.

② 习近平. 高举中国特色社会主义伟大旗帜 为全面建设社会主义现代化国家而团结奋斗——在中国共产党第二十次全国代表大会上的报告 [R]. 北京：人民出版社，2022.

③ 习近平：提高防控能力着力防范化解重大风险 保持经济持续健康发展社会大局稳定 [N]. 人民日报，2019-01-22（1）.

（三）应用型大学课程思政理论与实践研究的价值

应用型大学课程思政理论与实践研究，具有十分重要的价值，有利于应用型大学推动"大思政"育人格局的形成和"三全育人"模式的构建，有利于为应用型大学开展课程思政工作提供指导与借鉴，有利于新时代应用型大学生的成长成才。

1. 有利于应用型大学推动"大思政"育人格局的形成和"三全育人"模式的构建

"大学之道，在明明德，在亲民，在止于至善。"[①] 立德树人是大学的立身之本，是教育的根本任务。落实这一根本任务的关键场域和重要途径是思想政治教育。作为一项复杂的系统性工程，新时代的思想政治教育亟待构建起"大思政"育人格局和"三全育人"模式，通过总体把握、整体协调，调动各方力量和资源，共同培养中国特色社会主义时代新人。而课程思政则是"大思政"育人格局中的基础工程，是"三全育人"模式中协同育人链条的重要环节。应用型大学课程思政理论与实践研究，有利于应用型大学推动"大思政"育人格局的形成和"三全育人"模式的构建。

第一，应用型大学课程思政理论与实践研究将推动"大思政"育人格局的形成。"大思政"以立德树人为根本任务，遵循思想政治教育规律、大学生成长成才规律和教育教学规律，统筹一切育人资源，将思想政治教育渗透到学生教育、管理和服务各个环节中，所有力量协同发力，共同培养中国特色社会主义时代新人。高校"大思政"育人格局是一项系统化工程，涵盖了工作理念、体制机制、组织形式、布局结构、运行形态等多个方面。构建"大思政"育人格局，需要高校以系统性整体性发展为理念，加强顶层设计，上下凝聚共识，统筹协调，充分发挥各个体系的功用，形成合力，整体推进。[②] 应用型大学课程思政理论与实践研究将进一步推动课程思政夯实"大思政"育人格局中的课程育人基础，通过党委的统一领导和统筹协调，充分发挥育人"主渠道"和"主阵地"的作用，凝聚育人合力，使思政课程和其他课程有机协同，达成育人目标共识，实现"全课程育人"。课程思政建设，为"大思政"育人格局的形成奠定了坚实的基础。

第二，应用型大学课程思政理论与实践研究将推动"三全育人"模式的构建。习近平总书记在全国高校思想政治工作会议上指出："把思想政治工作贯穿教育教学全过程，实现全程育人、全方位育人，努力开创我国高等教育事业发展新局面。"在中国特色社会主义新时代，"三全育人"理念，是高校思想政治工作的重要遵循。课程思政是新时代高校"三全育人"的着力点，课程思政建设就是在这一理念的指引下开展的。建设过程中要明确，所有课程都具有育人功能，所有教师都是育人主体，都要将价值引领贯穿到教学的全过程，将显性教育与隐性教育相结合，在课内课外、线上线下、校内校外进行立体式的育人活动。应用型大学课程思政理论与实践研究，基于课程思政在"三全育人"课程育人环节的建设，积极推动全员育人、全过程育人和全方位育人的实现。

2. 有利于为应用型大学开展课程思政工作提供指导与借鉴

中国特色社会主义进入新时代以来，课程思政建设在各大高校如火如荼地开展起来。在这期间，上海一些高校的典型做法，给全国高校提供了宝贵的参考和借鉴，极大地促进

---

① 曾参. 大学 [M]. 刘强，编译. 南京：江苏科学技术出版社，2018.
② 叶安胜，赵倩，周晓清. 新时代背景下"大思政"育人格局的构建与探索 [J]. 中国大学教学，2021（7）：16-20.

了高校课程思政的进一步发展。而专门针对新时代应用型大学课程思政的理论与实践研究，也必将对应用型大学开展课程思政工作有所裨益。

首先，增强高校思想政治教育的实效性。应用型大学课程思政理论与实践研究，通过应用型大学课程思政的价值、协同育人机制、体系建设、模式、方法、成效评价和实践案例的研究，解决高校思想政治教育面临的时代困惑，凝聚课程思政育人共识，自上而下形成大机制，促进思政教育与学科教育、显性教育与隐性教育有机结合，统筹课内课外、校内校外、线上线下育人，铸就协同育人良好生态，形成全方位、系统性的研究成果，有利于增强高校思想政治教育实效。

其次，丰富和完善新时代高校思想政治教育理论。应用型大学课程思政理论与实践的研究，探索和总结了课程思政建设的体制机制、体系模式、方式方法、经验措施等方面的改革与创新。这些理论与实践研究，必将进一步丰富思想政治教育理论成果，完善思想政治教育理论体系，拓展思想政治教育工作的实践路径，促进新时代高校思想政治教育理论的发展。

最后，为应用型大学开展课程思政工作提供借鉴。"新时代孕育新思想，新思想指导新实践。"① 立足于中国特色社会主义新时代的应用型大学课程思政理论与实践研究，提供了大量应用型大学课程思政协同育人的资源范例，以及思想政治教育改革创新的经验启示，不仅能为应用型大学课程思政协同育人实践提供理论指导，还可以促进高校思想政治教育改革创新和发展进程。

3. 有利于新时代应用型大学生的成长成才

应用型大学课程思政理论与实践研究，立足于新时代应用型人才的培养，为应用型大学课程思政体制机制建设提供了依据和范例，使课程思政充分发挥提供价值引领、确立时代方位、塑造理想人格的重要作用，有利于新时代应用型大学生的成长成才。

首先，为培育新时代应用型人才提供"价值引领"。习近平总书记指出："青年的价值取向决定了未来整个社会的价值取向，而青年又处在价值观形成和确立的时期，抓好这一时期的价值观养成十分重要。这就像穿衣服扣扣子一样，如果第一粒扣子扣错了，剩余的扣子都会扣错。人生的扣子从一开始就要扣好。"② 青年大学生正处于身心发展和价值观形成的重要时期，在这一时期，他们求知欲强但鉴别能力弱、自我意识强但容易叛逆、接受能力强但自我调节能力不足，加之国际国内纷繁复杂的社会环境、网络世界良莠不齐的信息资源，他们极易受到不良思想的侵袭、诱惑和影响。而应用型大学课程思政理论与实践研究，就是要通过研究和实践，在课程思政建设过程中，更好地将价值塑造融入教育教学全过程，将知识传授和价值引领有机结合，遵循大学生的成长规律开展"全课程育人"工作。其实质就是以立德树人为核心，在知识传授过程中对大学生进行价值引领。通过符合学生认知且具有吸引力和感染力的价值引领，有力地抵御各种错误思潮的冲击、各种陈腐观念的诱惑、各种不良信息的侵袭，使广大学生能够更加坚定理想信念，明辨是非，增强对社会主义核心价值观的认同感，强化实现中华民族伟大复兴的责任感，并内化为建设中国特色社会主义的使命感，从而转化为不负党和人民厚望的实际行动。

---

① 中央宣传部. 习近平新时代中国特色社会主义思想学习纲要 [M]. 北京：学习出版社，人民出版社，2019：5.
② 习近平. 青年要自觉践行社会主义核心价值观 与祖国和人民同行努力创造精彩人生 [N]. 光明日报，2014-05-05（1）.

其次，为培育新时代应用型人才确立"时代方位"。党的十九大报告中指出："中国特色社会主义进入新时代，意味着近代以来久经磨难的中华民族迎来了从站起来、富起来到强起来的伟大飞跃，迎来了实现中华民族伟大复兴的光明前景。"同时，我国社会主要矛盾已经由人民日益增长的物质文化需要同落后的社会生产之间的矛盾，转化为人民日益增长的美好生活需要和不平衡、不充分的发展之间的矛盾。如今，在党的带领下，我们实现了第一个百年奋斗目标，开启了实现第二个百年奋斗目标新征程，正在朝着实现中华民族伟大复兴的宏伟目标继续前进。这是中国特色社会主义新时代，是我国发展的新的历史坐标。而当今世界，正面临"科学技术之变""经济全球化之变""国际政治格局之变""全球治理秩序之变""文明多元激荡之变"[①] 的百年未有之大变局，我国则处于特殊的历史机遇期，为人类命运共同体的构建贡献着中国力量和中国借鉴。应用型大学课程思政理论与实践研究，就是要让课程思政立足于这个新时代，改革传统思想政治教育理念，创新课程育人路径，立德树人、铸魂育人，确立培育新时代应用型人才的"时代方位"，正确认识中国与世界发展大势，抵御不良侵蚀，铸牢信仰根基，培养有理想、敢担当、能吃苦、肯奋斗的时代新人。

最后，为培育新时代应用型人才塑造"理想人格"。在纪念五四运动100周年大会上，习近平总书记对新时代青年提出了六点要求，即"树立远大理想""热爱伟大祖国""担当时代责任""勇于砥砺奋斗""练就过硬本领""锤炼品德修为"。有学者认为，这六点要求科学地阐明了"时代新人"的内在要素和具体标准，也揭示了新时代青年"理想人格"的价值取向，即"求真""向善""臻美"。"求真"是理想人格最基本的价值取向，新时代青年要在求"主义"之真、求"历史"之真和求"科技"之真上下功夫；"向善"表达了理想人格对崇高道德品质的追求，新时代青年要积极追求"以群越己"之善、"以义导利"之善和"以理规欲"之善；"臻美"是人对自身自由自觉本质的体悟，新时代青年要努力实现"崇高使命"之美、"自强不息"之美和"全面发展"之美。新时代青年理想人格是真善美的统一。[②] 应用型大学课程思政，就是要通过"全课程育人"，让广大教师成为大学生的知心人、热心人和引路人，为新时代应用型人才塑造理想人格，使他们实现德智体美劳全面发展，有效地应对人生成长过程中出现的各种问题和挑战，肩负起中华民族伟大复兴的历史重任。

---

① 徐伟新，李志勇. 以伟大斗争应对百年变局［N］. 光明日报，2019-06-19.
② 冀建峰. 新时代青年理想人格真善美的价值取向［J］. 思想理论教育导刊，2020（2）：65-68.

第一章　应用型大学课程思政价值

第一节　应用型大学课程思政价值意蕴

应用型大学课程思政的价值意蕴，既包括探索其价值本源，也包括厘清其价值内涵。从价值本源上说，应用型大学课程思政是落实立德树人根本任务的战略举措，也是提高人才培养质量的价值引领；从价值内涵上讲，应用型大学课程思政旨在不断引导当代大学生努力创造以服务人民、奉献社会为要旨的个人价值，以不忘初心、牢记使命为要旨的社会价值，以求真务实、守正创新为要旨的职业价值。

一、应用型大学课程思政的价值本源

应用型大学课程思政的价值本源在于铸魂育人。早在2014年，习近平总书记就已经提出"铸魂育人"这一完整概念。此后，他又在不同场合多次使用这一核心概念以及"铸魂固本""铸造灵魂"等类似概念，进一步对"铸魂育人"的内涵进行了科学阐述。总体来看，"铸魂育人"是对思想政治教育本质核心内涵的准确表达[1]，因而也是应用型大学课程思政的价值本源。

（一）落实立德树人根本任务的战略举措

高校的立身之本在于全面贯彻党的教育方针，解决好"培养什么人、怎样培养人、为谁培养人"这些根本问题。立德树人是高校的神圣使命，其成效是检验高校一切工作的根本标准。"十年树木，百年树人"，育人之艰辛不易首在铸魂。高校课程思政只有向铸魂聚焦，才能落实立德树人根本任务。以此来看，全面推进课程育人的体系建设，倾力打造五育融合的育人格局，是应用型大学落实立德树人根本任务的战略举措。

1. 全面推进课程育人的体系建设

作为人才培养的核心要素，课程从来就不是一种价值无涉的实体，其本身就是价值选择的结果，其质量直接决定人才培养的质量。基于应用型的办学定位，应用型大学更注重培育具有完备"专业知识结构、专门技能结构、岗位能力结构和职业素质结构"等四位一体的应用型人才，其课程建设也更关注创设以过程性知识而非陈述性知识为主的课程体系，更强调打造以"产学研结合""工读交替""勤工俭学"等特色为基础的课程模式。

---

[1] 李忠军."铸魂育人"是思想政治教育本质核心内涵的探讨[J].思想理论教育导刊，2015（10）：105.

基于此，应用型大学的课程体系致力于打造多方协同的育人机制，尤其是课程思政的协同育人机制。

全面推进课程思政建设，就是要协同各方力量，不断把对当代大学生的价值观引导寓于知识传授与能力培养之中，从而帮助他们一步步扣好人生的扣子，塑造正确的世界观、人生观、价值观，以促进他们全面发展，进而把他们培育成争做堪当民族复兴重任的时代新人。因此，虽然课程建设要回答的是教育的微观问题，但是课程育人要解决的却是教育的根本问题。高校的思政课程与课程思政并非各自为阵的"两张皮"，而是课程育人的"一体两翼"，全面推进课程育人的体系建设极为重要。

总体来看，在课程育人过程中，思政课程和课程思政分别发挥显性与隐性作用。课程思政回归铸魂育人的价值本源，有利于应用型大学全面推进育人体系建设，完善协同育人机制，使课程思政的隐性功能不断显性化，进而不断优化课程育人体系。具体而言，课程思政从三方面回应着教育的根本问题，即从定位上着眼于"为谁培养人"，从目标上瞄准"培养什么人"，从过程上注重"怎样培养人"。因而，课程思政体系的不断完善，有利于应用型大学"德、识、能"三位一体育人，落实立德树人根本任务。

2. 倾力打造五育融合的育人格局

应用型大学课程思政回归铸魂育人的价值本源有利于打造五育融合的育人格局。育人从来就不仅仅是给学生传授知识、培养技能，而是要在洞察与理解人性的前提下，让学生回到现实的社会关系中，复归人性，从而把他们塑造成全面发展的人。然而，今天我们面临的问题是在教育不断走向现代化的过程中存在着各种问题，尤其是深层次的德智体美劳等五育分离乃至割裂的"现代问题"，表现为"疏德、偏智、弱体、抑美、缺劳"，导致片面发展、片面育人，远离了全面发展、全面育人的教育宗旨①。

打造五育融合的育人格局，要全面贯彻党的教育方针，构建"五育并举"的人才培养体系，即把德育工作贯穿于教育教学全过程、各环节，构建"德育铸魂"的人才培养体系；实施"人职匹配、因材施教、分类培养"的人才培养模式，构建"智育固本"的人才培养体系；健全学校体育工作机制，全面提高体育教学质量，构建"体育强身"的人才培养体系；把美育教育纳入人才培养方案，贯穿人才培养全过程，构建"美育浸润"的人才培养体系；让学生在劳动实践中，培养正确的劳动精神，构建"劳育淬炼"的人才培养体系。

倾力打造五育融合的育人格局，就是要不断推进、深化与发展"五育并举"的人才培养体系，以此强调人的成长发展，不仅是"全面发展"，更是"融合发展"；以此着重在贯通融合中实现"德智体美劳"的"缺一不可"；以此践行新的教育理念或育人理念，即"融合理念"，并在新的理念下与体系内重建诸育理论；以此开发包括"有机关联式思维""整体融通式思维""综合渗透式思维"等在内的系统思维；以此挖掘学生全新的"学习能力"，形成基于融合、为了融合和在融合之中的学习兴趣、意识、方法、能力与习惯②。

（二）提高人才培养质量的价值引领

应用型大学课程思政回归铸魂育人的价值本源，对于高校提高人才培养质量具有促进

---

① 李政涛，文娟."五育融合"与新时代"教育新体系"的构建[J]. 中国电化教育，2020（3）：8-11.
② 李政涛，文娟."五育融合"与新时代"教育新体系"的构建[J]. 中国电化教育，2020（3）：8-11.

作用。提高人才培养质量，从没有像今天这样紧迫、这样重要。在社会多元价值相互交织与渗透的复杂背景下，随着课程思政建设的深入推进、课程育人体系的不断完善，课程思政愈发成为学校教育教学整体布局的内在之魂，成为加强与改进思想政治工作的重要抓手。据此来看，有效提高人才培养质量离不开课程思政的价值引领。

1. 新时代对人才培养提出新的要求

育才是高校的基本任务与重要使命，高校的育才功能在新时代的背景下显得尤为重要。2021年，习近平总书记在清华大学考察时就强调，新时代党和国家事业的发展比以往任何时候都更为迫切需要高等教育，需要科学知识与优秀人才；高校要培养广大青年努力成为堪当民族复兴重任的时代新人。总书记有关人才问题的重要讲话为新时代背景下的人才发展提出了根本要求。

新时代的人才观具有内涵丰富和多样化的特点，主要表现为：一是专业性，要具备更为复杂的专业知识、专业操作与应用能力；二是综合性，要具有跨学科、跨专业的综合性素养；三是人文性，要在专业知识与技能充分发展的基础上注重提升人文素养；四是个性化，要构建灵活而富有弹性的人才培养体系以更加关注每一位受教育者的个性需求；五是创新性，要具备创新精神与创造能力；六是国际化，要具有国际视野，具备参与国际竞争、促进国际交流的素养[①]。时代新人的多样化要求迫切需要高校深入思考如何在育人过程中更好地将多元个人价值观深度融入人才培养体系。

改革、创新人才培养体系，以提高人才培养质量，是高校提升办学水平的根本标准与核心任务。总体来看，高校人才培养体系包括专业建设、学科建设、课程建设、师资建设、课堂教学、教学研究、社会实践、教育资源保障、信息技术运用等诸多环节，其中每一环节都不可或缺，否则没法完成人才培养任务。然而，在所有环节中，课堂教学无疑占据中心位置。因此，改造大学课堂成为提高人才培养质量的突破口与关键点。

2. 新时代的育才更加注重培根铸魂

应用型大学课程思政回归铸魂育人的价值本源，有利于高校加强对课程建设、教材研发以及教学活动设计等诸多环节的管理，以此大力改造大学课堂，提升课堂教学水平，进而提高人才培养质量。新时代的人才培养不仅需要引导大学生学习知识、习得技能，更为重要的是对他们进行价值引领与精神培育。也就是说，新时代的育才更加注重铸魂，以培根铸魂。

"培根"强调的是高校在培育时代新人的过程中善于从优秀传统文化上引导当代大学生打好中国底色，正如习近平总书记所强调的，"中国人民的价值观和精神世界，是始终深深植根于中国优秀传统文化沃土之中的。"[②] 具体而言，以中华优秀传统文化培根育才，指的是在教育教学过程中以中华优秀传统文化及其所传承的中国精神为主要内容，以不断促进时代新人的文化感知与文化体验、加深文化理解与文化认同、增强文化自觉与文化自信等为主要目标，以中华民族深邃厚重的精神文明成果培根固本、启智润心，进而培养

---

① 靳培培，周倩. 普及化阶段高等教育人才观的重塑与践行策略[J]. 当代教育与文化，2021，13（1）：93-101.

② 习近平. 在纪念孔子诞辰2565周年国际学术研讨会暨国际儒学联合会第五届会员大会开幕会上的讲话[EB/OL].（2014-09-24）[2023-01-02]. http://www.gov.cn/xinwen/2014-09/24/content_2755666.htm.

"有理想、敢担当、能吃苦、肯奋斗"的时代新人的育才活动。"铸魂"强调的是要用马克思主义中国化时代化最新成果即习近平新时代中国特色社会主义思想武装时代新人的头脑,把一代代中华优秀儿女用生命和鲜血凝结而成的红色基因融入他们的血脉。"培根"与"铸魂"相互联系、相互促进,有机统一于培养时代新人的育才过程中,"培根"才能不忘初心使命,"铸魂"方可筑牢理想信念。培根铸魂,就是要引导青年大学生在学思践悟中不断坚定理想信念,在奋发有为中始终践行初心使命。

在新时代的育才过程中,"培根铸魂"与"启智增慧"分别指向学生发展的不同维度。"培根铸魂"只有寓于"启智增慧"活动的全程之中,才能真正发挥其价值引领与精神培育功能;"启智增慧"也只有与"培根铸魂"有效合一,才能凸显其在教育教学活动中的主体作用,更有利于学生习得文化知识、增强能力素养,进而有助于提高人才培养质量。因此,两者相互作用、有机融合,方可更为有效地促进学生实现全面发展的整体目标。

二、应用型大学课程思政的价值内涵

对高校课程思政而言,价值体系是决定不同类型大学人才培养方向与培养道路的精神之魂,其中价值取向是灵魂、价值追求是目标、价值实现是手段。总体来看,应用型大学课程思政有着深刻的价值内涵:从价值取向上看,表现为以服务人民、奉献社会为要旨的个人价值;从价值追求上看,表现为以不忘初心、牢记使命为要旨的社会价值;从价值实现上看,表现为以求真务实、守正创新为要旨的职业价值。

(一)以服务人民、奉献社会为要旨的个人价值

应用型大学课程思政的价值取向是以服务人民、奉献社会为要旨的个人价值。服务人民、奉献社会的价值取向,也是高校的办学宗旨与功能定位,决定了学校人才培养模式的发展方向,代表学校办学行为的本质动机,是对学校办学行为进行价值评判的基础标准,也决定了学校社会活动的目的价值。

从思维方法上讲,服务人民、奉献社会的底层逻辑是以人为本、以人民为中心,人民利益至上驱动着高校不断提高人才培养质量。从政治本色上讲,人民立场是马克思主义政党的根本立场,我们党的教育路线、方针、政策等都是建立在这一基本立场之上的。从政治哲学的高度审视,以服务人民、奉献社会为要旨的价值取向,可以集中表述为:以人民为中心、人民至上。这种价值取向绝非无源之水、无本之木,它既是对中华优秀传统文化"富之,教之"思想在新时代的传承与发展,也体现了马克思"人民主体"思想的当代诠释与时代价值。对高校而言,服务人民、奉献社会就是要始终坚持立德树人、育人为本,坚持以各种渠道不断将高校科技创新的智力成果转化为社会的现实生产力,办好人民满意的大学,以增进民生福祉,让人民群众生活得更加幸福。

对当代青年大学生来说,培育积极正确的价值观尤为重要。应用型大学课程思政在价值取向上以服务人民、奉献社会为要旨,旨在培养当代大学生良好的个人价值观。在新时代,大学生个人价值的主要彰显途径就是服务人民、奉献社会。总体来看,当代大学生最重要的历史使命就是担当起实现中华民族伟大复兴的重任,与历史同向、与祖国同行、与人民同在,在服务人民、奉献社会、报效祖国的伟大征程中不断开创自己人生价值的新境界。

基于此，首先，应用型大学课程思政引导大学生顺应时代前进潮流，把握发展战略机遇，确立人生奋斗方向。其次，应用型大学课程思政引导大学生自觉与祖国同呼吸、共命运，矢志将个人的人生奋斗目标与祖国的前途命运紧密相连。只有始终与祖国共奋进，才能更充分地实现个人价值。再次，应用型大学课程思政引导大学生坚持走群众路线。习近平总书记在庆祝中国共产党成立100周年大会重要讲话中指出："人民是历史的创造者，是真正的英雄。"课程思政引导大学生主动参与社会调研，虚心向群众学习，倾听人民心声，坚定把自己的人生与人民的事业紧密相连，做好人民利益的守护者。最后，应用型大学课程思政引导大学生把准劳动教育价值取向，尤其是增强将学科知识向实践能力转化的自觉意识，并树立正确的劳动观，崇尚劳动、尊重劳动，不断提高自己的精神境界与道德水平，增强对劳动人民的感情，提升服务人民、奉献社会的本领。

（二）以不忘初心、牢记使命为要旨的社会价值

应用型大学课程思政的价值追求是以不忘初心、牢记使命为要旨的社会价值。不忘初心、牢记使命的价值追求，根源于党"为人民谋幸福，为民族谋复兴，为世界谋大同"的崇高价值追求。不忘初心，就是要始终坚守为人民谋幸福的初心；牢记使命，就是要始终承载为民族谋复兴的使命，并担当起为世界谋大同的责任。

从历史来看，当代的青年大学生成长于"移动互联网技术红利、模式红利以及人口红利"等多重叠加的时代。他们大多视野开阔、思想多元、个性鲜明、独立包容、创造力强，价值观念与思想政治态度整体趋稳、向好，但仍有一些隐患问题所带来的负面影响不容忽视，其主要表现为：境外敌对势力长期对我国有目的、有系统地输出价值观，甚至煽动仇恨乃至分裂；留守学生的心理健康问题；城乡、区域、行业、阶层等之间存在的差距问题；教育资源、教育手段相对滞后于发展的问题；"全员育人、全过程育人、全方位育人"的要求尚未真正落实的问题。这些负面影响给当代大学生的思想政治教育工作带来了现实挑战，要做好他们的思想政治引领工作，仅仅用传统的思政办法远远不够。

为此，应用型大学课程思政直面时代现实问题，把对青年大学生的社会价值观构建不断回归现实生活世界。诚如习近平总书记所言："一种价值观要真正发挥作用，必须融入社会生活，让人们在实践中感知它、领悟它。"[①] 从时代背景看，面对百年未有之大变局，面对层出不穷的新情况、新问题，在中国特色社会主义进入新时代之际，中国共产党就发出"人民对美好生活的向往，就是我们的奋斗目标"[②] 的伟大号召，在明确党的初心使命这一价值追求的逻辑起点之上，时刻关注人民对幸福生活的价值诉求，并不断占据价值制高点，团结和带领全国各族人民共同为美好生活奋斗。目前已取得一系列历史性成就，这些成就不仅解决了坚持和发展中国特色社会主义的深层逻辑与动力源泉等问题，而且解决了新时代坚持和发展中国特色社会主义的精神状态与奋斗姿态等问题。

总体来看，价值追求不仅反映出一个人的精神风貌，而且决定着一个人的发展高度。中国特色社会主义进入新时代，我国社会主要矛盾发生新变化，人民群众的生活需求呈现

---

① 习近平. 把培育和弘扬社会主义核心价值观作为凝魂聚气强基固本的基础工程 [N]. 人民日报，2014-02-26 (001).

② 中共中央宣传部（国务院新闻办公室），中共中央文献研究室，中国外文局. 习近平谈治国理政（第1卷）[M]. 北京：外文出版社，2014：4.

"日益增长、从一元到多元、从整体到个体、从传统到现代"等深刻转变。在此背景下，应用型大学课程思政致力于把握"不忘初心、牢记使命"的社会价值目标，努力引导大学生始终坚持正确的政治方向，坚定崇高的理想信念，从而在社会交往过程中正确处理好个人与社会、利己与利人之间的关系；在此基础上，逐步引导他们依据发展变化适时制定符合自己每个阶段成长的具体目标，日积月累地练就过硬实践本领，以积极投身于创建"自由、平等、公正、法治"的和谐社会的征程中，不断提升自身的社会参与感、责任感、获得感与认同感。

（三）以求真务实、守正创新为要旨的职业价值

应用型大学课程思政的价值实现是以求真务实、守正创新为要旨的职业价值。求真务实、守正创新的价值实现，既是百年来党不懈奋斗的政治底色、优良传统，也是中华人民共和国成立后党执政兴国的根基源泉、动力所在，更是新时代党治国理政的思维方法、工作方法。着眼于未来，课程思政积极引导大学生树立以求真务实、守正创新为要旨的职业价值观。

从课程思政的价值实现上讲，求真务实、守正创新的文化意蕴是对社会主义先进文化、中华优秀传统文化及其精神脉络的高度概括，浓缩了中国共产党人的价值追求、意志品质与行为准则，凝聚了无数人的智慧力量，为当代大学生树起了一面催人奋进、接续奋斗的精神旗帜。对中国共产党人来说，天然葆有"求真务实"的精神动力，传承"守正创新"的内在品格。因此，对新时代的大学生来说，求真务实、守正创新不仅是一种精神追求目标，更是一种价值实现手段。

从课程思政的逻辑关系上讲，务实以求真为前提与基础，只有求真才能坚守初心、与时俱进、勇攀新高；求真以务实为实践与验证，只有务实才能无我负重、蹄疾步稳、梦想成真。求真务实，包含着马克思主义哲学一以贯之的科学精神，是马克思主义认识论的本质体现与必然要求。创新以守正为方向与依归，只有守正才能固本清源、保持定力、同向笃行；守正以创新为生机与活力，只有创新才能把握先机、驱动发展、赢得未来。守正创新蕴含着唯物辩证法对立统一的内在逻辑，体现新形势下做好本职工作的基本内涵与实践要领。

从课程思政的职业价值上讲，应用型大学课程思政引导大学生以求真务实、守正创新为要旨促进价值实现。首先，求真是第一要义。在职业价值观上，"求真"代表在实践中探究问题的本质及其运行规律，不断修身养性，筑牢崇高信仰，站稳人民立场，真正做到不虚假、不欺瞒。其次，守正是基本要求。在职业价值观上，"守正"代表始终保持政治方向、舆论导向、价值取向等正确无误，也就是坚持以习近平新时代中国特色社会主义思想为指导开展工作，真正做到不迷失方向、不犯颠覆性错误。再次，务实是重要作风。在职业价值观上，"务实"代表始终坚持脚踏实地，"实"字为先；埋头苦干，"干"字当头，实实在在推进工作，真正做到不搞形式主义、不犯官僚主义。最后，创新是关键一招。"创新"代表始终保持敢为人先、攻坚克难的气魄，勇于打破常规以新制胜，真正做到不墨守成规、不故步自封。

总之，实践没有止境，应用型大学课程思政的实践探索也没有止境。课程思政始终立足大学自身实际，在立德树人、育人育才的过程中努力培育当代大学生"真""正""实""新"的职业价值观，沿着中国式现代化这条康庄大道锐意进取，为全面建设社会主义现代化国家、全面推进中华民族伟大复兴贡献时代新人的磅礴力量。

第二节　应用型大学课程思政价值取向

一般来说，价值取向是指人们把某种价值作为行动的准则和追求的目标，它是决定和支配人们言行的价值判断和价值选择，是个体在活动或意识中所渗透的价值指向，是人们在实际生活中追求的价值方向。

课程思政最根本的价值取向就是要把价值引导、知识传授和能力培养三者融为一体。2020年教育部印发的《指导纲要》指出，"全面推进课程思政建设，就是要寓价值观引导于知识传授和能力培养之中，帮助学生塑造正确的世界观、人生观、价值观。"

如果说教育的目的是育人，那么，课程思政的根本目的就是要解决"培养什么人、怎样培养人、为谁培养人"的根本问题。而要把握并解决好这个根本问题，首先就必须准确把握课程思政的价值取向问题，下面拟从四个方面理解和把握课程思政的价值取向。

一、爱党爱国、造福人类的核心价值取向

如果说中国特色的社会主义教育的根本目的就是培养社会主义的建设者和接班人，那么，作为主阵地、主渠道的课程思政就是要解决好专业教育和思政教育"两张皮"的问题，就是要深入挖掘各类课程和教学方式中蕴含的思想政治教育资源，并把爱党爱国、造福人类作为课程思政的核心价值取向。

（一）坚定学生的理想信念是课程思政的核心价值指向

理想是人们在生活实践中形成并有可能实现的对未来社会和自身发展目标的向往与追求，是人们的世界观、人生观、价值观的集中体现。信念是人们在一定的认知基础上对某种事物或思想坚信不疑并身体力行的精神状态。一般说来，理想和信念是相互依存、密不可分的。理想是信念所指的对象，信念则是理想实现的保障。如果说理想是支撑人的精神骨骼，是激励人们向确信和追求的目标奋进的精神动力；那么，信念是护卫人们理想的精神之"钙"，是对理想目标的执着向往与追求。

理想信念对人的生活实践起着非常重要的作用，它既是人的精神向导，是人生征程的导航器，又是人们朝着既定目标前进奋斗的精神动力，是人们前进奋斗的力量源泉。课程思政的核心价值取向就是要让学生树立为中华民族的伟大复兴、为中国特色社会主义现代化建设、为伟大的共产主义事业奋斗终身的理想信念；让学生坚信民族复兴、建设中国特色社会主义现代化不仅是党和国家在现阶段的宏伟目标，更是当代青年学子的使命担当和必须肩负的责任；让学生明确学习掌握专业知识和技能，勇于探索和创新，不仅仅是为了个人谋生和实现个人价值，更是为民族复兴和国家社会主义现代化建设出力的必备条件，是实现党和国家的宏伟目标的必然要求；让学生明确认知，实现中华民族的伟大复兴，建设中国特色的社会主义强国，既是符合社会历史发展的客观规律，又是实现共产主义这一远大理想的必经阶段，我们只有坚定中华民族的伟大复兴和共产主义的宏伟目标必将实现这一崇高的理想信念，将个人的职业规划和人生目标与国家甚至人类的前途命运有机结合起来，才会明白专业知识和技能的学习与掌握的价值，从而使我们的学习和探索欲求具有持之以恒的信念和锲而不舍的内在动力。正是从这个意义上，我们说，坚定学生的理想信

念是课程思政的核心价值指向。

（二）爱党爱国是课程思政最根本的价值要求

人的情感倾向和价值取向是可以正确引导和精心培育的。正是从这一意义上说，课程思政的一项重要任务就是要把对党和国家的认同与热爱当作最根本的价值要求。因此，它要求我们每一位从事专业技能教育的教师都必须把今天安全舒适的学习环境与中国共产党领导中国人民抗击日本侵略者、推翻压在中国人民头上的三座大山、实现民族独立、国家富强的流血牺牲、艰难奋斗的历程联系起来，把我国近现代发展过程中取得的各种重大的科技成果、各种重大的技术进步、各种让世人瞩目的伟大工程以及在我国已消除绝对贫困并实现全面小康等重大历史和现实事实与中国共产党领导全国各族人民浴血奋战的历程联系起来，让学生深深地认识到，没有无数的共产党人为了民族独立和解放的流血牺牲，没有作为民族脊梁和中流砥柱的共产党人领导中国人民同国内外各种反动势力作长期的艰苦卓绝的斗争，中国人民也许还在饱受帝国主义的压榨、欺凌和掠夺，中国也许还是一个由列强任意宰割的穷国、弱国。同时，课程思政的一项重要目标，就是要把专业技能的培养与党史国史的教育有机地融合起来，把民族、国家的前途命运和广大人民的根本利益实现、保障与党的正确领导和决策联系起来，从而让我们的青年学生明白，没有共产党人领导中国人民建立的新中国，没有共产党人领导中国人民走向改革开放和建设中国特色社会主义的正确道路，就没有当今中国的繁荣富强，更没有中华民族的伟大复兴，进而让我们的广大学子在润物无声、潜移默化中增进对党和国家的了解与情感，自觉培育自己的家国情怀，并在这种家国情怀的激励下自觉地完成学业、提升能力。

当然，要培养学生的爱党爱国情怀，仅仅停留在喊几句爱国主义的口号、贴几条标语上是远远不够的。它要求每一位教师应是对党和自己祖国以及生活在这片土地上的人民和祖祖辈辈创造的灿烂文化充满着崇敬和眷恋的人，应是能让学生深切感受到教师是从灵魂深处散发着对党、对国家、对人民刻骨铭心的爱的人，应是以自己的祖国和文化为荣的人，应是心甘情愿将自己所学所能效力于自己的祖国和人民的人。一个对党、对国家、对人民毫无感情，甚至灵魂深处都充满崇洋媚外思想的人，一个愿意向洋人"献媚"且骨子里充满奴性的人，既不够格称为人民教师，更不可能培养出爱党爱国的人才。

（三）造福人类是课程思政坚定的价值追求

当今世界，随着经济全球化的不断深入发展，世界各国在经济、政治、科技、文化、金融、信息、人才等方面的联系和依存度不断加深，但也面临着诸多问题和挑战，世界各国正在成为一个相互依存、休戚与共的共同体。当今中国的社会主义现代化建设，既是全体中国人民自己的事业，也是人类社会进步和发展的重要组成部分。因此，课程思政的一个重要任务，就是要开阔学生的视野、提升学生的品位，既要引导学生以宽广的胸怀、积极的心态、过硬的本领投身到民族复兴的宏大事业中去，又要让广大青年学生明白，中国的发展离不开世界，世界的发展也离不开中国，当代中国的发展关乎着整个人类社会的发展和未来走向。因此，从事专业技能教学的教师必须引导青年学子树立为人民谋幸福、为民族谋复兴、为世界谋大同的远大志向和宏大理想，既立足于本国建设和发展的需要，更要关切人类的未来，把学好专业技能、积极投身于新时代中国特色社会主义建设事业当作构建人类命运共同体的一部分，把勇于探索、开拓创新、造福人类当作自己坚定的价值追求。

二、育人为本、效力国家的社会价值取向

要把握课程思政特有的价值取向，还必须弄清衡量教育主体的教育活动及其价值取向的科学标准和价值标准，并在此基础上规范和把握课程思政特有的价值取向。

（一）衡量教育主体的教育活动的科学标准和价值标准

如果说一个重大的历史事件或重大的实践活动是否成功，可以用科学标准和价值标准去评判的话，那么，一个国家、一个民族乃至一所学校的教育是否成功，同样可以用科学标准和价值标准去评判。

这里所谓的"科学标准"，指的是教育主体（即一个国家、一个民族乃至一所学校以及所属的每一位教师）在组织和实施教育活动时是否把握了教育的本质，其设定的教育目标、制订的教学计划和教学大纲、组织实施的教学活动、使用的教学手段和教学方法等是否遵循了教育的基本规律，学校的师资配备、图书资料、实验条件以及规章制度等各种软硬条件是否满足培育相应人才的基本要求，是否能为学生学习知识、掌握技能、提高能力、开拓创新、身心成长提供必备的条件和良好的环境，其培养的绝大部分学生是否达到了相应层级的培养目标，是否真正掌握了相应层级应该且必须掌握的知识和技能，是否具有参加社会主义建设的合格能力，等等。

这里所谓的"价值标准"，指的是教育主体（即国家、学校以及各个层级的教育者）所制定的教育方针和所实施的教育活动能否促进学生德智体美劳全面发展，能否引导和培育学生的国家认同、政治认同和文化认同，能否有利于学生将道德修养、人格教养和知识培养有机融通，所培育的学生能否满足国家建设的需要，所培育的学生能否自觉自愿为国家的社会主义建设事业效力，其所作所为是否符合最广大人民的根本利益，是否能促进民族、国家乃至人类社会的进步。

这里所谓的"科学标准"和"价值标准"是有机统一的。缺失科学标准，既无法衡量一个国家、一个学校的办学水平和发展程度，也无法衡量其知识传授、专业教育、能力培养的真实状况和发展态势；既无法衡量一个教师的教学科研水平和能力，更无法衡量一个教师的施教过程、手段和方法是否符合教学本身和学生成长的基本规律。缺失价值标准，则既无从判断一个国家、一个学校在培育什么样的人、在为谁培养人，也无从判断其理想信念、价值引导、道德修养、家国情怀教育是否落实到位；既无从判断教师是否有立德树人、铸魂育人、为国育人的使命担当，是否能寓价值观引导于知识传授和能力培养之中，是否能帮助学生塑造正确的世界观、人生观、价值观，更无从判断学生是否具有为国效力、奉献祖国的理想信念，是否对党、国家、社会主义、人民以及集体充满真正的爱，是否真正了解世情、国情、党情和民情，进而增强对马克思主义和党的创新理论的政治认同、思想认同、情感认同，坚定对中国特色社会主义道路、理论、制度和文化的自信。正是从这个意义上我们说，割裂"科学标准"和"价值标准"的有机统一，就会使我们专业教育和思政教育变成"两张皮"。过去，一些地方，甚至一些教育工作者主张重专业教育轻思政教育，抱怨思政教育挤占了专业教育的时间，要求用专业教育取代甚至否定思政教育的情况，就是割裂"科学标准"和"价值标准"有机统一的体现。而这种割裂"科学标准"和"价值标准"有机统一的思想意识，既无益于解决"培养什么样的人"和"为谁培养人"的问题，更不利于学生学习目的的明确和动机的端正。因此，只有坚持

"科学标准"和"价值标准"的统一,才能使我们的教育,尤其是课程思政教育既合规律又合目的,从而实现合规律性与合目的性的统一。

(二)培养社会主义事业的建设者是课程思政最根本的价值目标

毋庸置疑,社会主义国家办的教育、培养的人才,理所当然应该是社会主义事业的建设者,应该为我国的社会主义现代化建设服务。然而,近年来社会上一些人片面推崇科学标准,在经费投入和政策倾斜方面片面强调科研能力和专业排名,忽视价值标准。如果将科学标准和价值标脱节,或者只是片面地强调科学标准而忽视价值标准,不重视"为谁培养人""培养什么样的人"的问题,国家的教育投入就必然会变成无效投入。据美国加州统计,从1978年到2015年期间,全美有超过20万名中国"985"高校毕业生。请注意,这些统计数据还只是停留在2015年,如果统计到2022年年底,我国名校培养的精英效力于美国的人就更多了。仅从半导体行业来说,在2020年全球十大芯片设计厂商营收排名(见表1.1)中,有8家的CEO或者创始人是华人①。虽说华人不等同于中国人,但肯定有不少是来自中国名校的精英,而这些精英并没能为国家半导体行业的发展作出贡献。

扎根中国大地办大学,就要把立德树人的成效作为检验高校一切工作的根本标准,切实解决好中国特色社会主义建设者和接班人的培养问题。从人才培养的角度进行考量,将思想价值引领贯穿到专业教学的全过程,避免将"重视教学""重视人才培养"作狭隘化、简单化理解。要通过思想引导和价值塑造,进一步提升学生的专业水平,而且要增强学生的思想政治素质、文化素养、家国情怀,有效呼应培养社会主义事业的建设者的目标和要求。

表1.1 2020年全球十大芯片设计厂商营收排名

排名	公司	营收规模/亿美元	CEO或创始人
1	高通	194.07	克里斯蒂亚诺·阿蒙
2	博通	177.45	陈福阳
3	英伟达	154.12	黄仁勋
4	联发科	109.29	蔡明介
5	超威	97.63	苏姿丰
6	赛灵思	30.53	彭胜利
7	迈威	29.42	戴伟立
8	联咏科技	27.12	何泰舜
9	瑞昱半导体	26.35	叶南宏
10	戴乐格	13.76	贾拉勒·巴盖利

(三)培育为国效力的人才是课程思政最根本的价值选择

培养社会主义事业的建设者与培育为国效力的人才在本质上是一致的,在内在上是统一的。如果说,培养社会主义事业的建设者是课程思政最根本的价值目标,那么,培育为

---

① 考拉科技馆. 国内名校为美国培养了多少人才?真实数据让人痛心![EB/OL].(2021-08-28)[2024-02-26]. https://baijiahao.baidu.com/s?id=1709327315289338055.

国效力的人才必然是课程思政最根本的价值选择。

青年是世界观、人生观、价值观、事业观形成的关键时期，当然也容易受到社会环境和他所接触到的人和事物的影响。教师的言传身教、正确引导以及教师本人的人生观、价值观和家国情怀对学生的理想信念、价值判断、职业倾向和今后人生道路的选择起着至关重要的作用。因此，它要求我们每一位教师，尤其是从事专业技能教育的教师，必须把握好科学标准和价值标准的有机统一，在传授专业技能的同时把培育学生的家国情怀、价值选择、爱党爱国、效力国家的意识紧密联系起来，把爱党爱国、效力国家的家国意识深深植根于学生的思想意识中，使其内化于心、外化于行。这既是每一位教师的责任和使命，也体现着我们的良心。唯其如此，我们才能真正做到不负时代、不负使命、不负国家、不负人民。

三、能力为要、身心和谐的个人价值取向

坚持科学标准和价值标准的统一，既体现在课程思政的价值目标和价值选择上，也体现在教育主体，尤其是每一位教师和受教育者如何正确看待和处理社会价值取向和个人价值取向的关系上。每一位教师，尤其是从事专业技能教学的教师应率先垂范，正确看待和处理好社会价值取向和个人价值取向的关系，并以自己的言行潜移默化地影响自己的学生，使学生在长期的熏陶中自觉或不自觉地作出合乎时代要求的个人价值选择。

（一）培养自身的全面能力，担负起历史的重托

任何国家、任何时代、任何一个历史阶段都有特有的核心价值观，正是这一核心价值观决定着其相对稳定的主导价值取向，制约着每个人的社会价值和个人价值取向。一般来说，个人的价值取向只有与社会的主导价值取向一致，他的理想目标、价值选择才会得到社会的认可，他的人生价值追求才会有事半功倍的效果。也就是说，选择与社会的主导价值取向一致的价值取向是实现人生价值最基本的社会条件，忽视这一条件，个人的价值追求就会事倍功半，甚至可能误入歧途。

当前中国已经由市场经济取代了计划经济，社会的各种资源也由过去的权力配置转向了市场配置，即市场在各种资源配置中起着决定性作用，党和国家的工作重心也全面转向了以经济建设为中心的社会主义现代化建设。因此，社会的主导价值取向也相应地从过去的权力本位转向了能力本位。这就是说，一个人只有凭借自己的能力专长为社会实实在在地创造财富、为国家为社会作出一定的贡献或提供有益服务，才能获得社会和他人的尊重，个人的需要和正当利益才能得到满足。一个既没有一定的专业能力又没有一技之长的人，一个既不能为国家建设承担一定的责任又不能为社会发展作出一定贡献的人，既不得到社会和他人的肯定与尊重，也不能使自己的需要和利益得到满足，他的人生价值当然也就不可能实现。

大学正是人的一生中学知识、长见识、提升能力的最佳时期。诚然，一个人知识的增长、能力的提升主要靠自身的不懈努力，但是，外围的环境、父母亲朋的影响，尤其是教师的正确引导和科学培养也是至关重要的因素。所以，课程思政的一个重要责任和价值倾向，就是要引导学生在苦练内功、扎扎实实地学好专业知识和技能的同时，全面提升自己适应社会、经营管理、开拓创新以及处理各种人际关系的能力。同时，教师应以大量的生

动事例让学生明白一个道理：在一个以能力本位为主导价值取向的时代，一个要成为对国家对民族对甚至人类发展有用、有贡献、有意义的人，必须要有执着的信念、优良的品德、丰富的知识、过硬的本领，才能有所作为，才能担负起历史的重托。

而更为重要的是，作为教师，更有责任让学生懂得，个人能力只有用在有利于国家昌盛、民族复兴的伟业上，用在符合最广大人民的根本利益并有利于促进人类社会进步的事业上，才能体现其真正的社会价值，并最终得到社会的认可与尊重，从而实现其自身的个人价值。

（二）顺应时代要求、塑造乐于奉献的人格倾向

当今中国，已经进入全面建设社会主义现代化的新阶段，各行各业都在围绕民族复兴和建设社会主义现代化强国这一目标而砥砺前行。作为千年大计的教育，不但肩负着为国育人育才的重要使命，而且承担着弘扬民族精神、塑造民族性格的重要责任。因此，《指导纲要》指出，要紧紧抓住教师队伍"主力军"、课程建设"主战场"、课堂教学"主渠道"，让所有高校、所有教师、所有课程都承担好育人责任，守好一段渠、种好责任田，使各类课程与思政课程同向同行，将显性教育和隐性教育相统一；坚持不懈用习近平新时代中国特色社会主义思想铸魂育人，引导学生了解世情国情党情民情，增强对党的创新理论的政治认同、思想认同、情感认同"，从而引导学生自觉地把国家、社会、公民的价值要求融为一体，自觉地处理好国家、集体和个人的利益关系，自觉地把小我融入大我，始终坚持把国家、集体的利益放在第一位，让个人利益服从国家和集体的利益；自觉地养成既仰望星空又脚踏实地，既积极进取又乐于奉献的人格特质和性格倾向。这既是每一位教师的基本职责，更是课程思政必须坚守的价值取向。

四、守法尚德、诚信敬业的人文价值取向

（一）奉公守法、律己达人的价值要求

从本质上说，法律是统治阶级意志的体现。当今中国的法律反映的是人民的意志，代表的是人民利益并最终服务于人民。在我国，法律的出发点就是对公民、法人和其他组织的权利进行全面、有效、合理的保护，对公民正确履行应尽义务的规定和监督。在一个法治国家中，任何公民都享有法律规定的权利，同时又必须履行法律规定的义务。因而，弘扬法治精神，培养法治意识，自觉地把知识传授、能力培养与引导学生敬畏法律、遵从法律有机地结合起来，通过大量的历史和现实案例的讲解，让学生自觉地意识到：只有在法律规定的范围内享受自己的权利、谋取自己的利益、承担自己应尽的义务，真正做到奉公守法、律己达人，才能获得自由，才能有所作为。无视或藐视法律，必然受到法律的严惩，最后弄得前途尽毁、身败名裂。这既是每位教师应尽的职责，更是课程思政必然的价值取向。

（二）诚信敬业、身心和谐的价值倾向

"诚信"的基本内涵是诚实、诚恳、真诚、信用，也即诚恳待人，用诚取信于人。"诚信"不仅是道德的基础和根本，也是一切事业得以成功的保证，更是公民个人的立身之本和必备的道德品质。

诚实守信既是中华民族的传统美德，也是社会主义核心价值观的重要内容，更是学

校，尤其是每位教师育人的重要内容。正如孟子所说："车无辕而不行，人无信则不立。"大学生群体是社会主义市场经济的重要主体，也是中国特色社会主义现代化建设的未来参与者。加强对大学生诚信教育，尤其是课程思政中的诚信教育，塑造大学生的诚信品格，具有重要的现实意义和深远的历史意义。只有把专业技能教育与诚信教育有机地结合起来，在价值观、事业观的培育中自然融入诚信教育，才能让大学生树立牢固的诚信意识，并使其深深地认识到：一个缺乏诚信的社会，必然是相互欺骗、尔虞我诈的社会，就是一个混乱的社会；一个缺乏诚信的人，必然是一个缺乏格局、不可靠的人，一个无法委以重托的人，一个缺乏伙伴、朋友同时也难以成就大业的人。

"敬业"就意味着对本职工作的专注与热爱，意味着忠于职守、兢兢业业、一丝不苟地干好自己的本职工作；"敬业"也意味着对本职工作负有责任和义务。这既是每个人事业成功和实现人生价值的前提和保障，也是国家、企业或单位对每个员工的必然要求。一个缺乏敬业精神的人，往往是缺乏事业心和责任感的人，因此，他必然既无法获得领导、同行、同事的认可与尊重，也无法达到人生理想的目标，最后必然是浑浑噩噩、无所作为，甚至一事无成地度过一生。

培养学生的敬业精神既体现在引导正确对待将来的职业上，更体现在要求学生正确对待当前的学业上；既体现在专业知识和技能的传授上，更体现在教师本身对待工作的态度和热情上。事实上，教师本身的敬业精神就是敬业教育最生动、最现实、最有说服力的范例。教师的一言一行、一举一动，教师的工作态度和责任心，学生会看在眼里、记在心里，它在不知不觉中影响着学生的敬业精神。一个甚至一群本身就不敬业，在教学上敷衍了事、错误百出，在科研上也无所成就的教师，是不可能培养出真正敬业的学生的。

总之，培育学生奉公守法、律己达人、诚信敬业的优良品质和精神气质，既是任何一个教师、任何一门课程都必须承担的责任和必须履行的义务，也是课程思政必然的价值取向。教师唯有在对学生进行知识和技能传授、能力培养的同时，把学生理想信念的端正、价值观的塑造、道德品格的形成、诚信敬业精神的培养、身心和谐的实现放在同等重要的位置上，才无愧于人民教师的称号，才对得起我们的良心。

第三节　应用型大学课程思政的价值导向

一、坚定办学的政治方向

办什么样的大学、坚持什么方向、高举什么旗帜，是高等教育发展的根本性与方向性的问题。我国高等教育发展方向要同中国特色社会主义建设的现实目标和未来方向保持一致，努力做到为人民服务，教民之所需，育民之所求；坚持为中国共产党治国理政服务，确保党对高校的领导，确立马克思主义在高校意识形态领域的主导地位；始终坚持为巩固和发展中国特色社会主义制度服务，坚定道路自信、理论自信、制度自信和文化自信；坚持为改革开放和社会主义现代化建设服务，培养中国特色社会主义合格建设者和可靠接班人。坚持社会主义办学方向，离不开思想政治工作。课程思政是高校思想政治工作的重要组成部分，体现了社会主义大学的办学特色，坚持了社会主义大学的育人导向，通过课程体系建设，挖掘各门课程的价值意蕴，把教书育人落到实处，确保社会主义大学培养目标顺利实现。

(一) 立足于中国特色社会主义建设需要

全面提升高等教育人才培养质量、落实立德树人根本任务，课程思政是重要途径。面向立德树人，我们应在价值维度上把握好课程思政的三重意蕴，即以坚持社会主义办学方向为价值定位，以培养社会主义建设者和接班人为价值目标，以合目的性与合规律性相统一为价值属性。

1. 在价值定位上，课程思政要始终坚持社会主义办学方向

坚持社会主义办学方向是新时代坚持和发展中国特色社会主义教育的根本原则。高等教育的发展方向必须与中国特色社会主义建设的现实目标和未来走向保持一致，扎根中国大地办大学，体现社会主义大学的办学特色，坚持社会主义大学的育人导向。一方面，在理念上深刻认识到我们的高校是中国共产党领导下的高校，要将马克思主义作为各级各类课程最根本的立场和最鲜亮的底色，在课程体系中以马克思主义理论为思想根基，在课程教学上牢牢把握政治性原则；另一方面，在方法上以中国特色方法为课程思政建设的实践指南，建设具有中国特色的课程体系和教材体系，充分挖掘各门课程中的思政元素和价值内涵，以思政课程为核心促进各类课程协同育人，使思想政治教育实现"有形灌输"与"润物无声"相统一。

2. 在价值目标上，课程思政要始终立足培养社会主义建设者和接班人的战略高度

实现中华民族伟大复兴、坚持和发展中国特色社会主义，关键在党，关键在人。高校的建设与发展必须深入思考和明确回答"培养什么人、怎样培养人、为谁培养人"的根本问题。推进课程思政建设也必须紧紧围绕这一问题，以此明确课程思政的目标追求和功能定位。习近平总书记指出，古今中外，每个国家都是按照自己的政治要求来培养人的，世界一流大学都是在服务自己国家发展中成长起来的。我国社会主义教育就是要培养社会主义建设者和接班人。为此，一方面，课程思政要紧扣德智体美劳全面发展这一关键，教学体系、教材体系要围绕这个目标来设计，教师要围绕这个目标来教，学生要围绕这个目标来学；另一方面，课程思政要充分掌握"六个下功夫"的重要方法论，即：在坚定理想信念上下功夫，培养矢志不渝、勇担使命的信仰者；在厚植爱国主义情怀上下功夫，培养忠于国家、融入人民的爱国者；在加强品德修养上下功夫，培养品行高洁、道德高尚的德馨者；在增长知识见识上下功夫，培养博古通今、见多识广的博学者；在培养奋斗精神上下功夫，培养脚踏实地、努力拼搏的实干者；在增强综合素质上下功夫，培养博学多才、全面发展的才能者。

3. 在价值属性上，课程思政要始终坚持合目的性与合规律性相统一

首先，课程思政的合目的性表现为符合立德树人的教育任务要求。立德树人是高校立身之本，是思政工作开展的重要遵循，课程思政就是要培养学生"明大德，守公德，严私德"，成为能够担当民族复兴大任的时代新人。其次，课程思政的合目的性表现为符合"全员育人、全过程育人、全方位育人"的教育战略要求。"三全育人"是党和国家对高校思想政治工作的根本性指导原则，课程思政作为高校开展思想政治工作的创新理念和实践探索，要努力搭建全员参与、全程贯穿、全方位协同的一体化育人机制，实现"三全育人"的战略目标。最后，课程思政的合目的性表现为符合社会主义核心价值观培育的教育

内容要求。价值引领是高校思想政治工作的核心与关键,开展课程思政就是要将社会主义核心价值观的相关内容融入每一门课程,不断强化价值观教育的渗透性,遵循学生成长规律,遵循教书育人规律,不断因事而化、因时而进、因势而新。

(二) 立足于区域经济发展需要

1. 依托《粤港澳大湾区发展规划纲要》,推动教育合作发展

2019年2月18日,中共中央、国务院印发了《粤港澳大湾区发展规划纲要》(以下简称《纲要》),要求推动教育合作发展。《纲要》指出,改革开放以来,特别是香港、澳门回归祖国后,粤港澳合作不断深化实化,粤港澳大湾区经济实力、区域竞争力显著增强,已具备建成国际一流湾区和世界级城市群的基础条件。这说明区域经济上了更高的建设发展平台。发展基础体现为区位优势明显、经济实力雄厚、创新要素集聚、国际化水平领先、合作基础良好等诸多优势。地区发展来自人才的强烈支持,回想改革开放之初,百万青年奔赴深圳,形成了一支有力的劳动力大军。能够推动粤港澳大湾区在新时代新机遇新挑战下领先发展的,依然是人才大军。当前,世界多极化、经济全球化、社会信息化、文化多样化深入发展,全球治理体系和国际秩序变革加速推进,各国相互联系和依存日益加深,和平发展大势不可逆转,新一轮科技革命和产业变革蓄势待发,"一带一路"建设深入推进,为提升粤港澳大湾区国际竞争力、更高水平参与国际合作和竞争拓展了新空间。在新发展理念引领下,我国深入推进供给侧结构性改革,推动经济发展质量变革、效率变革、动力变革,为大湾区转型发展、创新发展注入了新活力。面对世情、国情的变化,国家对地方高校人才培养提出了更高的要求,人才培养应该直面区域发展的现状,调整教育策略,而课程思政是解决这一问题的有效举措。

2. 借助《中国教育现代化2035》,提升应用型大学服务社会能力

2019年,中共中央、国务院印发了《中国教育现代化2035》,提出职业教育服务能力要显著提升,提出以河北雄安新区、粤港澳大湾区长三角、海南自由贸易试验区为重点,创新体制机制,建设新时代教育改革发展的示范区、创新区、先行区。近年来,在广东高校就读的港澳学生数量不断增长,粤港澳地区高等教育合作交流的机制不断完善,教育合作发展将有助于促进粤港澳三地教育制度和理念的碰撞和创新,这些是帮助港澳青年认识内地改革开放发展进步的机会。

3. 针对粤港澳大湾区学生群体特征,发挥课程思政育人价值

不同地区的教育在塑造学生的思想品格时,面临的问题是有差异的,需要因材施教、挖掘具有区域特点的教育资源、采取具有针对性的应变之策,以收获良好的育人效果,从而更好地承担起立德树人的使命。国家赋予不同地区的发展使命、定位,是课程思政的重要内容。国家发展战略布局会根据不同地区的自然禀赋、发展条件等,赋予不同地区以不同定位、使命。这些定位、使命,是当地人特别是青年学生需要承担的责任。培育青年学生完成这些区域使命,担负起当代年轻人应有的责任,既是课程思政的题中之义,又是课程思政教育内容的重要组成部分。在粤港澳大湾区建设背景下,教师要注意挖掘学生的兴趣点,开发专业课程多元化的教学形式,如讨论、辩论、视频及案例教学交叉进行,实现思政教育教学模式及手段的创新,将这部分生源从被动接受学习者转变为主动参与和积极探索的学习者。教师要转变评价方式,针对社会生源,降低理论知识的评价占比,向实践

及思政倾斜，同等重视过程评价和形成性评价，适当借助平时作业、课堂提问合理奖惩。

（三）立足于应用型大学的可持续发展需要

1. 应用型大学的社会功能

应用型大学是伴随着高等教育大众化而兴起和发展的"新型大学"。参考联合国教科文组织对教育的分类依据，我国高等教育分为三种基本类型：综合性研究型大学、多科性或单科性专业性大学或学院、多科性或单科性职业技术型高校。第二种类型的学校就是应用型的本科院校，其具有这样的共同特点：①以培养应用型人才为主；②以培养本科生为主，某些学科可培养专业研究生；③以教学为主，同时开展应用性、开发性研究。大学承担着培养人才、科学研究和服务社会的社会功能。应用型大学培养生产、服务和管理的各类技术应用型人才。在全面建成社会主义现代化强国的今天，应用型大学的区位功能更加明显，在区域发展中发挥轴心组织作用。应用型大学是地方新业态人才培养的关键力量，应用型大学也应成为为地方经济服务的主力军。应用型大学从学校定位、人才培养、科学研究、服务地方社会等角度全面地融入地方社会，从人才培养、科学技术推动、文化传播等方面服务地方经济，是为地方经济服务的主力军，它们有力支持地方新业态、新产业发展。

2. 课程思政在应用型大学可持续发展中的价值

高校履行人才培养的职责，始终要围绕育人工作这个核心——"一切为了学生，为了学生的一切，为了一切学生"服从服务于青年学生的成长成才。这就需要用好课堂、用足课堂，确保育人工作贯穿教育教学全过程。这里所指的教育教学全过程，是始终围绕育人的主旨，把知识导向和价值引领相结合的全过程。课程思政使各门课程同向同行，确保育人工作贯穿教育教学全过程，发挥协同育人功能。课程思政要始终围绕专业培养目标和学校培养目标展开。一是要为专业培养目标服务，既要体现出本学科所需的知识导向、能力培养要求，又要重视价值引领在学科中的落实。二是要为学校的人才培养目标服务，即培养能够担当民族复兴大任的时代新人，培养有理想、敢担当、能吃苦、肯奋斗的新时代好青年。课程思政的育人效果不仅体现在专业培养目标中，还要服从服务于学校培养目标的育人要求。

二、坚持育人的精神引领

（一）以求真务实为核心的科学精神

科学精神，是指科学实现其社会文化职能的重要形式，是科学文化的主要内容之一，包括自然科学发展所形成的优良传统、认知方式、行为规范和价值取向。科学精神集中表现在：主张科学认识来源于实践，实践是检验科学认识真理性的标准和认识发展的动力；重视将定性分析和定量分析作为科学认识的重要方法；倡导科学是不断发展的开放体系，不承认终极真理；主张科学的自由探索，在真理面前一律平等，对不同意见采取宽容态度，不迷信权威；提倡怀疑、批判、不断创新进取的精神。其可基本概括为批判和怀疑的精神、创造和探索的精神、实践和探索的精神、平权和团队的精神、奉献和人文的精神。

在课程思政理念下，各类课程都有亟待挖掘的价值元素。课程知识一般分为人文学科和科学学科，每个学科的大类下面又有很多小类。学生学习多学科知识，旨在加深对人类之知的整体认识，形成素质底蕴。这就要求学科知识不能是碎片化的、壁垒森严的，而应是内在整合的、完整的，这样才能实现育人的整体效应。因此，需要对多学科的价值元素进行统筹规划。基于此，课程思政中，教师不仅要系统而科学地传授知识，还要重视建立知识与人与生活多向度的交融关系。比如，教师不仅要介绍科学家创造知识的成果，还要传播其探索的勇气、爱国的情怀和锲而不舍的精神，培养学生学习的兴趣、追求新知的志趣，传承科学家的高尚人格及奉献精神。

（二）以善和美为重点的人文素养

实现课程思政的育人目标，要选择正确的价值维度。首先，课程思政应正确认识和处理知识导向与价值引领的关系。知识导向不能没有价值作支撑，从一定意义上说，知识导向就是价值导向，失去了价值导向就会失去人才培养的方向。其次，课程思政应正确认识和处理专业技能训练与人的全面发展的关系。人的全面发展是指德智体美劳全面发展，其中以德为统领，重视对学生世界观、人生观及价值观的塑造，对文化知识、体育精神、审美情操和健全人格等的培养，为学生成长成才打下扎实的价值基础。当老师在讲一个企业实践的情景时，其中的人物在交往交流中，温文尔雅、谈吐文明，就是把专业知识点和人文素养结合起来，学生既学习了专业知识，又在精神方面得到了升华，达到了课程思政的目标。

（三）以社会责任感为准则的工程伦理道德

工程伦理教育的主要内涵是工程价值的塑造。科学既能为人类造福，也能为人类带来危机。自然科学最终要学以致用，"运用到什么地方，如何运用，掌握在什么人手中"就是十分显著的伦理问题。常说的"利用科学究竟是来开启天堂之门还是凿通地狱之路"，关键在于掌握科学技术的人是否具有正确的专业伦理。如在人工智能、智能制造等课程中，通过"人工智能的意义价值在哪里""人工智能技术的发展是否能够最终代替人类的体力脑力劳动"等问题，在讲授机械原理、汽车车身结构等课程中机械零部件设计的细节关键点时，可以自然而然地引入各种工程事故案例。例如，美国挑战者号航天飞机爆炸事故、乌克兰的切尔诺贝利事故、丰田召回门。这些案例的共同点是，它们均是因为一个小零件的设计失误而造成的重大工程事故；同时，也向学生强调"精益求精""孜孜以求""一丝不苟"的大国工匠精神应是一名机电类学生毕生坚守的原则。

第四节　应用型大学课程思政价值的实现路径

一、构建"三全育人"的"大思政"格局

（一）"三全育人"的背景与使命

党的十八大以来，以习近平同志为核心的党中央把高校思想政治工作摆在突出位置，围绕教育"培养什么人、怎样培养人、为谁培养人"这一时代课题进行教育改革探索。全国教育大会围绕这一时代课题，提出工作要求，作出战略部署。2016年12月7日至8日，全国高校思想政治工作会议在北京举行，习近平总书记在全国教育大会上指出，"要坚持

把立德树人作为中心环节,把思想政治工作贯穿教育教学全过程,实现全程育人、全方位育人,努力开创我国高等教育新局面。"2017年2月27日,中共中央、国务院印发了《关于加强和改进新形势下高校思想政治工作的意见》,提出了"三全育人"这一理念,即坚持全员全过程全方位育人。教育部2017年12月印发的《实施纲要》提出了构建"全员全过程全方位"一体化育人格局的要求,其中包括课程育人、科研育人、实践育人、文化育人、网络育人、心理育人、管理育人、服务育人、资助育人、组织育人"十大"育人体系。"三全育人"从理论逻辑上体现了高校对时代课题的哲学思考,从行动纲领上体现了高校完成时代使命的理性自觉,有助于增强思想政治工作与高等教育发展一体化推进、协同性创新。

(二)"三全育人"的世界观与方法论

高等教育的根本任务是要围绕立德树人中心任务为党育人、为国育才,这是"三全育人"的世界观。"三全育人"具体回答了如何落实"坚持把立德树人作为根本任务"这一新时代教育改革发展的战略部署[①],是新时代高校培养人才的行动纲领,这又体现了"三全育人"的方法论。

"三全育人"即全员全过程全方位育人,是党和国家根据世情、国情和社情对高校思想政治工作提出的战略性方针,是实现高校立德树人根本任务的方法论。"十大"育人体系,分别从课程、科研、实践、文化、网络、心理、管理、服务、资助、组织等十个方面开展立德树人的中心工作。从课程分类来看,学校教育既有显性课程又有隐性课程。学校处处是教育,学校全体教职员工的一言一行都会对学生的思想产生影响。因而,"全员"是指高校全体教职工,不仅包括党政机关行政人员以及学工、团委等部门人员,思政课教师、专业课教师及相关教辅人员,还包括后勤服务人员等。"全过程"强调的是育人的时空轨迹,从高等教育教学全过程来看,是指学生从进入大学到大学毕业的全部过程,要将立德树人理念贯穿人才培养方案始终。"全方位"强调育人成效的全面性,不仅包括第一课堂、第二课堂、网络空间等立体育人场域,也包括德育、智育、体育、美育、劳育的全面育人指向[②],互补互动,综合融通"大思政"格局。

二、构建"五育并举"的育人模式

(一)"五育并举"的背景与使命

2019年,中共中央、国务院出台了《关于深化教育教学改革全面提高义务教育质量的意见》,提出了"坚持'五育并举'",强调"突出德育实效""提升智育水平""强化体育锻炼""增强美育熏陶""加强劳动教育",以此增强学生的全面素质教育。同年,国务院办公厅发布了《关于新时代推进普通高中育人方式改革的指导意见》,提出构建全面培养体系,突出德育时代性、强化综合素质培养、拓宽综合实践渠道、完善综合素质评价等。2020年公布的中共中央、国务院《关于全面加强新时代大中小学劳动教育的意见》,强调把劳动教育纳入人才培养全过程,贯通大中小学各学段,贯穿家庭、学校、社会各方面。

---

① 杨晓慧. 高等教育"三全育人":理论意蕴、现实难题与实践路径 [J]. 中国高等教育,2018 (18):4-8.
② 王艳平. 高校"三全育人"的特征及其实施路径 [J]. 思想理论研究,2019 (9):103-106.

如果说"三全育人"回答的是高等教育的立德树人中心任务这一高等教育根本任务的世界观与方法论问题，那么"五育并举"则回答了育人质量提升的问题，即从德智体美劳的角度育人的问题。"五育并举"是"三全育人"的落脚点。德育铸魂，突出培养学生成为合格公民，塑造优良品格。智育固本，强智力，增智慧，突出培养应用创新人才。体育强健，大力推广阳光体育运动，提高身心素质，打造校园优良体育品牌。美育浸润，提高欣赏美、展现美和创造美的能力。劳育淬炼，劳动观念增强、劳动习惯养成、劳动素养提升。

（二）"五育并举"的世界观与方法论

"五育并举"之"德育"是指把学生培养成为具有坚定理想信念、能够遵守社会法纪与公序良俗、具有良好的个人品德和社会公德、拥有正确的是非判断标准与价值追求、具备健全人格的中国特色社会主义合格建设者和可靠接班人。德育铸魂，高校要通过"落实立德树人任务，深化思政课程改革；深入发掘思政元素，提升课程育人质量；加强德育队伍建设，健全管理服务体系；加强德育实践载体建设，常态化开展主题教育；加强心理健康教育和服务，促进学生身心健康；构建网络思政教育平台，提升网络思政育人成效"等全员全过程全方位育人途径，实现对大学生德育铸魂的培养。

"五育并举"之"智育"是指突出人才培养中心地位，根据地方经济社会发展需求，培养学生的学习力、思考力、表达力、行动力和意志力等关键能力，培养学生扎实的专业能力、较强的实践应用能力、一定的应用创新能力和跨文化交流能力，使学生成为高素质应用创新型人才。智育固本，高校要以学生为中心，实施"人职匹配、因材施教、分类培养"人才培养模式，通过"修订专业人才培养方案，优化课程体系；践行分类培养模式，满足个性化发展需求；开展课程教学改革，提升课堂教学质量；加强智育活动组织与服务，提升学生综合素养；加强教师队伍建设，打造高水平师资团队；加强信息化教学条件建设，提高信息化教学服务水平"等途径，实现对大学生的智育固本的培养。

"五育并举"之"体育"是指坚持健康第一的教育理念，深化学校体育教育体系改革，以体强魄、以体育人，培养学生奋发向上、顽强拼搏的意志品质，提升学生的身体素质，促进学生全面发展。体育强身，高校要深化体育教学改革，提高体育教学质量；要重视体质健康测试，提高学生健康水平；通过大力发展阳光体育，打造体育特色校园；加强体育品牌建设，提升体育竞技水平。

"五育并举"之"美育"是指引领学生树立高雅审美观念，促进学生形成艺术爱好，增强艺术素养和人文素养，全面提升学生发现美、感受美、展现美、鉴赏美、创造美的能力，养成爱美护美的行为习惯，培养高雅爱好或可展示的才艺，成为内在与外在俱美的大学生。美育浸润，高校要加强美育课程建设，挖掘课程思政内涵；搭建美育实践平台，构建丰富育人载体；加强校园文化建设，彰显美育品牌特色。

"五育并举"之"劳育"是指通过劳动教育，学生能够理解和形成马克思主义劳动观，牢固树立劳动最光荣、劳动最崇高、劳动最伟大、劳动最美丽的观念；体会劳动创造美好生活、劳动不分贵贱，热爱劳动，尊重普通劳动者，培养勤俭、奋斗、创新、奉献的劳动精神；具备满足生存发展需要的基本劳动能力，形成良好劳动习惯。劳育淬炼，高校要加强劳动教育课程建设，深化产教融合校企合作；通过落实日常生活劳动教育，增强学生劳动意识观念；开展劳动教育实践活动，提升学生就业创业能力；通过营造劳动育人氛围,打造劳动先进模范。

三、构建协同育人的课程思政体系

(一) 以立德树人为导向的思政课

以立德树人为导向的思政课,要引导学生自觉弘扬伟大建党精神,践行社会主义核心价值观,坚定理想信念,厚植爱国主义情怀,加强品德修养,养成良好思想、道德行为习惯;要引领学生传承红色基因,弘扬传统文化,增强"四个意识",坚定"四个自信",做到"两个维护";要引导学生参与心理健康实践,提升心理素质和抗压能力;要引导学生参与法律实践,增强法治观念和规矩意识,把学生培养成具有坚定理想信念、能够遵守社会法纪与公序良俗、具有良好的个人品德和社会公德、拥有正确的是非判断标准与价值追求、具备健全人格的中国特色社会主义合格建设者和可靠接班人。

(二) 以文化浸润为载体的通识课

通识教育的思想在人类教育发展上源远流长,国内外学者及教育家从不同角度对通识教育的含义进行了界定。国外"自由教育"、国内"素质教育"等提法都与素质教育相近;与专业教育不同,其要求学生的知识储备要通达不同领域,基础宽厚。通识教育以"人的培养"为理念,以"立德树人"为根本,通过塑造学生的世界观、价值观和人生观,培养学生完整、健全的人格。潘懋元认为,"通识教育试图通过一套专业性的课程来矫正和弥补专业教育的偏失与不足。通识教育渊源于自由教育,不再排斥专业教育,而是与专业教育并行,强调与专业教育有机结合来培养理想人才。"①

研究不同类型学校的通识教育,发现通识教育的目标虽然有所不同,大体上集中在培养学生成为具有宽厚基础知识、全面素质、均衡和谐发展的人。例如,北京大学、清华大学的通识教育重在启发思想、掌握方法,培养多元的文化视野和敏锐的思维习惯②。让学生成为宽基础、高素质的人才,其途径和方法同专业课的教育不同。如果说专业课重实习实践锻炼,那么通识教育课程更多的是文化浸润。

通识课包括很多,核心课集中在高等数学、大学语文、大学英语、大学体育等课程,选修课有多门。高等数学课程的教学目标是培养学生数学思维能力、理性思维。大学语文是将人文教育和科学教育结合在一起的课程,教学目标是提高学生独立观察能力、思维能力、创造能力、审美能力和鉴赏能力,提升学生人文精神和科学精神。大学英语课程的教学目标是培养学生英语综合能力,以帮助学生在今后的工作和交往中,可以有效使用英语进行口头和书面信息交流,以此来适应社会高速发展和国家交流的需要。大学体育课程的教学目标是培养学生良好的锻炼习惯、健康的体魄、良好的心理素质和健全的人格。通识课内容广泛,学科特点决定了学习方法的长期性、渐进性,需要在长期的浸润当中逐步养成。

(三) 以关键能力为目标的专业课

培养高素质应用创新型人才,要加强专业课建设,以培养学生的关键能力为目标,持

---

① 潘懋元,高新发. 高等学校的素质教育与通识教育 [J]. 煤炭高等教育,2002 (1):1-5.
② 苏芃,李曼丽. 基于 OBE 理念,构建通识教育课程教学与评估体系——以清华大学为例 [J]. 高等工程教育研究,2018 (2):129-135.

续加强教育教学内涵建设。专业课的关键能力要对标专业类国家标准、专业认证要求、国家及省一流专业建设要求。高校通过完善人才培养方案，构建高质量人才培养体系，深入推进"学生中心、结果导向、持续改进"专业建设理念下的"以学为中心、以教为主导"的教学模式改革，积极探索学分制改革，深化"人职匹配"实践育人工作，深入落实因材施教、分类培养的教育理念。

各个专业不同，关键能力不同。为了培养关键能力，高校要不断深化教育教学改革，持续提升学生专业能力。同时，高校还要着力强化学生的"学习力""思考力""表达力""行动力""意志力"等关键能力的训练，全面提升学生综合能力。面对知识经济的迅猛发展，高校还要培养学生创新创业的敏锐意识和一定的跨文化交流能力，能够在本专业领域保持竞争力并适应行业的快速发展。

（四）以实操创新为核心的实践课

《教育部关于职业院校专业人才培养方案制订与实施工作的指导意见》指出，要加强实践性教学；要积极推行认知实习、跟岗实习、顶岗实习等多种实习方式，强化以育人为目标的实习实训考核评价；推动职业院校建好用好各类实训基地，强化学生实习实训；统筹推进文化育人、实践育人、活动育人，广泛开展各类社会实践活动。

实行"人职匹配"实践育人，推动科研资源向学生开放。第一学年建设课程实验室，开展基础性实验——课程实验；第二、三学年建立综合实验室，开设独立实验课程，通过独立实验课程、集中综合性实验、开放性实验、学科竞赛等形式，培养学生的创新实践能力；第四学年，通过实践基地，建设应用创新实验课程，运用专业见习、实习、毕业设计与企业实训相结合等方式，进行社会实践、创新创业实践和企业服务创新实践。对于地方应用型本科院校，要从第一学年到第四学年，通过不同侧重点完善建设全程的实践育人体系。

专业实践类课程要依据专业特点、契合学生专业能力提升与职业能力发展而设置。高校探索开展公共基础课程的实践性教学，按照培养学生基础技能、专业技能、综合和创新能力的三个层次强化专业实践教学。高校大力推进专业课程理实一体化、项目化实施，积极推进认知实习、"工学交替"跟岗实习、顶岗实习等多种实习方式，强化以育人为目标的实习实训考核评价。高校应深化产教深度融合、校企协同育人，推进现代学徒制，使学生基于真实的工作环境、工作任务、工作过程学习专业知识技能，提升职业素养。

第二章　应用型大学课程思政制度

制度，一般指要求大家共同遵守的办事规程或行动准则，也指在一定历史条件下形成的法令、礼仪或规范等。课程思政制度是随着课程思政教育理念提出，并在这一理念指导下建立的落实立德树人根本任务的运行机制。应用型大学是指以应用型为办学定位、与学术型大学相对的高等学校，它在课程设置上更偏重于实践，重点培养掌握各种应用技能的人才。应用型大学课程思政制度是课程思政制度的具体化，是结合办学特色人才培养目标的运行机制。

第一节　历史视域下的课程思政制度

任何事物都有其发生发展的历史过程。我国应用型大学课程思政制度是随着我国课程思政制度的建立而建立、发展而发展的，有其自身的历史逻辑、理论逻辑和实践逻辑。

一、历史逻辑：课程思政制度的由来

"培养什么人、怎样培养人、为谁培养人"是教育的根本问题。课程是一种教育性经验，是对主体产生积极影响的各种因素的总和。"思政"是思想政治教育的简称，是将一定的价值观念内化为信念、外化为行为的教育活动。课程思政指以构建全员、全程、全方位育人格局的形式将各类课程与思想政治理论课同向同行，形成协同效应，把"立德树人"作为教育的根本任务的一种综合教育理念。为贯彻落实这一理念而形成的规程或运行机制，即为课程思政制度。课程思政制度历经初步探索、基本形成和逐步完善三个阶段。与此相适应，应用型大学课程思政制度也历经初步探索、基本形成和逐步完善三个阶段。

（一）课程思政制度的初步探索

教育是具有鲜明思想性和政治性的活动。教育的思想性指教师发挥教学中蕴含的思想影响，使受教育者在学习过程中接受一定的思想品德教育。教育的政治性是政治在教育中的一种表达，体现国家的社会价值观和社会发展目标并为治国理政服务。

古今中外，每个国家都是按照自己的政治要求来培养人的。中华人民共和国成立后，我国加强了思想政治教育，强调在教书的同时更要育人。1955年，我国即提出要将育人渗透到各个教学环节中，使知识育人与思想育人相统一。1987年中共中央作出要"把思想政治教育与业务教学工作结合起来"的决定，把德育贯穿教育全过程。2004年颁布的《关于进一步加强和改进大学生思想政治教育的决定》明确提出"高等学校各门课程都有

育人功能，所有教师都负有育人职责"。此后，上海市在教育部的指导下以"学科德育"为核心理念推进课程改革，形成了全面覆盖的课程思政育人体系上海模式。

2016年12月，习近平总书记在全国高校思想政治工作会议上提出，"要把思想政治教育贯穿教学全过程，实现全程育人、全方位育人，努力开创我国高等教育事业发展新局面。"为贯彻习近平总书记重要讲话精神，2017年2月，中共中央、国务院印发《关于加强和改进新形势下高校思想政治工作的意见》，要求"充分发掘和运用各学科蕴含的思想政治教育资源"。中华人民共和国成立以来以"两办"名义第一次发布有关思想政治工作的文件，充分显示了党中央、国务院对思想政治教育的重视，同时把课程思政提高到一个新的战略高度。此后，学术界对课程思政的研究不断深化，各地高校对课程思政进行了积极的探索和实践，取得了丰硕的成果。在理论研究和实践探索的过程中，学术界特别是各级教育管理机构和高校强烈感受到缺少整体规划和制度安排，在此背景下，教育部加强了制度的设计工作。2017年12月教育部印发《实施纲要》，提出要大力推动以"课程思政"为目标的课堂教学改革，要求高校教师要"梳理各门专业课程所蕴含的思想政治教育元素和所承载的思想政治教育功能，融入课堂教学各环节，实现思想政治教育与知识体系教育的有机统一"。课程思政制度建设进入初步探索阶段，应用型大学也结合自己的办学定位和专业特色开始探索课程思政制度。

（二）课程思政制度的基本形成

《实施纲要》发布后，各高等学校进一步加强了课程思政的研究和实践工作，取得了丰硕的成果。2018年9月10日，全国教育大会在北京召开，习近平总书记在大会上强调，"我国是中国共产党领导的社会主义国家，这就决定了我们的教育必须把培养社会主义建设者和接班人作为根本任务，培养一代又一代拥护中国共产党领导和我国社会主义制度、立志为中国特色社会主义奋斗终身的有用人才。"同时指出，"要努力构建德智体美劳全面培养的教育体系，形成更高水平的人才培养体系。要把立德树人融入思想道德教育、文化知识教育、社会实践教育各环节，贯穿基础教育、职业教育、高等教育各领域，学科体系、教学体系、教材体系、管理体系要围绕这个目标来设计，教师要围绕这个目标来教，学生要围绕这个目标来学。"

教育部以贯彻落实全国教育大会精神为契机，加快了课程思政制度的设计工作。2018年9月17日，教育部出台了《关于加快建设高水平本科教育全面提高人才培养能力的意见》，特别强调"把思想政治教育贯穿高水平本科教育全过程"。同时提出，"在构建全员、全过程、全方位'三全育人'大格局过程中，着力推动高校全面加强课程思政建设，做好整体设计，根据不同专业人才培养特点和专业能力素质要求，科学合理设计思想政治教育内容。强化每一位教师的立德树人意识，在每一门课程中有机融入思想政治教育元素，推出一批育人效果显著的精品专业课程，打造一批课程思政示范课堂，选树一批课程思政优秀教师，形成专业课教学与思想政治理论课教学紧密结合、同向同行的育人格局。"课程思政制度已经提上议事日程。

2019年3月18日，习近平总书记在北京主持召开学校思想政治理论课教师座谈会并发表重要讲话。习近平总书记强调"要坚持显性教育和隐性教育相统一，挖掘其他课程和教学方式中蕴含的思想政治教育元素"。座谈会的召开，加快了课程思政制度形成的步伐。2020年5月，教育部印发《指导纲要》，指出全面推进课程思政建设"是人才培养的应有之义，更是必备内容"，并就课程思政的战略意义、目标要求、内容重点、教学体系、评价体系、激励机制、组织实施和条件保障等作出全面规范，标志着课程思政制度的基本形成。

（三）课程思政制度的逐步完善

教育部印发《指导纲要》后，各省、高等学校认真贯彻落实通知要求，积极开展课程思政建设。在实施过程中，各省和各高校感觉到具体项目不清、难以落地、缺乏具体路径等实际困难。为此，2021年3月，教育部在《指导纲要》的基础上，印发《关于开展课程思政示范项目建设工作的通知》（以下简称《通知》），对课程思政的项目类型、建设目标、申报条件、报送办法、组织管理进行了全面规范，做到了有章可循。有了《指导纲要》的总体指导和《通知》的具体安排，各省教育厅和各高校相继出台课程思政实施办法、工作方案等文件，课程思政制度逐渐完善。

随着课程思政制度的完善，课程思政示范课程、教学名师、教学团队和教学研究示范中心的逐步建立，形成了一套以教育部为指导、各省教育厅为督促落实和以各高校为具体实施的三级联动的课程思政政策体系。经过一年多的具体实践，课程思政政策体系在教育系统内部完全建立，各项政策得到广泛实施，制度的运作越来越规范、效能越来越突出，各地涌现出了一大批课程思政的典型，立德树人的效果进一步得到保障。一年多的实践同样表明，在教育系统内部课程思政制度不仅体系完备，而且运行顺畅，但是在社会实践层面依然受到制约。针对这一情况，2022年7月，教育部等十部委联合印发《全面推进"大思政课"建设的工作方案》（以下简称《方案》），《方案》提出要全面推进课程思政高质量建设，由教育部组建高等学校课程思政教学指导委员会，研制普通本科专业类课程思政教学指南，组织开展高校教师课程思政教学能力培训，建设一批课程思政系列共享资源库。比如，建成一批课程思政示范高校，推出一批课程思政示范课程，选出一批课程思政教学名师和团队，建设一批高校课程思政教学研究示范中心。自此，课程思政制度更加完善，在建设"大课堂"、搭建"大平台"、建好"大师资"的基础上，消除了课程思政的"硬融入""表面化"。在课程思政制度建立的同时，应用型大学结合自身的特点和人才培养目标，逐步建立起了具有自身特色的课程思政制度。

二、理论逻辑：课程思政制度的本来

课程思政制度是基于人才培养目标和立德树人根本任务、在"三全育人"理念基础上建立起来的，旨在规范、指导课程思政的运行模式。课程思政制度是着眼于中华民族伟大复兴、培养德智体美劳全面发展人才的机制，有其自身的内容、功能和价值。

（一）课程思政制度的内容

从2020年教育部印发《指导纲要》，到2021年《通知》发布，再到2022年教育部等十部委印发《方案》，各省教育厅出台课程思政实施方案、各高校制定课程思政实施细则，课程思政制度形成并得到完善。具体而言，课程思政制度包括以下具体内容：

第一，三级联动制度。经过几年的理论研究、具体实践和深化完善，总体上形成了两个三级联动制度；一是形成了宏观上由教育部指导、中观上由各省督促、微观上由各校落实的课程思政管理制度；二是形成了各高校组织领导、各院系落实指导、各课程落实落地的三级实施制度。管理制度与实施制度的配合，促进了课程思政制度的落实落细。

第二，协同制度。课程思政本身是一种理念，它的作用发挥和价值体现都需要各方面协同。制度本身也涉及主体、客体和媒介等多方协同。课程思政制度客观上是一种协同制度。一是课程思政与思政课程的协同。《指导纲要》明确要求"使各类课程与思政课程同向同行，将显性教育和隐性教育相统一，形成协同效应"。二是以保障课程思政质量的大协同。以十部委联合下发《方案》为标志，建立十部委协同机制。协同制度充分调动了各方资源，有利于发挥协同效应。

第三，项目制度。通过探索和实践，逐渐建立起以项目驱动为抓手的课程思政项目制度。以2021年教育部下发《通知》为标志，建立了课程思政项目申报、管理制度。在教育部文件精神的指导下，各省教育厅和各高校相继制定课程思政项目制度。项目制度也成为课程思政制度的一大亮点和主要抓手。项目制度化虚为实，促进课程思政制度形势与内容的完美结合，也促进课程思政的落地、结果。

第四，指导评价制度。在具体的实施过程中，面临如何对课程思政的实施进行针对性的指导、如何保障课程思政的质量、课程思政本身的效果如何等具体问题，2021年11月，教育部办公厅发布《关于推荐教育部高等学校课程思政教学指导委员会委员的通知》；2022年1月6日，教育部高等学校思政课教学指导委员会成立。随后，各省和各高校相继成立课程思政教学指导委员会，各级教学指导委员会负责"开展高校课程思政教学研究、咨询、指导、评价和服务等工作"。评价制度保障了课程思政的方向和效果。

第五，激励制度。课程思政是一种全新的教育理念，新的理念的理解、接受和贯彻往往会受到各种因素的制约，对课程思政的实施进行激励既是必要的，也是必需的。为全面有效推进课程思政建设，教育部、各省教育厅、各高校均建立了激励机制，教育部把"课程思政建设成效作为'双一流'建设监测与成效评价、学科评估、本科教学评估、一流专业和一流课程建设、专业认证、'双高计划'评价、高校或院系教学绩效考核等的重要内容"[1]。各省和各高校也把教师参与课程思政建设情况和教学效果作为教师考核评价、岗位聘用、评优奖励、选拔培训的重要内容。在教学成果奖、教材奖、教学名师奖评选等工作中将课程思政作为重要指标。

第六，保障制度。要确保课程思政建设的质量，必须在人、财、物等各方面予以保障。《指导纲要》中就明确要求各地教育部门要加强政策协调配套，统筹地方财政高等教育资金和中央支持地方高校改革发展资金，支持高校推进课程思政建设。随后出台的各省、各高校课程思政建设方案中都为保障课程思政建设的质量明确了人、财、物的保障，建立了课程思政保障制度。保障制度确保了课程思政制度的长期影响，也保障了课程思政制度的落地。

(二) 课程思政制度的功能

制度具有稳定性、长期性，制度最管全局、管根本、管长远。课程思政制度作用于社会、高校和课堂三个场域，体现为结构性功能、规范性功能和治理性功能。

第一，结构性功能。形成体系化制度，发挥制度整体效应。课程思政制度是一套包括教育部、各省、各高校三个层次和包括课程思政和思政课程协同、项目申报和管理同步、

---

[1] 教育部关于印发《高等学校课程思政建设指导纲要》的通知[EB/OL].(2020-06-01)[2024-04-24].http://www.moe.gov.cn/srcsite/A08/S7056/202006/t20200603_462437.html.

指导和评价共进、激励和保障同行的体系完备的制度。它不仅从宏观、中观、微观三个层次共同予以督促，同时通过各级课程思政教学指导委员会在理论和实践两个方面进行全面指导，形成整体效应。同时，课程思政制度从社会、高校、课堂三个场域整体建设，通过十部委的"大思政课"建设统筹社会资源，通过高校课程思政教学研究中心、课程思政示范课程、课程思政教学名师、课程思政教学团队的打造整体推进，通过课堂中课程思政元素的挖掘、课程思政案例的运用、课程思政典型经验的总结整体实施，凸显整体效应。

第二，规范性功能。落实课程思政理念，推进课程思政建设。规范性是制度固有的基本属性。课程思政制度是由上到下、由表及里，从教育部到各省再到各高校这样一个立体式、全方位推进的制度。它在不同的层级和维度对课程思政进行规范，确保课程思政建设的规范性和实效性。首先，对所有课程都要进行思想政治教育作出规范，要求"所有高校、所有教师、所有课程都承担好育人责任，守好一段渠、种好责任田"[①]。其次，对各类课程如何让实施课程思政作出规范，按照公共基础课程、专业教育课程、实践类课程的课程特点提出具体要求。再次，对不同课程实施课程思政进行规范，增加课程的知识性、人文性，提升引领性、时代性和开放性。最后，对课程思政示范项目进行规范，包括项目类型、申报方式、管理模式等。

第三，治理性功能。提升课程整体效能，保障人才培养质量。全面提高人才培养质量是课程思政的核心。新时代以来，为党育人、为国育才是党和国家赋予大学的崇高使命。建立课程思政制度，可以发挥制度优势，助力教育高质量发展。首先，提升课程整体效能。课程思政和思政课程的协同，有效解决了既往专业课程思想政治教育的缺位，实现了思想政治理论课与专业课的正相关，形成了思想政治教育的合力，发挥了每门课程的育人作用，从而提升课程育人的整体效能。其次，课程思政制度充分实现了社会、学校、教师的协同，最大限度地调动了教育资源，形成了校校有精品、门门有思政、课课有特色、人人重育人的良好局面，很好地解决了专业教育和思政教育"两张皮"问题，有效避免了非思政课程对思想政治教育的负迁移，实现了课程与课程之间思想政治教育的良性循环，全面保障了人才培养质量。

（三）课程思政制度的价值

教育制度服务的主体是具有自我意识、独立自主、自由自决的现实的个人。[②] 课程思政制度作为一种教育制度，它是目的性与工具性的统一。课程思政制度是以人为本的，是促进人的全面发展的。课程思政制度是堪当民族复兴大任时代新人培养的需要，也是提升人才培养质量的需要，更是提高思想政治教育针对性和实效性的需要。

第一，课程思政制度是为党育人、为国育才的内在需要，创造了立德树人的新思维。为党育人、为国育才是教育的初心和使命。立德树人，关系党的事业后继有人，关系国家前途命运。新时代以来，我们坚持党对教育事业的全面领导，坚持把立德树人作为根本任务。要实现中华民族伟大复兴，就要造就一大批德智体美劳全面发展的复合型人才。中国特色社会主义建设者和接班人不仅要专业知识扎实，更要思想品德优良、理想信念坚定。课程思政制度使教书与育人协同并进，显性教育与隐性教育相辅相成，专业知识教育与思

---

① 教育部关于印发《高等学校课程思政建设指导纲要》的通知[EB/OL].(2020-06-01)[2024-04-24].http://www.moe.gov.cn/srcsite/A08/S7056/202006/t20200603_462437.html.

② "人的安全网络"组织.人权教育手册[M].李保东,译.北京：生活·读书·新知三联书店，2005：21.

想政治教育同向同行，做到了门门有思政、人人重育人，将学生培养成社会主义核心价值观的坚定信仰者、积极传播者和模范践行者，创造了立德树人的新思维。

第二，课程思政制度是新时代人才培养目标的根本保证，创造了人才培养的新路径。育才造士，为国之本。实现中华民族伟大复兴，归根结底要靠人才、靠教育。立德树人关系党的事业后继有人，必须把立德树人作为人才培养的中心环节。育人为本、德育为先。人才培养的根本在于立德，"一个人只有明大德、守公德、严私德，其才方能用得其所。"[①] 人才培养是一个长期过程，不能一蹴而就。人才培养也是一个综合工程，绝非简单能成。特别是以价值引领和思想形塑为核心的思想政治教育更需循序渐进、潜移默化、久久为功。课程思政制度的建立，形成了用科学的理论武装青年，用历史的眼光启示青年，用伟大的目标感召青年，用光明的未来激励青年的思想政治教育新方法。课程思政制度有效解决了专业课程思想政治教育无处着手、无法发力的问题，同时形成了课程思政与思政课程的有效协同和同频共振，保障我们培养的人才"沿着求真理、悟道理、明事理的方向前进"[②]。课程思政制度凸显了以文育人，强调在六个方面下功夫，涵盖了人才培养的"志""情""心""识""意""能"，保障了人才培养目标，创造了人才培养的新路径。

第三，课程思政制度是深化思想政治教育的必然要求，创造了课程育人的新范式。新时代以来，"三全育人"理念和"五育并举"模式深入发展，给思想政治教育改革创新提出了新的时代课题。思想政治教育已然不能局限于思想政治理论课，思想政治理论课教师也不应该仅仅耕耘自己的一亩三分地，思想政治教育应走向更广阔的空间，思想政治理论课教师也应与专业课程建立协同机制，拓展思想政治教育的空间和模式。课程思政制度为新时代深化思想政治教育提供了全新的视角和模式，打破了传统的专业课程不负责思想政治教育和思想政治理论课不指导专业课程进行思想政治教育的双重桎梏。同时，课程思政制度在重视每门课程的课程思政建设的同时，力戒课程思政的单打独斗，形成了一个以课程思政教学指导委员会为引领，由课程思政示范中心、教学团队、示范专业组成的课程思政共同体，充分调动了社会资源形成"大思政"格局。课程思政制度客观上形成的思政课程和课程思政的协同育人，打破了非思政课课程重知识、轻育人的传统，不仅深化了思想政治教育的方式与路径，也创造了课程育人新范式。

第四，课程思政制度是新时代拓展教学研究的客观需求，创造了教学研究的新空间。时代是出卷人，我们是答卷人，人民是阅卷人。教学研究必须回答时代之问。新时代一系列新思想新理念新战略的提出，要求我们的教学研究必须跟上时代发展的需要。只有符合时代要求的课题研究，才能更加凸显其时代价值。课程思政制度是在新时代建立的全新的制度，它在回答怎样培养人的基础上提出了课程思政和思政课程如何协同、思想政治理论课教师和专业课程教师如何互助等一系列研究课题，也明确了课程思政示范高校、示范中心、示范专业、示范课程、教学名师、教学团队等具体项目。相对于既往的研究课题，无论是研究的内容、视角、意义、价值都是全新的，拓展了教学研究的内容、范围和空间。

三、实践逻辑：课程思政制度的未来

昨天、今天、明天是相连的，历史、现实、未来是相通的。作为一种新的制度，课程

---

① 中共中央文献研究室. 习近平关于青少年和共青团工作论述摘编［M］. 北京：中央文献出版社，2017：27.
② 习近平. 坚持中国特色社会主义教育发展道路培养德智体美劳全面发展的社会主义建设者和接班人［EB/OL］.［2024-03-14］. http://jhsjk.people.cn/article/30284598.

思政制度也有一个发生发展的过程，必然会随着课程思政研究的深入而不断发展，它也需要不断接受实践的检验并逐渐完善。客观而言，课程思政制度作为一个新建立的制度，它的未来走向必定面临协同配合、责任落实和动态评估等诸多考验。

（一）课程思政制度的协同配合

课程思政制度本身是一项复杂的系统性工程，需要制度制定者、实施者、作用者之间广泛协作与配合。一套制度的效用能否发挥到位，不但要看制度的执行程度，更要看制度执行者之间的配合。课程思政制度是为推进课程思政建设而制定的一系列制度的总和，在具体的实施过程中更需要各主体之间协同配合。

第一，部门的协同配合。这里的部门，主要指教育行政管理部门。如前所述，教育部负责出台指导性意见，各省负责制定实施方案，各高等学校负责制定实施细则和具体方案。这三个不同层级制度指向各有侧重，教育部侧重总体规划，各省侧重项目管理，各高校侧重工作落实。但制度本身又同时在三者之间发挥效用，要让制度发挥"1+1>2"的效用，以上三个方面必须同向同行，形成合力。首先是教育部和各省要对各高校进行常态化的指导和监督；其次是各高校要及时向各省汇报实施情况和反映实施过程中的问题，各省向教育部汇报典型经验和研究成果。通过三级有效联动和协同配合发挥制度本身的优势，进而发挥制度的效能。

第二，项目管理的协同配合。教育部下发《通知》后，各省相继出台了文件，就课程思政研究项目作出规定。随后，不少高校也根据自己的理解设立了一些课程思政的研究项目。教育部示范项目包括教学研究示范中心、示范课程、教学名师和教学团队。在省级层面，有些省份增设了课程示范专业。在校级层面，有些高校增设了课程思政示范院系和课程思政示范教研室。不同类别的项目由于研究内容不同，研究周期也不一样，这增加了项目管理的难度。当然，结合自身特点增设项目未尝不可，但缺少上下级的联动，其整体效果还需验证和审视。课程思政项目也应该形成三个层级，力争项目类型的统一，同类项目的研究期限和申报、结项要求一致。这样可以实现项目的层层递进和效果扩大，从而发挥制度的作用。

第三，主客体的协同配合。课程思政制度是一个系统性、集成性制度，它涉及范围广、部门多，其发展和完善更需要协同配合。首先是三级指导委员会的协同配合。经过建设，教育部、各省、各高校均成立了课程思政教学指导委员会。各级课程思政教学指导委员会要根据自身的指导对象分工合作，从不同的层级指导课程思政的实施。其次是系统协同配合，主要指教育系统与其他系统的配合。要以十部委联合印发的《方案》为依据，加强校内与校外、理论与实践的协同配合。再次是院系、教研室和教师的配合。课程思政制度的落地离不开院系、教研室和教师的参与，协调好院系、教研室和教师参与课程思政的关系，课程思政制度才能最大化地落地，才能真正形成"校校有精品、门门有思政、课课有特色、人人重育人"的良好局面，从而体现制度价值。最后是教师与学生的配合，教师的意愿要得到学生的认可，实现"一个愿打一个愿挨"的默契。

（二）课程思政制度的责任落实

制度的作用能否发挥、价值能否体现，关键看制度在各责任主体上是否得到落实。责任的落实，不仅需要认知和觉悟，更需要责任和担当，而关键在执行。良法善制，束之高阁，几无价值可言，更无效能可用。因此，课程思政制度将来必然要形成一套全方位的责任落实制度，包括明责制度、督责制度和追责制度。

第一，明责制度。责任落实以明责为前提和基础，责任不明必定方向不清、动力不足、工作懈怠。首先是明确工作职责，明确身份、知晓职责。职责明了，工作才能有的放矢。其次是制定责任清单。像各级课程思政教学指导委员会一样，制定各省教育厅、高校、院系、教研室、教师及马克思主义学院等不同层级和主题的责任清单。特别是各课程教师，要时时牢记不仅要教书更要育人，不仅要传授专业知识更要进行思想政治教育。最后是切实压实主体责任。以为党育人、为国育才的初心使命增强意识，主动担当。

第二，督责制度。以课程思政建设为中心展开，制定针对课程思政建设责任落实状况的考核细则。首先是建立层级督责制度，即教育都考核各省课程思政制度落实及育人成效，各省教育厅考核各高校课程思政制度落实及成效，各高校考核院系、教研室及教师课程思政建设实效。其次是建立教师个人业绩考核与课程思政建设挂钩制度，确保对课程思政建设的主体责任不落空、不断档。

第三，追责制度。建立对课程思政制度失责问题责任追究制度，切实提升课程思政制度的权威性和有效性。首先是建立定期考核制度。通过考核，让事实说话、让制度说话，提高制度的科学性和满意度。其次是建立课程思政制度失范追责制度。根据课程思政制度的要求，区别情况，对制度执行不到位的责任主体进行追责，确保在制度权威性的基础上提供全过程和全方位的制度支撑。

（三）课程思政制度的动态评估

所谓评估，简言之即对某一方案进行论证与考量，以确定具体运作过程是否需要改进或终止。一种制度的效能如何，必须通过多方动态评估才能作出科学的评价，也才能更好地完善制度并最大限度发挥制度的作用。推进课程思政制度的发展，应对课程思政制度实施主体、效能和价值进行动态分析，促进其发展进一步走向科学化和规范化。课程思政制度的动态评估包括适用性评估、认可度评估和效用域评估。

第一，适用性评估。适用性评估主要考察课程思政制度能否适应课程思政建设的需要，其设定的运行机制是否通畅有效，在各个实施主体中是否运行有力。以课程思政激励机制为例，应明确具体以何种激励方式为好，激励的具体力度怎样才合适，如何统一标准。必须通过动态调查和评估，不断完善制度。

第二，认可度评估。认可度评估主要考察课程任课教师和学生对课程思政制度的接受和执行情况。作为课程思政建设的直接实施者——教师，以及受众——学生，对课程思政制度的认可直接影响课程思政的效果。因此，必须通过定期和不定期的评估，掌握教师和学生对制度的认可度。同时可以通过制度的适当修正和必要的解释工作，提升教师和学生对课程思政制度的认可度。

第三，效用域评估。效用域评估主要考察课程思政制度效能的发挥，主要包括课程思政制度效用的程度、影响课程思政制度效用发挥的因素等。效用域评估主要从课程质量提高、教师能力提升、育人成效提高等方面入手，通过调查、比较，自我检验、专家检验和实证检验验证课程思政制度的效果。通过效用域评估，调整课程思政激励制度，进一步提高课程思政制度的效用。

第二节　层级视域下的课程思政制度

课程思政制度是一个自上而下贯彻执行和自下而上层层递进的运行规范，它是在国家战略指导下的各省贯彻执行和各高校实施落地的系统性运作模式。从层级视域的维度来看，课程思政制度涉及国家战略、省级设计和校级落地。

一、课程思政制度的国家战略

不谋全局者不足以谋一域，不谋万世者不足以谋一时。党的十八大以来，习近平总书记立足世界发展大势和国家发展全局，着眼民族复兴伟大梦想，从国家战略的高度谋划思想政治工作，在全国高校思想政治工作会议上指出"高校思想政治工作关系高校培养什么样的人、如何培养人以及为谁培养人这个根本问题"。主持召开全国教育大会、学校思想政治理论课教师座谈会，强调思想政治教育在人才强国战略中的作用。在习近平总书记教育重要论述指导下，寓价值观引导于知识传授和能力培养之中的课程思政制度得以建立。《指导纲要》认为，"这一战略举措，影响甚至决定着接班人问题，影响甚至决定着国家长治久安，影响甚至决定着民族复兴和国家崛起。"

（一）统筹中华民族伟大复兴战略全局和百年未有之大变局

教育决定着人类的今天，也决定着人类的未来。[①] 习近平总书记始终联系"中华民族伟大复兴"的战略全局看教育，强调"我国高等教育要立足中华民族伟大复兴战略全局和世界百年未有之大变局，心怀'国之大者'，把握大势，敢于担当，善于作为，为服务国家富强、民族复兴、人民幸福贡献力量"。[②] 当今世界正经历百年未有之大变局，必须统筹中华民族伟大复兴战略全局和百年未有之大变局，"这是我们谋划工作的基本出发点"[③]。

第一，课程思政制度助力中华民族伟大复兴。建设教育强国是中华民族伟大复兴的基础工程。我们是社会主义国家，我们的教育必须紧紧围绕为人民服务、为中国共产党治国理政服务、为巩固和发展中国特色社会主义制度服务、为改革开放和社会主义现代化建设服务。习近平总书记在2018年全国教育大会上指出，"我们的教育绝不能培养社会主义破坏者和掘墓人，绝不能培养出一些'长着中国脸，不是中国心，没有中国情，缺少中国味'的人！"

深化教育改革创新是教育发展的根本动力。落实立德树人根本任务，必须守正创新。习近平总书记在关于《中共中央关于坚持和完善中国特色社会主义制度 推进国治理体系和治理能力现代化若干重大问题的决定》的说明指出："改革更多面对的是深层次体制机制问题，对改革顶层设计的要求更高，对改革的系统性、整体性、协同性要求更强，相应地建章立制、构建体系的任务更重。"《指导纲要》指出，"落实立德树人根本任务"必须将价值塑造、知识传授和能力培养三者融为一体、不可割裂。要使各类课程与思政课程同

[①] 习近平. 致清华大学苏世民学者项目启动的贺信[EB/OL].[2024-03-14].http://www.moe.gov.cn/jyb_xwfb/xw_zt/moe_357/s7865/s8417/s8420/201410/t20141024_177235.html.

[②] 习近平在清华大学考察时强调坚持中国特色世界一流大学建设目标方向 为服务国家富强民族复兴人民幸福贡献力量[EB/OL].(2021-04-20)[2024-04-24].http://cpc.people.com.cn/n1/2021/0420/c64094-32082334.html.

[③] 习近平. 习近平谈治国理政：第三卷[M]. 北京：外文出版社，2020：77.

向同行，将显性教育和隐性教育相统一，形成协同效应，就必须建立课程思政制度。

课程思政制度既是一种制度，又是战略举措，它以习近平新时代中国特色社会主义思想为根本指导，加强学校思想政治教育，培养合格的社会主义建设者和接班人，在确保教育的质量和人才培养的正确方向的前提下，同时有效解决培养什么样的人、如何培养人以及为谁培养人的根本问题。课程思政制度的确立和实施，助推广大教师和学生增强"四个意识"、坚定"四个自信"、做到"两个维护"，坚持走中国特色社会主义道路，以中国式现代化全面推进中华民族伟大复兴。

第二，课程思政制度因应百年未有之大变局。党的十八大以来，习近平总书记对百年未有之大变局的时代内涵作出准确判断："放眼世界，我们面对的是百年未有之大变局。"① 百年大变局下，给中国带来了新的发展机遇，相对和平的国际环境给中国提供了难得的发展空间，国内高质量发展稳步推进，制度优势明显，治理效能突出，发展韧性强劲。同时，"我国发展面临着前所未有的风险挑战"。② 发展不平衡不充分矛盾突出、社会贫富差距拉大、关键领域改革任务繁重，民生保障存在短板。

在教育领域，各种西方思潮游走在大学课堂，各种主义此起彼伏。信息技术在给教育带来方便与快捷的同时，西方思潮也在虚拟空间和现实世界自由跨界，不断挑战马克思主义在国家意识形态领域的核心地位。不少高校专业课教师不愿也不会进行思想政治教育，只求教书，不管育人，社会主义核心价值观教育不到位，教育的"四为服务"前景堪忧。这种状况如果不能得到根本扭转，不仅德智体美劳全面发展难以保证，教育的社会主义方向在百年未有之大变局下都有可能出现偏向。

从中国特色社会主义事业整体来看，改革发展稳定、内政外交国防、治党治国治军，都离不开教育。"三全育人"理念和"五育并举"理念为百年未有之大变局下建立课程思政制度提供了契机。作为制度创新，它强调要从中国特色高等教育制度层面来认识，以此推动立德树人体制机制的不断完善。③ 将思想政治教育的"主渠道"从单一的思政课延伸扩展到所有各类课程，进一步突出强调了课程的育人功能，同时实现了思想政治教育的课程全覆盖，牢牢掌握了高校意识形态工作的领导权、管理权、话语权。课程思政制度保障每位老师"守好一段渠、种好责任田"，培养一代又一代拥护中国共产党领导和我国社会主义制度、立志为中国特色社会主义奋斗终身的有用人才。

（二）协同伟大斗争和人才强国战略

实现伟大梦想，必须进行伟大斗争。今天，我们比历史上任何时期都更接近、更有信心和能力实现中华民族伟大复兴，但斗争的复杂性和艰巨性也前所未有。

长期以来，"各种敌对势力下功夫最大的一个领域，就是争夺我们的青少年。"④ 党的十九大报告指出，人才是实现民族振兴、赢得国际竞争主动的战略资源。实现中华民族伟

---

① 习近平. 习近平谈治国理政：第三卷［M］. 北京：外文出版社，2020：421.
② 习近平. 在党史学习教育动员大会上的讲话［M］. 北京：人民出版社，2021：17.
③ 韩宪洲. 论课程思政建设中的几个基本问题—课程思政是什么、为什么、怎么干、怎么看［J］. 北京教育（高教），2020（5）：48-50.
④ 习近平. 坚持中国特色社会主义教育发展道路培养德智体美劳全面发展的社会主义建设者和接班人［EB/OL］.
［2024-03-14］. http://jhsjk.people.cn/article/30284598.

大复兴，人才是第一资源。党的二十大报告指出，培养造就大批德才兼备的高素质人才，是国家和民族长远发展大计。德是人才素质的灵魂，进行伟大斗争，必须造就一代又一代明大德、守公德、严私德的时代新人。新时代思想政治教育必须因事而化、因时而进、因势而新，课程思政制度才得以建立。

第一，课程思政制度助力伟大斗争。党的十八大以来，以习近平同志为核心的党中央秉持问题意识，坚持问题导向，提出要坚决同一切削弱、歪曲、否定党的领导和我国社会主义制度的言行作斗争，坚决同一切损害人民利益、脱离群众的行为作斗争，坚决同一切顽瘴痼疾作斗争，坚决同一切分裂祖国、破坏民族团结和社会和谐稳定的行为作斗争，坚决同一切政治、经济、文化、社会等领域和自然界的风险作斗争。要进行伟大斗争，务必弘扬斗争精神，增强斗争本领。进行伟大斗争，就要敢于斗争、善于斗争，就要形成合力，特别是要培养青年一代的斗争精神和斗争本领。

课程思政制度让所有高校、所有教师、所有课程都承担好育人责任，守好一段渠、种好责任田，坚定学生理想信念，以爱党、爱国、爱社会主义、爱人民、爱集体为主线，围绕政治认同、家国情怀、文化素养、宪法法治意识、道德修养，增强对党的创新理论的政治认同、思想认同、情感认同，坚定中国特色社会主义道路自信、理论自信、制度自信、文化自信。课程思政制度坚持以习近平新时代中国特色社会主义思想铸魂育人，巩固马克思主义指导地位，巩固全党全国人民团结奋斗的共同思想基础。课程思政制度的实施汇聚起建设社会主义现代化强国和实现中华民族伟大复兴中国梦的磅礴力量，引导一代又一代青年不断增强直面困难和战胜困难的信心与决心，进而切实凝聚起共同走好新时代"长征路"的强大精神动力，以伟大斗争精神担起新时代伟大使命。

第二，课程思政制度助力人才强国战略。当今世界的综合国力竞争，说到底是人才竞争，人才越来越成为推动经济社会发展的战略性资源。[①] 党的十八大以来，党中央作出人才是实现民族振兴、赢得国际竞争主动的战略资源的重大判断，提出了一系列新理念新战略新举措。党的十九大报告指出，人才是实现民族振兴、赢得国际竞争主动的战略资源，强调要加快建设人才强国，提出到2035年，形成我国在诸多领域人才竞争比较占有优势，国家战略科技力量和高水平人才队伍位居世界前列。

人才强国战略是以人才为支撑的。"每个国家都是按照自己的政治要求来培养人的"[②]，古今中外，概莫能外。人才标准的第一标准是政治标准。我国是中国共产党领导的社会主义国家，必须"把培养社会主义建设者和接班人作为根本任务，培养一代又一代拥护中国共产党领导和我国社会主义制度、立志为中国特色社会主义奋斗终身的有用人才"[③]，"培养具有执着的信念、优良的品德、丰富的知识、过硬的本领，担当民族大任的时代新人。"[④] 社会主义国家培养的人才必须心怀"国之大者"，为国分忧、为国解难、为国尽责。

青年兴则国兴，青年强则国强。中华民族伟大复兴的中国梦终将在一代代青年的努力

---

① 习近平. 做党和人民满意的好老师——同北京师范大学师生代表座谈时的讲话[EB/OL].[2024-03-14]. http://jhsjk.people.cn/article/25629946.
② 习近平. 在北京师范大学师生座谈会上的讲话[N].人民日报，2018-05-03.
③ 习近平. 坚持中国特色社会主义教育发展道路培养德智体美劳全面发展的社会主义建设者和接班人[EB/OL].[2024-04-24].http://jhsjk.people.cn/article/30284598.
④ 习近平. 在北京师范大学师生座谈会上的讲话[N].人民日报，2018-05-03.

奋斗中变为现实。① 然而，随着中国离世界舞台中央越来越近，意识形态争斗形势越来越严峻，西方不断与我国争夺人才、争夺青年。习近平总书记指出，西方与我国"争夺青少年的斗争是长期的、严峻的！我们不能输，也输不起。我们一定要警醒！"② 实现"两个一百年"奋斗目标、实现中华民族伟大复兴，归根到底靠人才、靠教育。课程思政制度体现了党对人才培养工作的全面领导，解决好专业教育和思政教育"两张皮"问题，通过教育部、各省、各高校的三级联动和十部委的全面协调，确保一代又一代青年坚定跟着党走中国道路，永远紧跟党高高举起中国特色社会主义伟大旗帜。

二、课程思政制度的省级设计

2020年，教育部印发《指导纲要》，为各省推进课程思政提供了指南，各省积极进行课程思政制度的设计工作。2021年教育部下发《通知》后，课程思政制度在各省全面建立起来。在具体的制度设计中，各省根据自身的特点赋予了课程思政制度的地方特色。

（一）他山之石：各省课程思政制度解读

课程思政通过课程目标、课程内容、课程评价等环节的制度性变革，构建立德树人系统化落实机制，把社会主义核心价值观融入高校课程教学的全过程。③ 在这一制度的实施过程中，各高校立足于构建中国特色高等教育制度，进一步推动高校制度与文化的深度变革，将立德树人的总要求转换为具体的课程制度安排。我国地域辽阔，省级行政单位众多，下面按照地理方位的视角从东、西、南、北中五个区域选取样本进行各省课程思政制度的解读。

东部地区，以上海市、江苏省、浙江省为例。上海是最早进行课程思政尝试的，从2014年起，上海高校开设"大国方略"通识选修课，通过讲述世界变化进程中的中国方略坚定四个自信，构建可信、可爱、可敬的中国形象。2016年12月12日《光明日报》以《从"思政课程"到"课程思政"——上海探索构建全员、全课程的大思政教育体系》为题对上海实施课程思政的经验进行了专题介绍。在"大国方略"通识选修课取得成功后，上海高校推出了"中国系列"课程，在通识教育中根植理想信念，再一次受到学生热捧。④ 上海经验做到显性教育与隐性教育融会贯通，实现思政教育从专人向全员的创造性转化。2020年7月，江苏省教育厅下发《关于深入推进全省高等学校课程思政建设的实施意见》。2020年9月，中共上海市教育卫生工作委员会、上海市教育委员会联合下发《关于深入推进上海高校课程思政建设的实施意见》。2020年12月，浙江省教育厅下发《浙江省高校课程思政建设实施方案》。以上述三地为代表的东部地区省级课程思政制度全面建立。东部地区重点从学校、专业、课程三级构建课程思政制度，以修订人才培养方案、研制课程思政教学指南、加强教材建设、提升教师能力、完善课程思政教学质量评价为重点工作。

---

① 习近平. 论党的青年工作[M]. 北京：中央文献出版社，2022：146.
② 习近平. 坚持中国特色社会主义教育发展道路培养德智体美劳全面发展的社会主义建设者和接班人[EB/OL]. [2024-03-14]. http://jhsjk.people.cn/article/30284598.
③ 伍醒，顾建民. "课程思政"理念的历史逻辑、制度诉求与行动路向[J]. 大学教育科学，2019（3）：54-60.
④ 上海高校流行"中国系列"课，多彩课程受学子热捧——在通识教育中根植理想信念[EB/OL].（2017-04-01）[2024-03-14]. http://www.moe.gov.cn/jyb_xwfb/moe_2082/zl_2016n/2016_zl59/201704/t20170405_301819.html.

西部地区，以陕西省、重庆市、宁夏回族自治区为例。2020年7月，中共陕西省委教育工委、陕西省教育厅颁布《全面推进高等学校课程思政建设工作方案》。2020年9月，重庆市教育委员会下发《重庆市全面推进高等学校课程思政建设工作方案》。2020年11月，宁夏回族自治区教育工委、宁夏回族自治区教育厅颁布《关于深入推进全区高等学校课程思政建设的实施意见》。2021年6月，陕西省教育厅办公室印发《关于开展2021年课程思政示范项目建设工作的通知》。同月，重庆市印发《重庆市教育委员会关于开展2021年"课程思政"示范项目申报工作的通知》。陕西和重庆推进高等学校课程思政建设工作方案和"课程思政"示范项目申报工作的贯彻实施，标志着西部省份课程思政制度建立起来。陕西省在以省教育工委书记、省教育厅厅长任组长的高校课程思政建设工作领导小组的领导下，建立了一年一度的示范项目申报和课程思政激励、保障制度。重庆市也建立了全面覆盖、类型丰富、特色鲜明、相互支撑、保障有力的课程思政建设体系。

南部地区，以广东省和海南省为例。广东历来得风气之先，也敢闯敢试，具有开创精神。2019年7月，广东省教育厅印发了《广东省教育厅关于强化课程思政建设一流课程的意见》，在"立德树人，德才兼修；分类指导，特色建设；学生中心，全面发展"的原则下挖掘课程育人功能，将价值引领贯穿课程教学之中。2020年9月，广东省教育厅下发《广东省教育厅关于推进课程思政建设改革工作的通知》，启动课程思政建设改革示范项目遴选工作，重点就课程思政示范高校、课程思政教学研究（示范）中心、课程思政示范团队、课程思政示范课程、课程思政示范课堂的申报工作建章立制。《广东省教育厅关于强化课程思政建设一流课程的意见》的出台和《广东省教育厅关于推进课程思政建设改革工作的通知》的下发，以及各高校的贯彻落实、各种激励保障体系的建立，让广东省的课程思政制度建立起来。2019年，海南省委、省政府出台《关于深化新时代学校思想政治理论课改革创新的实施意见》；2020年，海南省教育厅印发《海南省教育厅关于推进课程思政建设改革工作的通知》；海南省教育厅2021年下发《关于组织申报2021年度高校课程思政示范项目和优秀教学案例遴选工作的通知》，以具体实施细则为指导、以课程思政示范项目和优秀案例为抓手的课程思政制度在海南逐渐建立。

北部地区，以北京市和黑龙江省为例。2020年12月，黑龙江省教育厅印发《全面推进高等学校课程思政建设工作方案》，从指导思想、建设目标、建设内容、建设任务、保障措施全面对课程思政制度进行规范。同月，黑龙江省教育厅印发《关于组织开展首批高校课程思政示范项目和优秀教学案例遴选工作的通知》，对课程思政示范课程、教学名师和教学团队项目的申报、建设及验收工作作出详细规定。在文件的指导下，黑龙江全省各高校全面进入课程思政建设工作中，课程思政制度也得以建立。2021年12月，中共北京市委教育工作委员会、北京市教育委员会印发《中共北京市委教育工作委员会 北京市教育委员会关于公布课程思政示范项目名单的通知》。2022年4月，中共北京市委教育工作委员会、北京市教育委员会印发《全面推进北京高等学校课程思政建设工作方案》。北京市建立了课程思政制度。

中部地区，以湖南省和江西省为例。湖南和江西的课程思政元素都很丰富，特别是作为革命老区的江西省，课程思政教学改革走在前列。2018年，江西省教育厅下发《关于开展江西省高校课程思政教学改革试点工作的通知》。随后，江西各高校进行了课程思政的试点和建设工作，并取得了丰硕的成果。教育部《指导纲要》发布后，江西省在原有建设基础上建立了课程思政制度。同为中部地区的湖南省在全省召开了全面推进高等学校课程思政建设工作视频会议，省教育厅下发了《关于做好2020年湖南省普通高等学校课程思政建设研究项目申报工作的通知》，湖南课程思政制度也逐步建立起来。

（二）比较研究：课程思政制度的省级比较

课程思政制度是一个由教育部、各省、各高校协同的制度，从省级层面来看，它是在依据教育部《指导纲要》《通知》和教育部等十部委《方案》而构建的课程思政制度，因此，既有共性又存在差异。

课程思政制度在省级层面的共同性体现为政策的统一性、内容的同质性、实施的协同性。政策的统一性指各省级教育厅均依据上述三个指导性文件出台了各省推进课程思政建设的实施方案或工作方案，建立了课程思政分类推进制度、课程思政项目申报和管理制度、课程思政激励保障制度。内容的同质性指各省课程思政制度在内容上大同小异，按公共基础课程、专业教育课程、实践类课程构建课程思政教学体系。结合专业特点分类推进课程思政建设，按照文学、历史学、哲学类专业，经济学、管理学、法学类专业，教育学类专业，理学、工学类专业，农学类专业，医学类专业，艺术学类专业等七大专业分类推进课程思政建设。另外，各省均构建了课程思政项目申报制度和激励保障制度。实施的协同性指课程思政与思政课程的同向同行、同频共振。

课程思政制度在省级层面的差异性体现为地域的特色性、时间的先后性和机制的灵活性。地域的特色性主要指各省根据本身的地方资源和区位要素赋予课程思政制度的地方性特色。北京作为首善地区，其课程思政制度强调以北京首善标准推进课程思政建设，弘扬北京红色文化，传承北京红色基因，充分体现北京革命历史和精神、历史文化底蕴。[①] 现代化国际大都市的上海作为国际金融中心、航运中心、经济中心和贸易中心，课程思政更加凸显可信、可敬、可爱的中国形象，"中国系列""大国方略"讲好中国故事，传播好中国声音，凸显中国特色、中国风格和中国气派。广东历来得风气之先，往往开历史先河，其将课程思政列为振兴本科教育的核心工作，并与一流课程建设相关联，将课程思政建设举措、成效列为高校书记党建述职重要内容。[②] 时间的先后性主要指各省课程思政制度的形成和完善在时间上的差异性。虽然上海从2014年开始课程思政的试点，江西从2018年开始课程思政建设改革，但客观来讲，各省课程思政制度是从2020年教育部下发《指导纲要》开始到2021年教育部下发《通知》后，各省出台实施方案或工作方案后建立的。在制度的建立过程中，各省在时间上还存在一定的差异。如2019年广东省就已经出台了《广东省教育厅关于强化课程思政建设一流课程的意见》，率先从制度上推进课程思政建设。作为首善地区的北京市却到2022年才出台《全面推进北京高等学校课程思政建设工作方案》，北京市课程思政制度才得以完善。机制的灵活性主要指各省在保障机制

[①] 中共北京市委教育工作委员会 北京市教育委员会关于印发《全面推进北京高等学校课程思政建设工作方案》的通知[EB/OL].（2021-04-16）[2024-03-14]. http://www.beijing.gov.cn/zhengce/gfxwj/sj/202104/t20210428_2376392.html.

[②] 广东省教育厅关于深入推进课程思政建设改革工作的通知[EB/OL].[2024-03-14]. https://www.gwng.edu.cn/jxzljdpgzx/2022/0310/c1560a74285/page.htm.

和评价机制上的差异性。如陕西省和浙江省建立了以省教育工委书记、省教育厅厅长为组长的领导小组，广东省建立了课程思政与一流课程相关联的机制，上海市建立了高校党委书记、校长为课程思政建设第一责任人制度等。

三、课程思政制度的校级落地

提高人才培养质量是课程思政建设的首要任务，课程思政制度要始终围绕这个首要任务来制定、落实。课程思政要紧紧抓住教师队伍"主力军"、课程建设"主战场"、课堂教学"主渠道"，构建全员全程全方位育人大格局，实现育人和育才相统一。课程思政制度落实的重要场域在学校层面，课程思政制度的校级实施、保障和激励决定着课程思政制度的效果。

（一）课程思政制度的校级实施

课程思政制度的落地重点在校级层面，课程思政与思政课程的协同、课程思政项目的申报、课程思政的分类指导，都是在学校层面展开的。从 2021 年起，全国各高校陆续进入课程思政制度的实施阶段。

第一，出台课程思政具体实施方案。在教育部《指导纲要》和各省推进课程思政建设工作实施方案或工作方案的指导下，全国各高校均结合本校办学定位、特色、层次等出台了课程思政具体实施方案。例如，上海第二工业大学在 2017 年出台《课程思政教学改革方案》、2018 年出台《关于进一步推进课程思政教育教学改革的实施意见》、2020 年出台《上海第二工业大学关于进一步推进课程思政建设的实施方案》，并开启在课程、专业、学院三个层面开展的"课程思政领航计划"。又如，湖北工程学院建立了思政课引领、通识课程浸润、专业课程深化、校本课程拓展的"四位一体"课程体系，成立课程育人研究中心，建立课程思政网络服务平台。

第二，进行具体课程思政建设工作。各高校结合人才培养目标和学校发展定位，以课程思政示范项目为抓手开展了卓有成效的课程思政建设工作。一是修订人才培养计划，将课程思政融入人才培养计划，提升了课程思政在人才培养中的地位。二是积极开展了课程思政示范院系、示范教学团队、示范课程等项目的研究工作。不少学校还在校级层面专设课程思政研究项目。三是建立了各部门和院系协同配合的课程思政教学改革工作机制，构建各学科体系间任课教师的交流沟通与联动机制，如西安财政大学、黑龙江职业学院等。广东科技学院则构建了包括"五育并举"项目的课程思政改革示范项目、课程思政优秀教学案例等特色项目。

（二）课程思政制度的校级保障

一项制度的落地，保障机制起着重要的作用。课程思政制度落实的最大场域在高校。各高校坚决落实课程思政战略和人才强国战略，强化了课程思政制度的组织保障、人力保障和经费保障。

第一，组织保障。教育部下发《指导纲要》和《通知》后，各高校纷纷成立由校党委书记和校长任组长，分管思政工作和分管教学工作校领导及有关部门负责人为成员的课程思政工作领导小组，健全工作机制，统筹推进课程思政教育教学改革工作，强化了顶层设计，成立课程思政教学研究中心，重点研究制定课程思政政策措施，同时建立党委宣传部、教务处、马克思主义学院、人事处、教师发展中心、教学质量保障和评估中心、学生处、团委等相关部门，相关部门和学院各负其责，互相协同配合，确保课程思政制度的落地。

第二，人力保障。人是生产力和整个管理中最活跃、最能动、最积极的因素，人才是第一资源。课程思政制度的校级落地，人力保障是最关键的因素。在确保课程思政制度校级落地的过程中，各高校均加强了人力保障。一是加强课程思政教师队伍培训，将课程思政教师培训纳入青年教师、骨干教师、专业负责人等各层各类培训中，定期组织教师参加校外课程思政相关培训。二是精选各类骨干教师组建课程思政教学团队，集中全校优秀教师参与课程思政的建设和研究工作。三是马克思主义学院与各学院课程思政专人对接制度。在马克思主义学院选派骨干教师，分赴各院系指导课程思政建设。

第三，经费保障。各高校在落实课程思政制度的过程中，不断提高政治站位，加大了对课程思政制度的经费保障。一是以项目的形式对课程思政工作提供专项资助或其他待遇，各高校均单列课程思政示范院系、示范团队、示范课程等专项课题。二是将课程思政工作纳入学校教育教学工作重点，在划拨专业建设经费和其他专项经费时充分考虑，鼓励各二级学院根据实际情况开展课程思政建设工作，在项目建设方面向课程思政工作倾斜。三是不少高校设立了课程思政专项经费，重点资助和保障课程思政工作的开展。

（三）课程思政制度的校级激励

科学的激励制度可以吸引优秀人才参与课程思政建设，同时开发教师潜能，促进其在课程思政工作中发挥才能和智慧，形成"校校有精品、门门有思政、课课有特色、人人重思政"的工作格局。

第一，立项。设立课程思政专项课题，既是对课程思政制度的贯彻落实，也是对参与课题研究的教师最好的激励。专项课题研究增强了非思政课程教师的科研积极性，项目参与教师也在课题研究中受益，在提高教学质量和人才培养质量的同时也为自己职称晋升积累材料，成果的产出也增强了课题参与者的成就感和幸福感。

第二，奖励。在落实课程思政制度的过程中，所有高校均出台了相关奖励政策，对课程思政工作成效突出的院系和教师予以奖励。对在课程思政建设工作中的先进教师在考核评价、岗位聘用、选拔培训、职务晋升等方面给予政策倾斜。通过奖励的形式，激发院系和教师参与课程思政的热情，助推课程思政制度的落地。

第三，宣传。宣传既可以最大范围地让教师理解课程思政制度，又可以扩大课程思政制度本身的影响。在课程思政制度的落实过程中，绝大多数高校通过校园网、微信公众平台等现代媒体手段开辟专栏，宣传课程思政制度，选树课程思政建设典型，加大了宣传，扩大了影响。

第三节　新时代视域下应用型大学课程思政制度

党的二十大报告指出："从现在起，中国共产党的中心任务就是团结带领全国各族人民全面建成社会主义现代化强国，实现第二个百年奋斗目标，以中国式现代化全面推进中华民族伟大复兴。"要完成上述任务，就需要凝聚共识、汇聚合力，更需要培养一代又一代拥护中国共产党领导和中国社会主义制度，立志为中国特色社会主义事业奋斗终身，具有执着的信念、优良的品德、丰富的知识、过硬的本领的创新型、复合型、应用型人才。① 新时代课程思政制度也要与时俱进，在制度设计、创新和评价方面守正创新。

一、新时代应用型大学课程思政制度设计

制度是规范和约束人类行为的准则，它的生成是一个动态无意识自发演进和有意识人为设计的双向演进的统一过程。制度设计是对行为准则进行合理的规定、周密的计划，通过各种方式表达出来的过程。制度的设计要做到主体归位、利益内嵌，把"要谁做"明确为"要我做"，把"要我做"转化为"我要做"。新时代应用型大学课程思政课制度设计必须把握原则、考虑层次、注意方法，以实现应用型大学课程思政制度的自组织和自管理，形成自上而下和自下而上的协同。

（一）新时代应用型大学课程思政制度设计原则

应用型大学为国家培养大量的应用人才，这些人才广布于社会各领域和各层面，他们的政治认同、家国情怀、文化素养、法治意识、道德修养直接影响社会风气和意识形态，直接影响遵纪守法、爱岗敬业、无私奉献、诚实守信、公道办事、开拓创新的职业品格和行为习惯的养成。因此，应用型大学课程思政制度设计必须遵循激励相容原则、效率原则和帕累托原则。

第一，激励相容原则。激励相容原则是实现机制设计者和机制需求者最终目的一致性的原则，是决定一个机制有效与否的根本原则。机制设计必须清楚机制需求者的行为基础及其模式。② 简言之，即为一方想做的事，另一方既有意愿也有能力做好，就叫激励相容。激励相容原则一是强调各方权利和责任要明确，二是权力和资源的配置要制度化。应用型大学在课程思政制度体系中具有双重地位，它既是整个课程思政制度的制定参与者，又是课程思政制度的重要实施者。因此，应用型大学在设计课程思政制度的时候就要充分考虑学校实际和教师实际，要充分发挥学校和教师的两个积极性，通过出台明确的激励机制和保障机制，实现课程思政制度的最优化。

第二，效率原则。效率原则的基本含义：行政机关在行使其职能时，要力争以尽可能短的时间、尽可能少的人员、尽可能低的经济耗费办尽可能多的事，取得尽可能大的社会、经济效益。我国宪法第二十七条规定："一切国家机关实行精简的原则，实行工作责任制，实行工作人员的培训和考核制度，不断提高工作质量和工作效率，反对官僚主义。"制度设计的目标是效率、规范和服务。新时代应用型大学课程思政制度的设计也应遵循效率原则，在出台课程思政相关制度时充分考虑制度的可行性和效用性，做到便民与效率的统一。在今后设计相关课程思政制度时要严格控制程序、验收时效并精简机构，力求制度实施的便捷高效，以确保课程思政建设高质量发展。

第三，帕累托原则（亦称帕累托改进原则）。帕累托改进是指在不减少任何一方福利的条件下，通过改变现有资源配置而提高另一方的福利，它是实现"帕累托最优"的途径和方式。帕累托最优（Pareto Optimality），也称帕累托效率（Pareto Efficiency），是充分利用有限的人力、物力、财力，优化资源配置，争取实现以最小的成本创造最高的效率和最

---

① 习近平. 坚持中国特色社会主义教育发展道路培养德智体美劳全面发展的社会主义建设者和接班人[EB/OL].[2024-03-14]. http://jhsjk.people.cn/article/30284598.

② 陆雄文. 管理学大辞典[M]. 上海：上海辞书出版社，2013：127.

大的效益。新时代应用型高校课程思政制度设计要结合应用型特点，根据专业和课程特色，优化人、财、物的配置，提升课程思政建设实效。特别是在实践类课程思政的建设上，实现供给侧结构性改革，注重教育和引导学生弘扬劳动精神、工匠精神，将"读万卷书"与"行万里路"相结合，扎根中国大地了解国情民情，在实践中增长智慧才干，在艰苦奋斗中锤炼意志品质。

（二）新时代应用型大学课程思政制度设计层次

应用型大学课程思政制度涉及不同层级，并要考虑各部门之间的协同配合。新时代应用型大学课程思政制度设计要结合办学定位、培养目标和办学层次，在顶层设计、中层设计、基层设计上通盘考虑，以求制度的逻辑清晰、层次分明、权责明晰。

第一，顶层设计。顶层设计重在指导。顶层设计要从宏观上整体把握，注重制度的系统化和整体化。顶层设计要以习近平新时代中国特色社会主义思想为指导，从全局角度、以长远眼光、整体上把握课程思政建设的规律，从课程思政制度的指导思想、建立原则、组织领导，制定落实立德树人根本任务的战略举措，围绕全面提高人才培养能力这个核心点，注重调动社会各方面资源制定切实可行的运行机制。新时代应用型大学课程思政制度设计要着眼于培养创新型、复合型、应用型人才，促进劳动精神、工匠精神和职业精神的养成，从课程所涉专业、行业、国家、国际、文化、历史等角度，增加课程的知识性、人文性，提升引领性、时代性和开放性。[①]

第二，中层设计。中层设计重在管理。中层设计在制度设计中起承上启下的作用，在中观层面上贯彻顶层设计指导思想，同时实现对基层制度的管理。课程思政中层设计体现在对人才培养方案的修订、课程思政制度的保障激励机制及评价体系的制定，构建科学合理的课程思政教学体系和设计课程思政管理制度。新时代应用型大学课程思政制度中层设计应体现系统思维，有利于课程思政建设的体制机制协同推进。应用型课程思政制度的中层设计还应注重可操作性，以利于课程思政建设的推进和效果的保障。

第三，基层设计。基层设计重在实施。任何制度的落地都在基层，这也成为制度设计的关键所在。一项制度基层设计不科学，制度将不能落地，就会成为空中楼阁。课程思政制度基层设计一定要从基层出发，从实际出发。一是要着眼于提高教师参与课程思政建设工作的意识和能力，二是要能够充分调动基层的积极性，三是要注重制度的便捷性。教育部印发的《指导纲要》客观地说主要是针对宏观层面的，因此缺乏课程思政建设的具体抓手，广大基层教师很难找到课程思政建设的切入点，想为却不知怎么为。基于此，教育部紧接着印发《通知》，以项目为抓手，为基层落实课程思政提供了制度保障。校级、省级、国家级三个层次的课程思政示范项目的实施，保障了课程思政制度的落地、开花和结果。

（三）新时代应用型大学课程思政制度设计方法

社会的发展需要科学的、前瞻性的思想理论作为指导，制度的设计更需要科学的方法。方法论是人们认识世界、改造世界的一般方法，是人们观察事物和处理问题的方式。马克思主义方法论要求人们在认识和实践活动中一切从实际出发、实事求是，自觉运用客

---

① 教育部关于印发《高等学校课程思政建设指导纲要》的通知[EB/OL].（2020-06-06）[2024-03-14].http://www.gov.cn/zhengce/zhengceku/2020-06/06/content_5517606.htm.

观世界发展的辩证规律，严格地按客观规律办事。新时代应用型大学课程思政制度设计必须把握好习近平新时代中国特色社会主义思想的世界观和方法论，坚持守正创新、问题导向和系统观念。

第一，角度定位法。在制度设计时从不同的层级和角度，从实际出发确定准确、清晰和科学的定位。角度定位法要综合考虑制度设计的依据和所属层级。具体来说，就是从战略高度出发，从战略发展需要明确职能、确定组织结构和权责关系。课程思政制度本身就是从统筹中华民族伟大复兴战略全局和百年未有之大变局、协同伟大斗争和人才强国战略出发的，应用型大学课程思政制度的制定当然也是从这些战略出发的。与之相协调的是所属层级要从国家治理角度、部门管理角度、业务实施角度整体把握和控制人力、财力和物力，进而明确部门级别、权限范围、规范内容。新时代应用型大学课程思政制度的设计充分运用了角度定位法。教育部成立课程思政建设工作协调小组，统筹研究重大政策，指导地方和高校开展工作。各地教育部门和高校要切实加强对课程思政建设的领导，结合实际研究制定各地、各校课程思政建设工作方案，健全工作机制，强化督查检查。各高校要建立党委统一领导、党政齐抓共管、教务部门牵头抓总、相关部门联动、院系落实推进、自身特色鲜明的课程思政建设工作格局。

第二，结构化设计法。结构化设计法是用来解决人脑思维局限性和被处理问题复杂性之间矛盾的一种十分有效的方法，其基本思路是把一个复杂问题的求解过程分层次进行，每个层次处理的问题都控制在人们容易理解和处理的范围内，由上至下，逐步细化。[①] 结构化设计的一个显著特征就是模块化，在制度设计时，可把制度系统进行分解，划分成相对独立的具有一定功能的制度模块。应用型大学课程思政制度的设计要借助结构化设计方法，将课程思政制度划分为课程思政示范项目管理制度、课程思政教学体系构建、激励保障制度、课程思政评价制度等功能模块，并通过功能模块间的关联，形成完整的闭环制度体系。制度不是一成不变的，而是随着社会发展而不断改进的。因此，应用型大学课程思政制度采用结构化设计法，便于制度的维护和扩展。

第三，人力资源管理法。课程思政制度设计的人力资源管理法是借鉴新公共服务理论，在制度设计的过程中充分考虑人在制度中的作用和价值。人是社会发展中最为重要的资本，制度的设计必须建立在对人的行为透彻研究和认识的基础之上。新公共服务理论认为："人不再成为制度的附属被当成物化成本而加以控制，人是具有无限增值潜力的一种最重要资源。"[②] 因此，首先，应用型大学课程思政制度的设计要坚持以人为本。坚持以人为本要求课程思政制度的设计，一是要有助于学生德智体美劳全面发展；二是要促进教师的成长，在规划、管理、培训等环节中，给予教师的价值观和利益以充分关注。其次，应用型大学课程思政制度的设计要将公共利益与个人价值相统一。课程思政制度的设计必须紧紧围绕为社会提供公共产品和服务的组织目标进行，同时要体现参与课程思政的教师的价值实现。应用型大学课程思政制度设计，一是要根据民主参与价值观建立课程思政教学名师选拔制度，二是要坚持以人为本理念完善课程思政教师培训制度，三是要遵照责任多样、民主参与价值标准建立业绩考核和评估制度。

---

① 张文健，孙绍荣. 结构化方法在管理制度设计中的应用 [J]. 工业技术经济，2006 (5)：52-54.
② 倪星，揭建旺. 试论政府人事管理的治道变革——从传统人事管理到现代公共人力资源管理 [J]. 探索，2003 (5)：38-41.

二、新时代应用型大学课程思政制度创新

创新是第一动力，谋创新就是谋未来。习近平总书记指出："我们要坚持在实践基础上的理论创新推动制度创新，坚持和完善现有制度，从实际出发，及时制定一些新的制度，构建系统完备、科学规范、运行有效的制度体系。"① 苟日新，日日新，又日新。应用型大学课程思政制度也应与时俱进，不断创新，形成制度体系。

（一）新时代应用型大学课程思政制度观念更新

观念从通俗意义上来理解，就是人们在长期的生活和生产实践当中形成的对事物的总体的综合的认识，是人们对事情主观与客观认识的系统化之集合体。新时代应用型课程思政制度统筹中华民族伟大复兴战略全局和百年未有知大变局，协调伟大斗争和人才强国战略，切合学校办学特色和人才培养目标更新观念。

第一，从重教书向育人转变。制度具有导向作用，课程思政制度作为一种全新理念指导下建立起来的规范，其导向作用更加明确，"就是要寓价值观引导于知识传授和能力培养之中，帮助学生塑造正确的世界观、人生观、价值观"。② 经师易求，人师难得。师也者，教之以事而喻诸德者也。青少年一代的价值取向决定未来整个社会的价值取向，决定中华民族长久竞争力，关系到中国特色社会主义事业是否后继有人。没有什么比培养建设者和接班人更重要，也没有什么比这个方面出问题更危险。教育要培养的是社会主义建设者和接班人，而不是旁观者，更不是反对派和掘墓人。应用型大学课程思政制度应把育人放在首位，以制度规范课程教师力求"经师"和"人师"的统一，既具有深厚的功底、渊博的学识，更以"传道"为责任和使命，用习近平新时代中国特色社会主义思想铸魂育人，始终坚持党的领导这个政治原则，始终擦亮马克思主义这个基本底色，始终落实立德树人这个根本任务。

第二，从专人负责向人人参与转变。既往的思想政治教育，似乎为思想政治理论课教师的专责。课程思政制度的一个重要功能是助推培养德智体美劳全面发展的时代新人。应用型大学课程思政制度必须实现思想政治教育从专人负责到人人参与的观念转变，在"三全育人"理念下打造育人共同体，形成"校校有精品、门门有思政、课课有特色、人人重育人"的良好局面，③ 打造育人共同体。专业课程教师只有实现了这种转变，才能够厚植育人共同体的职业认同情怀，认同课程思政的价值；才能厚植育人共同体的同频共振意愿，主动参与课程思政；才能厚植育人共同体的精神文化自觉，感悟课程思政的获得感。

第三，从单一形式向系统合成转变。课程思政制度是一个系统工程，它既需要人、财、物的协调，也需要宏观、中观和微观上的整体推进，更需要各系统之间的有机协调和社会各界的参与。思想观念是行动的先导，新时代应用型大学思政制度应强化学校党委在

---

① 习近平. 紧紧围绕坚持和发展中国特色社会主义 学习宣传贯彻党的十八大精神［EB/OL］.（2012-11-19）［2024-03-14］.http://cpc.people.com.cn/n/2012/1119/c64094-19615998-2.html.

② 教育部关于印发《高等学校课程思政建设指导纲要》的通知［EB/OL］.（2020-06-06）［2024-03-14］.http://www.gov.cn/zhengce/zhengceku/2020-06/06/content_5517606.htm.

③ 教育部关于印发《高等学校课程思政建设指导纲要》的通知［EB/OL］.（2020-06-06）［2024-03-14］.http://www.gov.cn/zhengce/zhengceku/2020-06/06/content_5517606.htm.

课程思政制度中的职责和功能，调动各方资源形成合力。一是全体课程教师各司其职，对象共育，实现他者引领与自我教育的同心同力，在发挥课程教师引领的同时，增强大学生的自我教育意识和能力。二是思政元素和实践基地要素共融，实现资源汇集和环境熏陶的同频共振，在各类资源条件的汇聚下要营造良好的育人环境。三是课程思政与思政课程的机制共通，实现价值导向与目标激励的同心同德，思想政治理论课教师与课程教师齐心协力，形成合力。四是"大思政"和"三全育人"路径共进，实现夯实基础与"三全育人"的同向同行，融通社会大课堂与课程小课堂，在推动全员、全过程、全方位育人中将决策系统、执行系统、咨询系统、监督系统和信息反馈系统有机协调系统合成。

（二）新时代应用型大学课程思政制度机制完善

课程思政制度的作用发挥和价值体现，需要完善课程思政制度的各种机制。新时代应用型大学课程思政制度更应结合学校定位和专业特色来完善机制。

第一，协同推进机制要落实。协同论提出者、德国理论物理学家哈肯认为，事物自己内部的协同会自发地出现时间、空间和功能上的有序结构，即产生协同效应。以协同理论发展起来的科学被称为协科学，协科学不仅使用于自然现象，在社会科学领域也有其借鉴价值。哈肯认为："人类社会，无论是人的心理状态、经济生活中的竞争、舆论问题、报刊和电视的功能以及它们受到的制约，协科学都能提供某种解释。"[①] 协同论同时认为各系统会产生协同效应，即复杂开放系统中大量子系统相互作用会产生整体效应或集体效应。应用型大学课程思政制度需要完善协同推进机制。一是课程思政与思政课程的协同，使课程思政与思政课程相辅相成；二是全体课程教师的协同，发挥"1+1>2"的作用；三是学校、院系、教师的协同，形成全员育人大格局，提升课程思政制度实效；四是"大思政"参与各方的协同，在扩大课程思政制度覆盖面的同时提升课程思政制度的影响力。落实协同推进机制，形成协同效应，助推应用型大学课程思政制度的完善。

第二，示范项目机制要抓牢。课程思政示范项目，既是课程思政制度的重要内容，又是落实课程思政制度的重要抓手。示范课程项目和教学名师项目充分发挥个人参与课程思政的积极性。课程思政教学团队则形成了合力，提升了层次，同时增大了覆盖面，扩大了影响。课程思政教学研究中心则为课程思政制度的实施和课程思政的开展提供理论支持。示范项目在带来示范效应的同时，让课程思政制度得以落地。示范项目的成效也在很大程度上反映课程思政制度设计的合理性。因此，抓牢课程思政示范项目成为应用型大学课程思政制度机制完善的关键一招。

第三，激励保障机制要到位。激励机制是为了激励员工而采取的一系列方针政策、规章制度、行为准则、道德规范、文化理念以及相应的组织机构、激励措施的总和。激励机制最主要的作用和意义是能够对整个操作进行积极性的意义和推动，取得更理想的效果。激励机制一般包括物质激励、精神激励和奖惩激励。课程思政制度的激励机制包括立项示范课程思政项目的经费资助、课程思政示范名师的宣传推广、参加课程思政教学的奖励等。保障机制是为管理活动提供物质和精神条件的机制。保障机制确保课程思政制度的实施、课程思政建设的开展和课程思政的成效。应用型大学课程思政制度的保障机制包括组织保障、人力保障、财务保障和基地保障。组织保障指学校党委落实意识形态工作责任

---

① 赫尔曼·哈肯. 大自然成功的秘密：协同学［M］. 凌复华，译. 上海：上海译文出版社，2018：25.

制，加强对课程思政的领导。人力保障指示范项目中优秀教师的保障，财务保障指开展实践类课程思政的相关费用的保障，基地保障主要指学校协调各类校外实践基地。

（三）新时代应用型大学课程思政制度政策扶持

政策扶持是指各教育行政机关根据教育强国和人才强国战略，结合实际情况采取的一系列支持课程思政建设的措施。政策支持一般包括四个层面：第一层面是阐明支持课程思政依据和背景的政府文件，如中共中央办公厅、国务院办公厅《关于深化新时代学校思想政治理论课改革创新的若干意见》；第二层面是明确扶持标准的文件，如教育部印发的《指导纲要》；第三层面是告知扶持条件的政策性文件，如教育部等十部委联合印发的《方案》、各省出台的推进课程思政建设的实施意见或工作方案；第四层面是告知学校和教师如何申请的政策性文件，如教育部办公厅印发的《通知》和各省出台的申报课程思政示范项目的通知等。具体的政策扶持包括以下三种方式：

第一，政策倾斜。政策倾斜是各级各类教育行政管理部门和高校对课程思政建设过程中各类带有引导性的举措。一是支持各地各高校搭建课程思政建设交流平台和成立各级课程思政教学指导（研究）中心；二是鼓励支持思政课教师与专业课教师合作教学教研，鼓励支持院士、"长江学者""杰青"、国家级教学名师等带头开展课程思政建设；三是在评奖评优、职称（职务）晋升中对参与课程思政建设的人员予以优先；四是选树课程思政建设典型，加大宣传推广力度，扩大课程思政的影响力。

第二，财政支持。财政支持是制度能够落实的重要保障。财政支持是在课程思政建设中给予经费的落实，也在一定意义上解决教师的切身利益。地方高校要根据自身建设计划，统筹各类资源，加大对课程思政建设的投入力度。① 一是课程思政建设教师的各种考察培训经费的保障，支持高校将课程思政纳入教师岗前培训、在岗培训和师德师风、教学能力专题培训等；二是实践项目经费的支持，包括校外课程思政实践基地的建设、学生外出时间内活动的经费支持等；三是课程思政示范项目建设经费的及时到位。

第三，项目增设。项目增设是指为课程教师增加拿项目的机会而特别设置的项目。客观地说，项目既是落实制度的重要抓手，也是教师们的刚需。一是创设课程思政示范项目。教育部专门出台了《通知》，设有课程思政示范课程、教学名师、教学团队和教学研究示范中心四类项目，以此通知为政策依据，各省和各学校均设立了上述四类项目，大大增加了课程思政教师参与项目的机会。二是在教育部哲学社会科学研究项目中积极支持课程思政类研究选题。项目的增设，大大提升了教师们参与课程思政的主动意识，也提升了课程思政建设的能力。

三、新时代应用型大学课程思政制度评价

制度的设计受到政治、经济、文化的影响，也随着制度运行的环境而不断变化，为了预防制度的失误，及时检查制度执行效果，有必要对制度进行评价。制度评价也称制度评估。制度评价就是相关评价主体依据一定的评价标准，采用特定的方法，对相关制度进行价值和事实研究，以获取制度运行的相关信息，从而为制度的实施、执行、发展、终结提

---

① 教育部关于印发《高等学校课程思政建设指导纲要》的通知[EB/OL].（2020-06-06）[2024-03-14]. http://www.gov.cn/zhengce/zhengceku/2020-06/06/content_5517606.htm.

供相关确实可靠的信息。① 课程思政制度评价就是参与课程思政的主体对课程思政制度进行价值和实施研究，评价其运行、作用、效果，并为课程思政制度的修改完善提供依据的过程。

（一）新时代应用型大学课程思政制度评价标准

制度评价就是制度评价主体运用一定的评价标准对制度评价客体进行的评价活动。② 制度评价主体即实施制度评价活动的个人或者组织。制度评价客体指制度或政策本身，是评价活动所指向的对象。制度评价标准就是制度评价活动所依据的参照物。因此，制度评价标准是制度评价的关键。新时代应用型大学课程思政制度评价标准主要包括政治性标准、经济性标准、社会性标准。

第一，政治性标准。政治性标准是应用型大学课程思政制度评价的首要标准。政治性标准有合法性、合规性、合理性等特征，体现公平与正义。制度的合法性标准是指制度是否具有存在的法理基础，制度的价值选择与目标定位是否与社会发展要求相适应，制度是否着眼于制度公正。课程思政制度合法性指课程思政制度要符合法律规范，特别是符合教育法的规范。课程思政制度合规性指课程思政制度不能和原有相关制度相冲突，如在突出课程思政重要性的同时不能弱化专业知识的传授，不能违背专业育人的初衷和规律。课程思政制度合理性指制度是否具有逻辑的一致性，制度的内容是否符合制度的内在规律、着眼于制度效率；课程思政制度合理性也指课程思政制度要遵循思想政治工作规律、教书育人规律和学生成长规律，发挥教师队伍"主力军"、课程建设"主阵地"、课堂教学"主渠道"作用。

第二，经济性标准。经济性标准是应用型大学课程思政制度评价的重要标准。经济性标准有效率、效益和效能等特征。效率是产出与投入之比，即课程思政建设产生的效能与消耗的时间、人力、物力、财力的比率。效率标准的难点在产出与投入的量化统计。效能是指在课程思政制度下的课程思政建设活动对实现育人目标发挥的有效的功能。效能标准重点考查学生世界观、人生观、价值观塑造的成效。效益是指课程思政制度给国家、社会和人民群众带来的实际利益。效益标准重点考查实施课程思政制度后的毕业生在工作岗位上的敬业精神和职业道德的提高，难点在标准的制定。

第三，社会性标准。社会性标准是应用型大学课程思政制度评价的根本标准。课程思政建设"影响甚至决定着接班人问题，影响甚至决定着国家长治久安，影响甚至决定着民族复兴和国家崛起"③。因此，对课程思政制度的评价，最根本的是看制度所发挥的社会作用和所体现的社会价值。社会性标准主要有两类：一类是看课程思政制度对社会问题的回应，另一类是课程思政制度对社会的稳定和发展所起的作用。课程思政制度是在统筹中华民族伟大复兴战略全局和百年未有之大变局、统筹伟大斗争和人才强国战略思想指导下建立的制度，回应了为谁培养人、培养什么样的人、怎样培养人这个根本问题。构建全员全程全方位育人大格局，培养德智体美劳全面发展的社会主义建设者和接班人是课程思政制度建立的初衷。那就要看课程思政制度是否回应了"三全育人""五育并举"，是否促

---

① 苏茂林. 制度评价的内涵、系统及意义 [J]. 中共山西省直机关党校学报，2010（6）：20-22.
② 辜堪生. 制度评价——一个制度哲学范畴——评《制度评价论》[J]. 四川行政学院学报，2016（2）：105.
③ 教育部关于印发《高等学校课程思政建设指导纲要》的通知[EB/OL].（2020-06-06）[2024-04-24]. http://www.gov.cn/zhengce/zhengceku/2020-06/06/content_5517606.htm.

进意识形态领域形式发生全局性、根本性转变，青年一代是否更加积极向上。①

（二）新时代应用型大学课程思政制度评价方法

制度评价方法是评价主体对不同评价客体进行评价的方法、技术、手段的综合。② 对照评价标准，运用评价方法对制度进行评价，有针对性地修改完善，从而保障制度的科学性、合理性。评价方法的科学性直接影响评价结果的有效性。应用型大学课程思政制度的评价方法要综合考虑方法论和具体的方法两个层面。应用型大学课程思政制度的评价方法有一般评价方法和具体评价方法。

第一，应用型大学课程思政制度的一般评价方法。一般评价方法是从方法论方面来展开的，包括定量评价法、定性评价法和系统评价法。定量评价法是运用数学、统计、概率等学科知识，利用调查和软件，经过严格的程序，得出直观的评价结果的方法。应用型大学课程思政制度的定量评价主要是社会测量法。社会测量法是通过建立一定的模型，然后将统计到的课程思政建设中的数据输入模型从而评价制度的方法。定性评价法是根据评价者对评价对象的表现、现实状态或文献资料的观察和分析，直接对评价对象得出定性结论的价值判断。定性评价法是利用专家的知识、经验和判断通过记名表决进行评审和比较的评价方法，强调观察、分析、归纳与描述。系统评价法强调评价对象在整个系统中的位置、作用、关系，注重系统与组成要素之间、系统自身与外界环境之间的相互联系、互相作用的关系。

第二，应用型大学课程思政制度的具体评价方法。具体评价方法注重直观性，主要包括文献分析法、调查问卷法、德尔菲法、访谈法等。文献分析法是对学术界发表的关于课程思政制度的文献及社会对课程思政制度的评论进行分析，从而对课程思政制度进行评价的方法。调查问卷法是通过制定调查问卷对参与课程思政建设的各方进行问卷调查，以调查问卷的结果评价课程思政制度的方法。德尔菲法（又称专家意见法）是指通过匿名的方式向专家征求意见的方法。专家在横向间不发生联系，得到反馈后，评价者进行综合，把主导意见再返回专家那里，让专家再填写意见，经过多轮反馈后得出评价结论。访谈法是通过对教育行政管理部门、教师、学生及参与课程思政建设的各方进行访谈，通过他们的反馈来对课程思政进行评价。在实践中，应用型大学课程思政制度的评价往往采取多种评价方法。

（三）新时代应用型大学课程思政制度评价意义

任何一种制度，不可能最初制定时就能满足所有需要、解决所有问题，它必定了经过不断的修改完善，而修改完善的依据即制度本身评价后形成的建设性意见。可以说，制度的评价为制度完善的关键。因此，制度评价在保障制度质量、提高制度效率、优化资源配置、检验制度效果等方面都具有重要意义。新时代应用型课程思政制度的评价也一样，它是课程思政制度本身质量的保障、提高课程思政制度效率的有效手段、合理配置制度资源的依据、检验制度效果的根据。应用型大学课程思政制度评价就是对课程思政制度运行进行检测，其对制度的意义主要体现在以下四个方面：

---

① 习近平. 高举中国特色社会主义伟大旗帜　为全面建设社会主义现代化国家而团结奋斗——在中国共产党第二十次全国代表大会上的报告 [M]. 北京：人民出版社，2022：10.

② 苏茂林. 制度评价的内涵、系统及意义 [J]. 中共山西省直机关党校学报，2010（6）：20-22.

第一，是应用型大学课程思政制度本身质量的保障。制度本身的质量是保障制度有效运行的重要条件，而通过制度评价可以针对性地对制度本身进行完善，从而保障制度本身的质量。制度质量一般体现在制度的合理性、合法性、现实性三个方面。合理性是合目的性与合规律性的统一，合法性是公平与正义的统一，现实性是可实现性和可操作性的统一。应用型大学课程思政制度的评价可以发现以上三个方面存在的问题，然后去除不合理、不合法、不现实的制度规则，进而保障课程思政制度的质量。

第二，是应用型大学课程思政制度效率提高的手段。制度效率包括制度运行、制度创新、制度执行的效率。其中起关键作用的是制度运行效率，制度运行效率是制度的执行、遵守情况。制度作用的有效发挥，得益于制度的执行和遵守。制度的评价评定、制度的实行，都要求强化主体的责任，提高制度的运行效率。制度若被束之高阁，毫无效率可言；制度若朝令夕改，则无所适从。通过应用型大学课程思政制度评价，分析现实条件和制度本身，一是修改完善制度，二是畅通运行机制，从而提高应用型大学课程思政制度运行效率。

第三，是应用型大学课程思政制度配置资源的依据。应用型大学课程思政制度是一个系统工程，它牵涉到组织方、实施方、参与方和相应的人、财、物的支持，需要相关制度的配合。作为一项新的制度，它在相关资源的设计、职能分工方面很难一步到位，需要经历实践的反复检验后逐步完善。制度评价则正好弥补了这个缺陷，它通过对制度运行情况的检测，发现资源配置中的问题和资源效益的发挥情况，然后及时调整相关资源，保证制度运行资源配置合理、充足，从而保障制度的有效运行。

第四，是应用型大学课程思政制度效果检验的根据。制度评价的重要目的就是检验制度的效果。应用型大学课程思政制度的效果主要体现在以下五个方面：一是全面覆盖、类型丰富、层次递进、相互支撑的课程思政体系的建设程度；二是教师能动性和主动性的发挥度，以及学生的认可度和获得感；三是示范项目的建设水平和成果的产出；四是课程思政建设经费的价值转化率；五是全员全程全方位育人大格局的形成度和人才培养质量的提高度。通过对应用型大学课程思政制度的评价，我们可以得出定量和定性两个层面的结果，为应用型大学课程思政制度效果检验提供可靠根据。

第三章 应用型大学课程思政协同育人机制

第一节 理论基础、基本原则与顶层设计

课程思政是一个系统工程，受到多种因素的影响。各因素之间的关系如何处理才能发挥出最大效应是目前研究的热点。同时应用型大学由于其办学特点，在课程设置和教学目标上与研究型大学存在天然的不同。应用型大学在课程思政教学实践方面是否具有独特性，至今还处于探索阶段。实现课程思政协同育人是更好地实现育人目标的一个有效途径。

一、课程思政协同育人的理论基础

（一）思政教育相关理论

1. 马克思主义实践认知理论

习近平总书记在纪念马克思诞辰200周年大会上的重要讲话中指出："实践的观点、生活的观点是马克思主义认识论的基本观点，实践性是马克思主义理论区别于其他理论的显著特征。"理论与实践结合，学以致用、用以促学，是学习和运用马克思主义的方法论。理论与实践的结合和联系是双向的，而不是单向的。理论与实践结合，分析和解决实践中的问题，要以弄清理论为前提。毛泽东同志在《人的正确思想是从哪里来的》一文中指出"一个正确的认识，往往需要经过由物质到精神，由精神到物质，即由实践到认识，由认识到实践这样多次的反复，才能够完成。"[①] 在这一过程中，人的认识和实践是具有主观能动性的。

应用型大学在教育理念上更强调"知行合一，实践出真知"。学生对知识、技能、思想的认知过程也是通过物质载体到精神升华、从物质认知到精神认知的过程，是不断从认识到实践，再从实践到认识的过程。在这一过程中，大学生的认识和实践是有主观能动性的。因此在课程思政教育中要充分考虑大学生的认知规律，不灌输思政内容，充分调动大学生的主观能动性，通过协同教育帮助大学生完成从认识到实践，再从实践到认识的过程，最终旨归是实现人的自由全面发展。

---

① 中共中央文献研究室. 毛泽东文集 [M]. 北京：人民出版社，1993.

2. 自我教育理论

苏霍姆林斯基是苏联颇负盛名的教育理论家和教育实践家，他的教育思想丰富、全面、深刻，在自我教育方面有独到的见解和成功的理论建构与实践探索。他认为"所谓自我教育，就是用一定的尺度来衡量自己""只有能够激发学生进行自我教育的教育，才是真正的教育"，强调教育就是激发学生的自我教育。自我教育是指："学生在认识周围世界、大自然、劳动和社会生活的同时，也认识了自己。""严格地说，自我教育就是从这里开始的：让一个人去关心另一个人，力求看到自己身上的好的东西在另一个人的身上表现出来。""全部问题就在于要能够强制自己。"[①]

1943年，邓小平同志在《在北方局党校整风动员会上的讲话》一文中指出："每个同志都要下定决心把自己的思想作风整好。首先好好地认识一下自己，看看自己的思想意识有无问题，问题在什么地方，然后才会决心改造自己。"[②] 这就是说，自我认识是自我教育、自我改造的基础[③]。自我教育是以自我意识发展为前提的教育，只有个体的自我意识发展到一定的阶段，才有自我教育的愿望和能力[④]。

大学生处于青年时期，自我意识更加强烈，往往更加注重自己的独立权利，急于摆脱父母的监护，成为独立人，心理学家霍林沃斯把这一时期称为"心理断乳期"。引导学生进行自我教育有利于学生身心健康发展。自我教育作为学校德育的一种方法，要求教育者按照受教育者的身心发展阶段予以适当的指导，充分发挥他们提高思想品德的自觉性、积极性，使他们把教育者的要求变为自己努力的目标[⑤]。

3. 内隐学习理论

1967年美国心理学家雷伯（A. S. Reber）在《人工语法的内隐学习》（*Implicit Learning of Artificial Grammar*）一文中首次提出内隐学习的概念[⑥]。他认为，内隐学习就是无意识获得刺激环境中的复杂知识的过程。在这一过程中，个体并没有意识到或者陈述出控制他们行为的规则，但却学会了这种规则。[⑦] 1958年，英国物理化学家和思想家波拉尼（Michael Polanyi）首次提出缄默知识（Tacit Knowledge）这一概念。在《人的研究》一书中将人类通过认识活动所获得的知识区分为"内隐"和"外显"两种形式。内隐学习所习得的知识通常表现为缄默知识的形式。内隐学习是认知心理学的一个重要概念，内隐学习是一种区别于传统外显学习的不知不觉的学习过程，它是有机体通过与环境接触，无目的、自动地获得事件或客体间结构关系的过程。[⑧] 阿蒙斯（Ammons）等人发现，通过内隐策略习

---

① 黄书金. 德育的重要使命——学习苏霍姆林斯基的自我教育理论有感 [J]. 学校党建与思想教育，2000（12）：27-29.
② 邓小平. 邓小平文选第一卷 [M]. 北京：人民出版社，1989：91.
③ 施章清. 邓小平学生自我教育理论研究 [J]. 毛泽东思想研究，2004（4）：94-96.
④ 郭瞻予. 论引导青少年自我教育的意义及相关理论 [J]. 沈阳师范大学学报（社会科学版），2004（3）：6-11.
⑤ 伏治友. 毛泽东自我教育理论探析 [J]. 机械工业高教研究，1995（3）：16-19.
⑥ REBER A S. Implicit learning of artificial grammars [J]. Journal of Verbal Learning&Verbal Behavior，1967（77）：317-327.
⑦ FNDRICH D W，HEALY A F，BOURNE L E. Long-term repetition effects for motoric and perceptual procedures [J]. Journal of Experimental Psychology：Learning，Memory，and Cognition，1991，17（1）：137-151.
⑧ 杨晓慧. 高职院校课程思政教学团队建设：价值、目标与策略 [J]. 中国职业技术教育，2021（17）：69-74.

得的技能能够保持相对较长的时间,而通过外显策略获得的技能只能保持相对较短的时间。[1] 贝瑞(D. C. Berry)和布鲁德本特(D. E. Broadbent)认为,当学习任务更加复杂,或者需要个体评估的选择假设数量剧增而难以控制时,内隐学习模型的作用就越来越重要。[2] 内隐学习过程和外显学习共存于任何一次的学习中。在常规的学习情境下,外显学习占主导地位;但是在情境多变、紧张应激、事物结构高度复杂、关键信息不明确、个体生理条件差(例如精神失常、大脑病变、神经受损)的学习情境中,内隐学习优于外显学习。[3]

课程思政教育是在知识教育的同时完成思政教育,教育具有一定的复杂性。在一般的情况下,知识教育是通常通过显性教育完成教学目标的。根据内因学习理论可以发现,思政教育符合内隐学习的特质,课程思政的育人不是刻意地去进行价值塑造、价值传递、德育等,而是在传授课程知识和能力时隐性地进行思政教育。在教育中通过思政环境的创造、各种主体的推进、循序渐进、潜移默化、自动吸收到思政教育,通过量变达到质变,使学生不知不觉地实现价值目标,完成思想的升华。

(二)协同育人相关理论

1. 协同效应理论

协同理论(Synergy Theory)起源于20世纪70年代,由德国物理学家哈肯所创建。他认为,"自然界是许多协同组织起来的统一体,这许多系统就称小系统,这个统一体就是大系统。"协同理论认为,整个环境中的各个系统间存在着相互影响而又相互合作的关系。一个系统就是一种环境,在大的系统中,各个小的系统之间相互作用、相互制约,从无序实现有序,维持着大系统的平衡。有序和无序不是绝对的,在一定条件下可以转化。在一个系统内,如果各个子系统不能相互协同甚至出现了排斥和否定,那么就会出现无序状态,严重的将导致整个系统的崩溃。相反,如果各个子系统能相互协同、配合,凝聚合力,发挥各自功能,最终激发整体功能,那么就会出现有序运作的情况。系统的整体功能不是小系统的简单相加,而是小系统之间的相互作用,目标是使子系统发挥功效,使大系统呈现最佳功能,也就是经常被表述为的"1+1>2"。

课程思政教育是知识教育和思政教育的结合,是在人才培养目标下,从各个学科出发,结合课程的特点,充分挖掘思政元素,把思政教育自然地融进课堂教育中。由此可见,课程思政教育不是脱离了知识教育单独设计的教育板块,也不是元素单一的教育,而是一个复杂的教育体系。在教育体系中有不同的要素、不同的主体参与,要素和要素之间、主体与主体之间如何协调才能达到教育效果最大化是急需解决的问题,协同效应理论为实现这一目标提供了理论依据。课程思政协同效应的发挥既要实现课程思政各要素之间的协同,也要注意课程思政各参与主体之间的协同,还要形成各种教学方法、教学评价的协同,此外还要注意不同类别课程的思政关系协同。应用型大学更注重实践教育,因此应用型大学的课程思政还要考虑实践课程的思政教育。实践课程一般来讲可以通过实验、课

---

[1] MASTERS R S W. Knowledge, Knerves, and Know-how: The role of explicit versus implicit knowledge in the breakdown of a complex motor skill under pressure [J]. British Journal of Psychology, 1992 (83): 343-358.

[2] BERRY D C, BROADBENT D E. Interactive tasks and the implicit-explicit distinction [J]. British Journal of Psychology, 1988 (79): 251-272.

[3] 郭秀艳. 内隐学习:一种不知不觉的学习 [J]. 教育科学, 2003 (6): 41-44.

堂实践、第二课堂、企业实习等形式实现。在主体上，除了教师、学生，还有社会团体、企业、政府等，主体更为多样化，主体间的协同更应该引起注意。

2. 社会认知理论

美国心理学家班杜拉于 1977 年提出了社会学习理论，之后在 1986 年引入自我效能感，并在此基础上提出了社会认知理论，把个体、行为和环境组成三元框架。社会认知理论的核心结合了早期心理学家约翰·B. 沃森于 1913 年所创立的行为主义与班杜拉早期提出的社会学习理论。社会认知理论现被广泛应用于人力资源、医疗照护、临床诊疗、运动竞赛、教育体系等领域。社会认知理论以个人因素、行为因素以及环境因素三项因子持续交互的影响关联来解释所谓的三角互动。该理论认为，行为经由个人与环境的相互作用而产生，而非由其中任意单项来决定；这三个构面的相互影响，将会使个人的行为受到周围环境的影响，个人的行为也会影响到周围环境与本身的情绪和特质，其因素包括环境的影响（整体社会环境、组织的政策与文化）、个体认知与个人因素（个人动机、个人态度），以及行为三者之间会相互作用相互影响。值得注意的是，三者互动的强度并非完全相同，不同的人、环境及行为下，相互影响的结果也就不尽相同，而且每个方向的影响作用也一定要同时发生。

大学生课程思政教育的目的是让大学生树立正确的"三观"，成为合格的社会主义接班人。根据社会认知理论，这一教育过程可以通过思政环境等外部因素来影响大学生。应用型大学服务于地方经济，一般要与地方经济、社会环境有更为深入的交流。因此，应用型大学课程思政教育可以通过课堂、学校、社会活动等不同思政环境的构造，影响大学生的思想，同时通过教师的引导提升大学生的自我认知，提升学生的自我效能感，进而完成学生的价值塑造。

二、课程思政协同育人的基本原则

（一）正确性原则

课程思政要坚持正确的方向，这是前提也是基本要求。课程思政协同育人要坚持马克思主义唯物主义观，坚持社会主义核心价值观。课程思政教育首先应坚持对大学生进行马克思主义信仰、社会主义和共产主义理想信念的教育。课程思政建设内容要紧紧围绕坚定学生理想信念，以爱党、爱国、爱社会主义、爱人民、爱集体为主线，围绕政治认同、家国情怀、文化素养、法治意识、道德修养等重点优化课程思政内容供给，系统进行中国特色社会主义和中国梦教育、社会主义核心价值观教育、法治教育、劳动教育、心理健康教育、中华优秀传统文化教育。

（二）系统性原则

高校课程思政协同育人是一项系统工程，包含着复杂且不可分割的因素和环节。这些内容是一个具有内在逻辑和联系的整体，必须从整体上把握，绝不能相互割裂或顾此失彼，片面、孤立地强调某一方面会导致整个系统的失败。课程建设方面，包括对教育主客体的分析和把握，对课程目标的定位和设置，对课程教材的选择与更新，对方法途径的使用和创新等，这些因素和环节按照一定的逻辑组成。而这些因素和环节又受到社会发展、人的需要等因素的影响，具有动态性，因此要驾驭这个复杂的体系，解决其在当下应发挥的时代使命，必须坚持系统性原则，用整体的视角进行动态地把握。对于学科内协同方面，学科内要根据专业的培养目标，处理好课程与课程之间的逻辑关系，注意课程间的衔接与配合，确定课程在不同学期学习的深度和广度，尤其是对新增加的课程的必要性进行评估，避免课程的重复。对于学科间协同方面，根据学科的不同属性、规律等，运用知识迁移的方法，从主题或内容或问题等板块连接不同学科，使受教育者在其中也能建立起系统的思维。从受教育者方面，人的发展是一个不断变化的过程，而不同的受教育者具有个体差异性，只有运用系统的方法才能在尊重个体差异的前提下，为受教育者提供合理的教育内容和方式，使不同的个体都能在自己原有的基础上逐步提高，才能做好不同学段的衔接工作。

(三) 融合性原则

应用型大学要重视特色发展，保持好地方性、应用性、开放性、协同性发展的态势。应用型大学要重视课堂教学，教学质量直接影响应用型大学输出学生的质量。但是并不是不需要应用型大学科研，而是把科研的重点放在解决实践问题上。当今社会，创新已经成了保持竞争优势的重要途径，因此，各高等学校都高度重视大学生创新精神和创新能力的培养，如何培养学生的实践创新能力已成为教学过程中需大力研究和探讨的问题。横向课题是学校科研课题的重要组成部分，是学校利用人才资源、仪器设备，充分发挥智力优势，服务于区域经济建设和企业发展的有效途径。横向课题往往是解决企业的实际问题，是课堂知识的具体实践。学生参与教师横向课题是其进行实践的理想模式之一。实践教学可以让学生更快更好地培养自身的职业精神和对学科的热爱，同时教师也可以通过横向课题不断提升实践认知，提升教育教学水平。课程思政是在课程中进行的思政教育，是与教学活动休戚相关的，同时课程思政教学方法也是在教学中不断改进和发展的，可见教学是课程思政育人的重要环节。坚持教学与科研相结合，是培养学生创新能力和实践能力的重要途径。因此在课程思政协同育人中要始终保持融合性原则，融合不同形式的课程思政育人载体。

三、课程思政协同育人的顶层设计

(一) 确立课程思政中党的最高领导地位

中国共产党的领导是中国特色社会主义制度的最大优势，办好中国的事情关键在党。坚持和加强党的领导是构建课程思政协同育人机制的关键，因此，实现课程思政协同育人的基本前提是要构建以党的领导为核心的协同育人保障机制，为课程思政协同育人提供组织保障。党的十八大以来，以习近平同志为核心的党中央对我国教育工作作出了重大战略部署，新课改顺应全面深化改革趋势，其中对思政教育更是指明了方向，确保高校各类课程和思想政治理论课同向同行，形成协同效应。党的二十大报告指出，马克思主义是我们立党立国、兴党兴国的根本指导思想。坚持和发展马克思主义，必须同中国具体实际相结合，必须同中华优秀传统文化相结合。2035年要实现"建成教育强国、科技强国、人才强国、文化强国、体育强国、健康中国，国家文化软实力显著增强"的目标，要牢牢把握"坚持和加强党的全面领导。坚决维护党中央权威和集中统一领导，把党的领导落实到党和国家事业各领域各方面各环节"的重大原则。课程思政是现代教育重要的组成部分，是育人的重要手段。因此要充分发挥各级党组织领导的核心地位，确保各级党委高度重视课程思政协同育人建设,建立起以各应用型大学党委为核心的领导班子,从上到下地指导课程思政的实施工作。课程思政协同育人是一项系统工程,高校各部门协同,需要形成层级式机构,层层推进。高校须建立党委领导下的课程思政领导机构,统筹规划,统一领导。党委领导下各学院要成立相关课程思政工作小组,各个责任主体明晰课程思政建设目标,明确在课程思政建设中的分工任务,使各部门有效配合,发挥协同效应。高校各部门间的协同可以建成高效的组织机制和育人机制,打破高校以往的思想政治教育单兵作战的局面,形成思想政治教育最大合力。

(二) 各级课程思政组织设计

课程思政组织应该是一个有着严密体系的组织机构,从而在进行课程思政教学时达成统一指挥、协同共进的效果。一般来讲,建议设计纵向三级组织结构。第一级是由校党委组成最高领导机构,建立统筹领导小组,从全局的角度为课程思政协同育人提供方向性的指导,包括制度保障、奖励机制、资源分配、任务分配等。第二级是各级学院,是课程思政具体工作的负责机构,其工作包括落实各个专业课程的课程思政建设,推动课程思政改革项目的申报、课程思政师资培训等。第三级是各专业教师,是课程思政的实际实行人。教师应根据教学实际情况和教学经验,通过提升自身的专业素养和育人能力,结合课程实际情况完成课程思政教学设计,并且切实感受和推动学生思想道德素养提升。

高校需要横向建立校内和校外协同育人机制。校内由各党委、团委、各级学院以及后勤部门、学生团体组织,形成相辅相成的联动机制,校外设置课程思政联络组,保持当地政府、其他高校、企业、家庭等育人主体的有效沟通,形成校内校外优势互补、多向联动的长效机制。

第二节 应用型大学课程思政协同育人机制创新实践

应用型大学课程思政育人机制的构建是实现课程思政协同育人的关键。首先要确立应用型大学课程思政协同育人的基本原则,其次要进行应用型大学课程思政协同育人顶层设计,最后要构建应用型大学课程思政协同育人机制。课程思政协同育人的最终目的是要达成育人的目的,课程思政协同育人必须要落到实处,因此还需探索课程思政协同育人实现机制。课程思政协同育人是一项复杂的工程,难免会在课程思政协同育人过程中遇到一些困难,这时需要课程思政协同育人支持保障机制来加以保障。

一、课程思政协同育人机制构建

(一) 政校行企多主体协同育人机制

1. 多主体协同育人机制总体框架

政校行企协同育人机制有助于形成政府、企业和学校三方联动的有机整体,分别从教育政策、教育实践、教育理论三方面共同构建人才培养标准体系。从设计价值塑造、知识传授、能力培养三者有机结合的"三位一体"课程教学目标出发,构建课程知识体系,挖掘课程思政元素,通过课程、学校活动、社会活动三环节协调,政校行企协同育人,培养社会主义建设者与接班人（见图3.1）。课程是主要载体，主体是教师；学校活动是第二课堂，主体是学校；社会活动是增长见识，完成知识到能力转换的重要途径，主体是政府、行业、企业和学校。

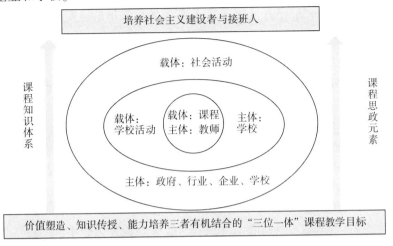

图 3.1 政校行企协同育人机制模型

2. 各主体在协同育人中的作用

教师是课程思政教学的主力军，教师的水平直接影响课程思政教学的质量。但是仅有教师的力量是不够的，根据内隐学习的理论，内隐学习是无意识获得刺激环境中的复杂知识的过程，学校作为学生主要生活和学习的地方，课程思政教育就是隐性思政教育，环境影响因素是非常重要的，学校要配合教师的引导创造良好的课程思政环境和条件。

学校层面成立专门的课程思政建设中心，领导下属各学院的课程思政建设。通过团委、辅导员系统和教师组织学生参加社团活动、各类学科比赛、市级以上比赛等促进学生全面发展。社会活动对于应用型大学的学生尤为重要，根据马克思主义实践认知理论，对事物的认知是通过不断实践、不断更新的过程。

社会活动正是提供实践的最好机会。由政府引导树立社会主义新风尚，行业推进，校企合作，为学生提供实习实践机会，在实践中完成课程思政教育。各级政府可以将自己的优势资源提供给学校进行实践活动，例如，博物馆、科技馆、非物质文化传承项目、红色基地、爱国主义教育基地、社会公益劳动项目等。出台各种政策推进和保障课程思政的推行，例如，教育厅课程思政优秀案例、课程思政示范课堂、课程思政示范团队的遴选活动。推出数字化平台进行课程思政推广，例如，广东省的粤港澳大湾区高校在线课程联盟平台等。

应用型大学是服务于地方经济建设的，所以与地方的行业协会应该建立良好的关系。可以借助协会的力量进行社会需求调查，结合学校的特征形成相关专业的培养目标。课程思政的基础还是课程，课程培养目标不能偏离专业培养目标。根据培养目标和专业知识结构合理地挖掘思政要素，使知识目标、能力目标和育人目标有机结合，培养合格的社会主义接班人。同时，行业协会相关企业优秀案例也可以为教师课程思政提供好的素材。例如，协会企业在自然灾害发生期间捐款捐物、加班加点工作体现的社会责任感，优秀企业诚信经营、爱护员工、遵守职业规范等，都可以成为很好的思政元素。

企业作为地方经济的重要组成部分，应用型高校一般会尽可能地与当地企业签订校企合作协议，让学生走出去，把企业请进来。教师与企业可以通过合编教材和共建课程形成具有院校特色专业特色的课程思政系统。政校行企多主体协同，各主体发挥自身的作用，使课程思政、学生培养落到实处，这是关系到国家未来发展的重要事业。

3. 应用型大学多主体协同课程思政运用实践

应用型大学与企业的合作一般有三种形式：短暂合作型企业、校企合作企业、现代产业学院。短暂合作型企业指因为一些项目或者其他原因产生一次性合作，学生可以进行简单的访问学习的企业。校企合作企业指学校与企业签订校企合作协议，企业提供岗位供学生顶岗实习，学生在企业内接受培训来部分替代学校学习的企业。现代产业学院是指以政策为牵引，同步汇集多方办学力量，通过采用企业化管理方式、现代化治理结构、市场化运行机制和综合化功能定位，联合多元资源互通共享，从而形成面向现代行业产业的一体化创新型育人模式[①]。

短暂合作型企业应主动发掘课程思政元素，主要通过案例讲解、参观等形式把课程思政和专业结合起来。例如，在企业参观中安排员工分享爱岗敬业事例，在科技企业参观时结合国家科技发展大局进行讲解等。

校企合作企业协同课程思政运用实践。例如，福建理工大学应用技术学院（软件学院）共享思政课程积累的学生思想政治观念资源、课程建设资源，利用思政课程的教学资源，创新校企合作的教学目标，将思政课程中已成熟的政治观念、价值观引领隐藏于实践中，形成良性的价值导向。

现代产业学院协同课程思政运用实践。例如，惠州学院仲恺信息学院是惠州学院的产业学院，产业学院将应用型人才培养与地方产业发展结合起来，全面整合学界、业界、社会多方面资源，将包括TCL集团等30家理事单位在内的协同平台，作为校政行企的多方协同育人基地，作为人才培养模式改革的实验区。仲恺信息学院作为校企平台，实施双导师制，协调配合校企双方的需求，推动课程思政联合参与力度，建立学校、学生、企业三方反馈机制，不断巩固校企合作，这是实现课程思政融入校企实践教学模式改革中的重要保障[②]。

（二）一体化课程思政教学体系协同育人机制

1. 一体化课程思政教学体系协同育人机制总体框架

高校课程思政建设的重点不应局限于思政课程，而应将每一门课程都纳入课程思政建设的范畴。同样，大学生思政教育不只是思政教师、辅导员的责任，而是每一名任课教师的责任。因此，高校在开展课程思政建设时应构建一体化的课程思政教学体系，明确每门课程及每名任课教师在课程思政育人体系中的定位和作用，以便资源整合、相互配合，达到协同育人效果。在充分考虑课程性质的基础上，高校要构建以"思政课（基础层）—通识课（辅助层）—专业课（主体层）—实践课（拓展层）"为主线的一体化课程思政

---

① 李名梁，史静妍. 我国现代产业学院：内涵诠释、逻辑进路及研究转向[J]. 教育与职业，2023（10）：13-20.

② 刘海生，黄剑锋，罗中良. 产业学院实践教学模式改革中融入"课程思政"理念的探索与实践——以惠州学院仲恺信息学院为例[J]. 科学咨询（教育科研），2021（5）：38-39.

教学体系。其中，思政课程作为课程思政建设的关键和基础，应不断提高自身课程质量，以带动其他课程更好地发挥课程思政育人作用；通识课程因其丰富性、趣味性、多元化，在引导学生价值观形成过程中起辅助作用；专业课程是学生学习的主体课程，要与思政课做到方向上的"同向同行"、育人上的"同频共振"①；实践课程是课堂教学的延伸，在实践中融入思政元素，更容易引发学生的思考和感悟，同时对学生未来职业发展产生正向影响，助力学生在步入社会后持续发力。在一体化课程思政教学体系中，各类课程相互配合、相互促进，更有助于实现"三全育人"目标②。一体化课程思政教学体系协同育人机制总体框架见图3.2。

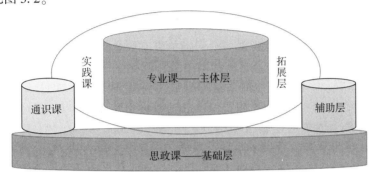

图3.2　一体化课程思政教学体系协同育人机制总体框架

2. 应用型大学一体化课程思政教学体系运用实践

以守正和创新、主导和多样、外显和内隐的辩证思维推进课程思政和思政课程③，在实施的过程中打破专业圈层，深挖课程思政协同资源。

通州学院胡彦武团队在"三全育人"的视域下开展中药学课程思政的改革实践，充分聚合"三全育人"的资源，让课程思政和思政课程同向而行。以样板支部建设为抓手，强化党建引领，制定《课程思政改革实施方案》，构建立德树人长效机制，积极探索"党建+课程思政"新模式，将课程思政建设与教师党支部建设相结合，构建教师"党支部+教研室"一体化教研机制。以此模式建设省级课程思政示范课程1门、校级课程思政示范课程10门，初步形成覆盖中药学专业的课程思政示范课程群。④

二、课程思政协同育人实现机制

（一）课程思政协同育人教学意识和能力培养机制

从思政课程到课程思政，此转向是对高校思想政治理论课和其他各类承担协同育人功能课程的重新定位和有效整合。习近平总书记在学校思政课教师座谈会上指出，思政课守正创新"要不断增强其思想性、理论性和亲和力、针对性"。教师需要增强思想性、理论

---

① 李爽. 高校课程思政建设中存在的主要问题及应对策略研究 [J]. 东北师大学报（哲学社会科学版），2021（5）：137-144.
② 阳剑兰，马军. 转设背景下独立学院课程思政协同育人的困境及实施策略 [J]. 黑龙江教育，2022（1）：82-85.
③ 张文强. 高校课程思政与思政课程协同路径研究 [J]. 中州学刊，2023（5）：26-32.
④ 胡彦武，武子敬，陈哲等."三全育人"视域下地方高校中药学专业课程思政建设创新路径探究——以通化师范学院为例 [J]. 通化师范学院学报，2023，44（4）：109-113.

性、亲和力、针对性。增强思想性是教师要强化思想引领，善于引导学生对鱼龙混杂的思想观点进行辨析甄别、过滤净化，解决学生思想困惑，提高学生的思想水平；增强理论性是教师要切实掌握创新理论，并善于将理论讲深、讲透、讲清，特别要在回答深层次重大理论问题上下功夫，以透彻的学理分析回应学生，以彻底的思想理论说服学生，用真理的强大力量引导学生；增强亲和力是教师要创新理论话语表达，多采用启发式、体验式、互动式的教学方法，推动课程同信息技术高度融合，增强时代感和吸引力；提升针对性是要求教师贴近社会实际和学生思想实际，把小课堂同社会大课堂结合起来，用理论分析现实，用现实验证理论。

（二）课程思政协同育人教学实施与管理机制

教学活动不仅是一个需要外部相互协调的系统，也是一个需要内部相互协调的系统，从教学对象、教学目标、教学计划、教学大纲再到教学内容、教学方法、教学评价都是环环相扣的，因此需要完整的教学实施与管理机制，推动知识传授、能力培养和价值引领的全程贯彻。

1. 教学对象应加强主体性和主动性

在教学过程中，教学对象是学习的主体，只有充分调动教学对象的主体性和主动性，才能促进其学习能力的提升和学习目标的习得。多措并举，全方位提升教师课程思政能力。课程思政的实施效果很大程度取决于教师的个人能力，高校教务处、各学院应积极采取措施，帮助教师提升课程思政能力和效果。

高校教务处应针对教师的需要采取多样化措施，如举办不同主题的培训会、座谈会、经验交流会、案例分享会等活动，解决教师在开展课程思政过程中遇到的问题，同时进行优秀课程思政案例展示活动，发挥优秀课程的示范和启发作用，提升教师开展课程思政的积极性和能力。各学院应鼓励教师围绕课程思政建设专业课程思政团队，团队中各教师集思广益、相互交流、互相激励，共同促进团队中教师个人能力的快速提升。同时，教师也应保持探索精神，利用多种渠道进行自主学习，不断提升自身课程思政的设计、实施能力，同时多与学生交流，搜集学生的课堂反馈意见，并据此从教学设计、案例引入方式等方面作出调整，以此形成课程思政教学实时反馈机制，在改进中不断提升教学效果。

2. 教学计划应贯穿全员育人理念

教学计划是根据一定的教育目标制订的教育教学工作计划，服务于学校的办学定位和人才培养目标，决定了各专业教育内容的整体方向和结构。在当前高校实行学科课程的大背景下，教学计划主要是学科计划，随着现代教育的改革，除了教学以外，社会实践、生产劳动也被列入教学计划，因此教学计划涵盖了整个专业人才培养的各类课程，规定了不同课程类型相互结构的方式、课程开设的顺序及课时分配等。新时代高校"全员育人"要求各育人主体协同打造育人共同体，作用于学生思想政治教育过程中，促进学生德智体美劳全面发展，课程思政效果的好坏同样取决于各育人主体是否协同发力。高校课程思政最主要的承担者是授课教师，其是课程思政的主体。此外，辅导员、科研人员、管理人员、后勤服务人员等，都需要通过科研育人、组织育人、文化育人、管理育人、服务育人等多种方式参与学生思想政治教育，支持和助力授课教师最大限度发挥课程思政的功能。只有这样才能形成全员育人氛围，避免出现各育人主体"单兵作战""力量分散"的割裂现象,形成全员参与、合力育人,真正把以课程教学为主渠道、主阵地的育人格局落到实处。

(三) 课程思政协同育人平台创新机制

习近平总书记在2016年全国高校思想政治工作会议上提出:"使各类课程与思想政治理论课同向同行,形成协同效应。"学校各部门应打破条块分割界限,将教学与实践、校园文化环境、新媒体网络渠道等作为育人工作的各子系统协同,促进纵向协同与横向协同相统一、内部协同与外部协同相统一,做到全员、全过程、全方位育人,提升育人工作效果。技术保障是高校课程思政协同创新的后备力量,在党委的统一领导下成立课程思政协同创新工作专家组,形成技术团队,负责课程思政落实的技术支持,使高校课程思政协同创新能科学开展。围绕课程本源,构建以思政专家为指导、专业教师为核心、研发办公室为协调、辅导员为协助、学生为反馈的一体化协同体系。

政行校企是课程思政重要的参与主体,也是推进课程思政元素载体更好地发挥作用的重要推进者。地方政府作为党的政策执行者,根据各应用型大学的实际需求,在能力范围内为高校提供课程思政的政策支持,同时为高校思政活动提供诸如爱国主义教育基地、传统民俗文化、非物质文化体验等场所;行业协会、企业等机构为高校提供应用型实践场所。高校借助政府、行业协会、企业的力量培养学生,为地方提供有理想、有道德、有知识、有能力的技能人才;由此形成一个政行校企课程思政协同育人平台。

与此同时,搭建课程思政协同育人平台,要注意各类课程与思想政治理论课同向而行。思政教育是一个整体,思想政治理论课和课程思政各自有不同的呈现形式,也担负着不同的责任,最终形成对学生全方位的育人。因此各专业课程不能只从自身出发去思考思政教育,而应该与思想政治理论课一起担负起育人责任,思政课与专业课的协同,形成"课程思政课程协同育人平台"。

政行校企为课程思政协同育人平台完善提供了保障,思政课与专业课课程思政协同育人平台为政行校企课程思政协同育人平台提供了丰富的载体(见图3.3)。

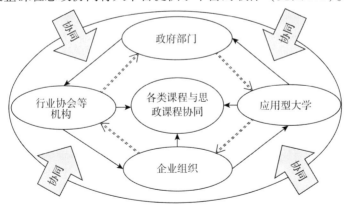

图 3.3 课程思政协同育人双平台创新机制

三、课程思政协同育人支持保障机制

(一) 完善课程思政协同育人内部激励机制

课程思政协同育人机制的建设,要增强系统的协同性,必须加强对课程思政的专项激励机制。有学者研究发现，如果缺乏有效激励，人只能发挥出20%～30%的潜能，而如果对人的潜能进行有效激励，则另外70%～80%的潜能就能得到有效发挥。

第一，完善教育者激励机制。首先，激励机制应以"协同育人"为指导，也就是要把激励机制建立在课程思政协同育人目标的实现上，激励教育者提升协同育人意识，加强彼此间的互动和合作。其次，要做到既有约束又有奖励，明确奖惩机制，对在课程思政方面作出突出成绩的，对申报成果在个人工作领域及学校产生了一定影响且具有示范意义的，都应给予物质激励和精神激励。最后，要及时收集激励后的反馈信息，不断对激励机制进行完善。

第二，完善受教育者激励机制，充分调动受教育者的积极性。首先，要以培养大学生的主体性为目的，建立一套科学的制度体系，从正反两个方向对大学生予以激励，这类制度既包括《高等学校学生行为准则》、学生违纪处分规定、三好学生评定方法、优秀学生奖学金评定方法等已有的硬性奖惩制度，也应将大学生的思想政治素养、行为方式、道德品质等作为评奖评优、推荐入党等的重要依据，将学生的各项指标都列入学生的综合评价体系中。其次，要以学生的自我教育、自我服务、自我管理、自我决策为主。

（二）完善高校课程思政协同育人队伍保障机制

教师是课程思政的主力军，课程思政教师队伍决定着高校课程思政工作的最终执行效果，因此，加强队伍的管理和建设对于完善高校课程思政队伍保障机制至关重要。

第一，在课程思政队伍选拔上，高校应采用公开招聘的方式，实行严格的聘用制度，应综合考虑应聘者的学历、所学专业、政治立场、沟通表达能力、协调能力、管理经验等，把德才兼备的干部和教师吸引到高校课程思政队伍中来，组建一支"老、中、青"结合的课程思政育人队伍。

第二，要建立分层次的培训体系，使课程思政队伍的工作者提升自身的政治素质和业务素质，增强课程思政的整体效果。首先，做好入职教师的岗前培训，通过岗前培训增强教师的职业使命感与责任感，并通过教学和管理经验分享，使教师更快适应岗位，完成工作目标。其次，教师入职后，要定期组织课程思政理论学习，向各位教师传授前沿的教学手段、教学理念和学科理论等，以防教师产生思想懈怠，理论水平落后于发展要求的现象，使课程思政育人理念与时俱进，提升整体育人水平。

（三）完善高校课程思政协同育人队伍考核机制

构建教师队伍激励机制，按照课程思政教育工作的现实需要，对教师进行科学的绩效考核和评价，以调动教师参与课程思政建设的内在驱动力，最大限度地激发教师的责任感和使命感，使高校育人工作和教学工作紧密融合，凸显教师队伍的建设成效。此外，为了提高教师队伍的整体水平，优化课程思政建设，高校还可以构建师生互动交流平台，促进教师与学生针对课程思政建设的交流讨论，营造良好的互动氛围，在协同进步的基础上进一步优化思政育人工作交流平台，促进教师与学生针对课程思政建设的交流讨论，营造良好的互动氛围，在协同进步的基础上进一步优化思政育人工作。具体考核机制如下：

首先，构建有效的激励机制，尊重教师主体地位。课程思政本质上是做人的工作，必须突出教师和学生的主体地位，前提是确立教师的主体地位。建立科学的激励机制必须充分尊重教师的个性和特色，注重人文关怀，其考核的目的绝不仅仅是物质的奖惩，而是让教师充分感受到学校对教师的考核与其个人发展目标相互结合，将管理制度与相应的激励机制相互结合，真正激发教师的自觉感、责任感和使命感，形成内驱动力。

其次，以立德树人为中心，多元考核和评价。在对教师进行考核时，不应片面强调教师科研水平，要鼓励教师将工作重心放在教学与育人上，使用定量评价与定性评价相结合的方式，做到质与量的统一。

最后，建立自我评价机制。学校要帮助教师进行职业技能提升和思想升华，教师通过自我评价机制能够摸清自我发展轨迹，有计划有目的地提升自我修养。

第四章 应用型大学课程思政体系建设

2016年12月,习近平总书记在全国高校思想政治工作会议上明确了各类课程都要守好一段渠、种好责任田,推进课程思政建设。自此,课程思政成为教育界的热点话题,各大高校和教师举全力探索课程思政的改革和实施。2022年1月,全国教育工作会议指出,"坚定不移用习近平新时代中国特色社会主义思想铸魂育人",提出了"思政育人体系"的概念,为思政育人指明了大方向——课程思政建设应从专业高度搭建思政育人体系,明确每个年级、每门课程、每次教学活动的思政目标,专业课程的思政教育逐级递进、相互支撑,落实到教书育人的全过程。教育部在2022年工作要点中,强调"全面推动学校思政课建设",建设思政课一体化基地,"分专业大类深入推进职业院校课程思政建设",进一步点明了专业思政体系构建的必要性和紧迫性[①]。

第一节 应用型大学课程思政体系构建的现状、目标、原则

一、应用型大学课程思政体系构建的现状

应用型大学是应用型人才培养的重要阵地,高校的育人理念、教学模式、课程设置等都直接影响人才的素质、能力等。因此,如何在现有的专业课程中融入思政教育,引导学生正确看待生活,培养学生创新思维和能力,提升学生的团队协作能力和分析解决问题能力,系统构建课程思政体系尤为重要。目前,一些应用型大学对课程思政建设工作进行积极推广,选择一批专业课程作为试点,大力探索在专业课程中有机融合课程思政理念的教育模式,取得了一些成效。但前进的道路依旧曲折,很多高校毕业生出现了德才不匹配、缺乏创新思维、沟通表达能力不足等问题[②]。为此,我们需要在克服困难中提升解决问题的能力。

(一) 应用型大学课程思政体系构建的成效

课程思政建设是落实立德树人根本任务的重要举措。自2017年起,教育部等部门陆续印发了高校课程思政建设相关文件,提出加强和改进新形势下高校思政工作,深化课改创新,加强师资队伍建设,构建思想政治工作体系等方面的若干意见和规定。随着国家层

---

① 黄慧化. 高等职业教育专业思政体系构建原则探析 [J]. 工业技术与职业教育, 2022, 20 (6): 45-48.
② 赵悦. 应用型本科高校课程思政体系的构建及实施路径研究 [J]. 吉林农业科技学院学报, 2022, 31 (6): 117-120.

面对课程思政建设的重视，应用型大学课程思政体系构建的意识显著提高。一是部分学校尝试制定课程思政建设工作方案，帮助教师意识到结合专业特色开展思想政治教育是专业教学的应尽之责。二是创新考核评价体系，增加思政育人成效考核，量化思政育人效果评价。三是搭建课程思政建设平台，加强思政课教师与专业课教师的沟通交流，形成良好的育人局面。四是修订人才培养方案，将"课程思政"建设要求纳入学校人才培养方案修订意见，确定每个专业的核心育人目标。五是构建以思想政治理论课为核心、公共基础课程为支撑、专业教育课程为辐射、实践类课程为延续的"四位一体"课程思政体系，落实立德树人根本任务，将价值塑造、知识传授和能力培养三者融为一体，帮助学生塑造正确的世界观、人生观、价值观，形成各门课程同向同行、协同育人大格局。

课程思政建设帮助学生坚定了理想信念，打破了现有思政教育与专业课程教育之间的隔阂，有效促进了教书与育人的深度融合，是培养新时代应用型人才的必经之路，也是应用型大学落实立德树人根本任务的重要保证[①]。

（二）应用型大学课程思政体系构建的问题

目前，应用型大学课程思政体系构建主要存在课程思政主体认知度不高、课程思政建设合力协同不足、课程思政教学实施方案不系统等问题。

1. 课程思政主体认知度不高

一是专业课教师思想意识存在偏差。目前存在的思政课和专业课"两张皮"的现实问题尚无实质性解决方案。部分专业课教师对课程思政存在认知上的模糊，价值认同不足，认为知识本身是"价值中立"的，无关乎伦理道德、美丑善恶，只与科学知识是否具有客观性有关。自然科学所崇尚的价值中立"是在科学的存在与他的社会价值之间掘了一道鸿沟，从而切断了科学与价值的总体内在联系"[②]，要顺利进行教育教学革新，就要积极完成理念认知上的"破冰"。

二是高校各部门的主体责任不明确。就目前来看，各个高校教育教学部门对课程思政的认知有差异，致使各个高校的推进策略有所不同。有的高校对于课程思政内涵理念的认知较为深入，能够从学校的角度制定较为完善的推进体系，规划现实可行的课程思政实施细则，带动全校各个部门参与响应，规范学科专业人才培养方案和课堂授课大纲，鼓励专业课教师参与课程思政教学，制定科学合理的考评机制，从行动上推动课程思政在学生的专业课堂上发挥德育作用。而有的学校认为课程思政仅是增设一门新的思想政治理论课，抑或是综合素养课，或者仅在专门的几个课程中融入一些思政元素，甚至认为课程思政是"过路式"教学理念，以敷衍的心态进行短暂的配合；也有的学校对课程思政理念判断不清，导致生搬硬套思政元素到专业课堂；这些情况都给课程思政的真正落实造成严重阻碍。为此，高校在实施规划中首先要明确各部门各管理阶层所担负的责任，严格遵照高校党委管党治党、办学治学的主体责任，为立德树人、教书育人这一最终目标的实现努力。

三是学生认知尚且不足。当前应用型高校学生整体政治观念、思想意识良好，但仍有部分学生存在消极的思想观念。部分学生存在政治观念模糊、有较强的功利主义思想、缺

---

① 赵悦. 应用型本科高校课程思政体系的构建及实施路径研究[J]. 吉林农业科技学院学报, 2022, 31 (6): 117-120.
② 李德顺. 价值论[M]. 北京：中国人民大学出版社, 2007: 453.

乏公民社会责任感、艰苦奋斗精神减弱、缺乏基本的团队协作意识、心理素质较差等诸多问题。在政治理念上，受西方意识形态侵袭以及现实社会不良因素诱导，在关乎政治认同问题上态度模糊不清，以致出现迷失的可能。在道德认知上，由于利己主义和功利主义的影响，在道德理念和实践行为上出现误入迷途。尽管多数学生从整体上建立了积极健康的世界观、人生观和价值观，但在社会竞争日趋激烈的大环境中，面临抉择判断时部分学生可能更倾向于获得个人利益，将自我发展排在前面，而忽视他人和集体利益，单纯追求物质享受，这样的社会环境也会引发部分学生出现心理健康问题，导致自我调适能力缺失，人生态度逐渐向消极化发展[①]。课堂教育仅关注对知识、技能和方法的掌握，忽略对观念、态度和情感的领悟学习，长此以往，学生更加习惯专业课堂的教学模式，将思政教育的效果淡化，使仅在表面融合的课程思政教学模式失去吸引力。应用型大学未能认识课程思政教育的真正目的，未能全力矫正部分学生思想观念的认知不足，成人与成才教育相背离，成为课程思政建设的又一阻碍。

2. 课程思政建设合力协同不足

一是教育主体之间协同合力不足。课堂教学是实施课程思政建设的主渠道，各类课程都要通过课程思政种好思想政治教育"责任田"。扩展课程思政的育人效力既需要育人系统内各构成要素具备良好的思想政治素养，又需要系统内各部分要素或主体之间的通力合作。以课程协同来实现课程思政教育改革的实效性，改革的各个环节都需要高校党委作为领头队伍，集结各专业学院和各行政部门协同搭建"课程思政"教育平台，全力配合、鼓励和引导专业课教师和思政课教师的合作建设，积极沟通建设思路，凝聚起思政专业与其他专业的育人合力。简言之，课程思政要想真正发挥出育人实效，需要高校全体总动员、所有部门同心合力，营造协同育人的"大思政"氛围[②]。

二是各类课程之间协同合力不足，专业课程与思政课程教育功能脱节。第一，没有充分认识到专业课程具备的教育功能，未实现全课程的育人理念。专业课教师单一地负责专业知识传授，对于学生的价值观念、理想信念教育的职责基本依靠思政课教师，二者平行进行、各自为战，着重于在思政课堂进行思想政治教育，忽视了其他课堂同样承载着育人功能，由此造成教学中将知识传授与价值引领完全割裂，没有形成建设合力。第二，专业课程教学方案和培养体系弱化其育人功能。高校教育的总体目标是培养德智体美劳全面发展的人，然而不同专业的培养要求各不相同，出现对专业知识和技能培养的权重占比较大的情况，致使专业课程育人目标逐步窄化、单一化、片面化，形成知识、价值、能力三方独立存在的状态，应用型大学立德树人目标流于表面，课程思政建设进度止步不前。第三，未能充分运用专业课程所蕴含的思政元素。部分高校思想形式化，缺乏创新意识，无法精准把握思政资源，导致课程思政融合僵化、教学内容浮于表面，忽视隐性教育优势，只实施简单植入式教学、完全灌输式课堂，缺少教学互动、缺乏针对性。因此，课程思政形成空泛抽象的教学状态，既偏离专业课程的教学目标，也没有达到全面育人的教学目的，过于刻意的教学方式不能起到价值引领的作用，降低课程思政的功能优势，往往事倍功半。

---

① 文学禹，韩玉玲. 新时代高校课程思政教学创新研究 [M]. 长春：吉林大学出版社，2020：147.
② 张博. 新时代高校"课程思政"建设研究 [D]. 长春：吉林大学，2022.

三是专业课程之间未真正形成协同效应。各专业课有其固有的教学方式和教材体系；各专业课程由于学科背景和知识架构不同，其所蕴含的思政元素也有所区别；各专业分别与思想政治教育目标所呈现的关联度也有很大差别。相较而言，人文学科所蕴含的思政元素更为丰富，自然学科所蕴含的思政元素更为隐性，与思想政治教育目标的直接相关度相对较弱，需要深入挖掘。这就要求课程思政建设的过程中要具体问题具体分析，不能划分统一标准进行改革[①]。

3. 课程思政教学实施方案不系统

一是课程体系建构困难。相较于对专业课程的思政元素展开深层挖掘和合理融入，运用系统思维整体构建、详细规划课程思政的实施方案更具挑战性。由于知识架构和学科逻辑的区别，每门专业课程在学科体系框架中都具有明显的特殊性，各自所表现的思政元素和育人功能不尽相同，这就要求课程思政要梳理各个专业课程的学科特点、价值观念和思维方法，有针对性地研究各门专业课程之间的耦合性，使内容、形式能够与蕴含的思政元素具有关联性，能够扩大专业课程的思政功能，达到"1+1>2"的功效。就当前来看，课程思政的推进多数流于政策和理论层面，关于专业课程进行课程思政的重要文件和课程体系指导都缺乏较为具体的规划建议，教学计划、培养方案是针对专业课程课堂教学活动的指导性文件，而对于专业课程进行课程思政建设的教学目的、要求和任务，对引领塑造学生价值观教育的重视程度仍有欠缺，专业课程不注重学科差异、不划分学科特色、不明确校际优势，在教学过程中局部、碎片化、随意地融入，这些都会成为课程思政体系构建的困难之处。

二是培训指导不够到位。师资培训落实不到位会增加课程思政的价值教育、思想教育、道德教育等理论根基不牢靠的潜在风险。专业课教师在融入课程思政进行教学的过程中，由于对思想政治教育的概念及内涵把握不清、开展思政教育的能力不足，导致主客观方面都不能实现课程思政所预期的效果和目标。目前，没有关于培训专业课教师进行课程思政的具体指导文件，各应用型大学仅能根据地区指示、学校规划，参与相关会议、讲座等渠道对课程思政实践方法进行探索研究，这也在一定程度上使专业课教师在不了解思政教育教学方法和不会运用思政教育技巧，无从挖掘本专业蕴含的思政资源的情况下加大了推进"课程思政"的困难。

三是制度保障有待落实。保障制度体系对加强专业课教师推进课程思政建设具有重要意义。资金分配、技术支持、人员扶持等方面的保障问题都会直接或间接地致使教学改革进展缓慢，系统平台不能满足教育需求。首先，资金分配问题。由于各地区经济发展的差异化，不同地区高校建设的资金支持受地方财政的影响。从国家层面来看，高校排名具有政治属性，教育部直属的重点高校相对于地方归属的普通高校而言资金支持力度较高，这也拉宽了各高校之间在建设资金方面的差异。其次，技术支持层面。高水平应用型大学想要进行教育突破，就要与时俱进，及时创建一套符合地区高校发展的课程思政系统平台，从制度机制层面进行优化，满足需求，缩小差距。最后，人员扶持方面。专业课教师的思想政治素养普遍需要提升，这是多数应用型大学存在的问题，学校不仅要进行专门培训，也要带动思政课教师进行业务指导，勤于沟通，保障教师队伍的专业水平整体提升，避免

---

① 张博. 新时代高校"课程思政"建设研究［D］. 长春：吉林大学，2022.

在课堂上出现生搬硬套、剪接拼凑的情况。

四是教学评估亟待完善。制定合理的内驱机制能有效调动专业课教师积极性，推进课程思政建设的进程。课程思政的主体力量是专业课教师，其作用未能得到充分发挥，一个重要原因是教学评估制度尚不完善。2018年9月10日，习近平总书记在全国教育大会上讲话指出："坚决克服唯分数、唯升学、唯文凭、唯论文、唯帽子的顽瘴痼疾，从根本上解决教育评价指挥棒问题。"要对包括学校、教师、学生、教育工作在内的评价考核体系进行全方面深层次的改革，改变依据考分排名评定教师、根据考试成绩评判学生、依照就业率评价学校，并将学校、教师、学生分为三六九等的简单化做法。

二、应用型大学课程思政体系构建的目标

（一）形成全员全过程全方位育人格局

构建应用型大学课程思政体系，必须深入贯彻落实全国教育大会、全国高校思想政治工作会议和学校思想政治理论课教师座谈会精神，以及全省高校思想政治工作会议和学校思想政治工作会议精神，全面落实立德树人根本任务，充分发挥课堂教学主渠道在高校思想政治工作中的作用，认真挖掘各类课程的育人功能，将价值塑造、知识传授和能力培养融为一体，为党育人、为国育才。要把立德树人的成效作为检验学校一切工作的根本标准，围绕全面提高人才培养能力这个核心点，推动学校所有课程都担负起育人责任，构建全员全过程全方位育人大格局，真正做到用习近平新时代中国特色社会主义思想铸魂育人。

（二）切实提高工作亲和力和针对性

应用型大学在构建课程思政体系的过程中须结合建设实际，深入发掘各类课程蕴含的思想政治教育元素，充分发挥各门课程的思想政治教育功能，积极强化思想政治理论教育，突出价值引领，切实把思想政治工作贯穿教育教学全过程，做到每门课程都能"守好一段渠、种好责任田"。要以思政课程为核心、通识课程为主干、专业课程思政建设为支撑、实践类课程教育为辐射，形成全面覆盖、类型丰富、层次递进、相互支撑的课程思政"四位一体"教学体系。要打造一支有思想、有能力、有热情开展课程思政教学的教师队伍，培养一批具有亲和力和影响力的课程思政教学名师和团队，建设一系列学生真心喜爱、终身受益、毕生难忘的课程思政示范课程和示范课堂，提炼一系列可推广的课程思政教育教学改革典型经验和特色做法，构建一套科学有效的课程思政教育教学质量考核评价机制，产出一批高质量的课程思政教学、科研成果。

（三）着力培养德智体美劳全面发展的时代新人

应用型大学课程思政体系的构建要以习近平新时代中国特色社会主义思想为指引，深入学习贯彻习近平总书记关于高等教育的重要论述，准确把握高等教育规律和人才成长规律，全面推进德智体美劳"五育并举"的学生发展模式，充分发挥课堂教学主渠道作用，按照"所有课程都有育人功能"的要求，深入挖掘各类课程及各教学环节育人功能，形成各类各门课程协同育人新格局，努力实现价值引领与知识传授、能力提升、素质养成的有机融合，努力培养堪当民族复兴重任的时代新人。

（四）不断开创新时代高校思想政治工作新局面

应用型大学构建课程思政体系还要以立德树人为根本任务，以提高学生思想政治素质

为目标,以推动思想政治工作创新发展为抓手,以加强思想政治工作队伍建设为保障,构建主线清晰、理念先进、定位精准、体系完备、队伍精干、模式创新、重点突出、措施到位的思想政治工作格局。进一步健全和深化全员、全方位、全过程的育人机制,构建课程、科研、实践、文化、网络、心理、管理、服务、资助、组织"十大"育人体系,努力培养适应现代产业需求、具有国际视野的高素质应用型人才,培养担当民族复兴大任的时代新人,培养德智体美劳全面发展的社会主义建设者和接班人,开创具有高水平应用型大学特色的大学生思想政治教育工作新局面。

三、应用型大学课程思政体系构建的原则

(一)价值引领与知识传授相统一原则

"在价值传播中凝聚知识底蕴,在知识传播中强调价值引领"①。各门课程应根据本学科的学术背景和专业基础挖掘价值引领与知识传授的有效结合点,探索实现课程思政教育有效性路径,守好专业课程这段渠,种好课程育人责任田。推进教育综合改革,要深入理解课程思政深刻价值和教育途径,使所有课程都具备知识、价值与能力三位一体的课程思政教学目标。在当前教育模式的基础上,继续扩展显性思想政治教育的教育功能,坚持开放包容、求同存异的原则拓展教育,同时兼顾隐性思想政治教育的成效,领悟教育的本质,不断挖掘探索②。整合动员高校所有教育力量,赋予所有任课教师在课堂教育教学中的价值引领责任,以立德树人为根本目标,寓价值引领于知识传授之中,于知识传授之中实现价值塑造,使知识传授通过价值塑造实现升华。

一是寓价值引领于知识传授之中。课程思政于各类专业课程来讲是要将思想政治教育元素合理融入教学过程中,思想政治教育元素不能简单地包括基础性的思想政治教育理论知识,更多的是要传达其对价值理念的塑造和追求。一方面,从课程思政进行实践教学所融入的具体内容来看,融合模式科学合理,符合教育教学规律和学生成长发展规律,在专业课教师具备深厚理论基础的情况下,教学过程和教育内容具有较强的可操作性,在专业课堂中嵌入社会主义核心价值观,使课程思政价值引领的特点突出。另一方面,从课程思政进行实践教学所融入内容的抽象层面来看,课程思政的主要内容不是在思想政治理论课以外向学生进行思想政治教育基本理论知识的灌输,而是以通过渗透教育的形式来培养学生世界观、人生观、价值观,实现对学生思想的影响。未来社会价值取向受当代青年价值取向的直接影响,实现立德树人需要将价值引领放到比进行专业知识传授更为重要的地位。

二是于知识传授之中实现价值塑造。当今世界信息多元化,经济走向风云变幻,各国之间在政治对话、经济建设、文化发展等方面交流日趋紧密频繁。文化作为一种精神支柱,能够给予学生思想价值层面的指导,促进学生在行动中积极践行正确价值理念,实现学生全方面和谐健康发展,是实现国家高质量发展的有力支撑。新时代文化传播范围广阔,影响力深刻,优秀的文化能够涵养人,有效塑造出性格良好的个体,在思想观念上呈正向延伸,反之不良文化的侵蚀不利于个体正确价值观念的形成,对品格的塑造产生潜在的危害。当代学生虽然受到良好的高等教育,但社会文化发展迅速且多变,大学生处于发

---

① 高德毅,宗爱东. 从思政课程到课程思政:从战略高度构建高校思想政治教育课程体系[J]. 中国高等教育,2017(1):43-46.
② 陈华栋. 课程思政从理念到实践[M]. 上海:上海交通大学出版社,2020:135.

展不平衡不稳定阶段，具有不成熟的思想和不健全的心理，极易受到不良文化的影响，应用型大学应及时采取科学合理的手段，以课堂教学为主渠道，引导学生汲取优秀传统文化、塑造健全的思想意识、树立正确的价值观念。课程思政的创新理念正是解决这一问题的有力之举，能满足对价值塑造的内在追求。

三是知识传授通过价值塑造实现升华。课程思政的目的是立德树人，而"树人"会进一步反哺专业课程教学，也就是通过价值引领与塑造助力实现专业知识的学习与能力的培养。课程思政不是专门拿出课时讲思政，如果不能将思政内容有机融入专业课程教学当中，生拉硬扯、生搬硬套，自然就会显现出"两张皮"现象，还会跨越边界去行使思政课教师的职责。但如果处理得当，专业课教师进行深度培训、教学计划科学合理，做到思政元素与专业课程有机融合，"思政"与"专业"在各自领域取得教育成效的同时，也会产生相伴相长的良好局面。合理有效地推进课程思政，在知识传授过程中进一步深化价值塑造，并将价值塑造寓于知识传授中，通过知识传授与价值塑造的相互作用，使课程思政形成"1+1>2"的教育实践效果。

（二）显性教育与隐性教育相结合原则

显隐结合是课程思政自始至终都要遵循的原则。显性教育即由教师组织实施，直接以公开的方式对学生开展道德教育的过程。隐性教育是指除去显性教育活动以外的教学或学习实践活动中，受教育者不会明确感知或关注到的思想政治教育存在方式和类型，它潜移默化地捕捉到益于学生个体思维发展、身体健康的教育内容。隐性教育与显性教育互为对应，它在实践中往往隐藏教育目的，并以隐藏的教育方式开展施教，其教育效果也常常是隐现的。因此，高校应通过隐性渗入、日常渗透，寓道德教育于专业课程课堂之中，达到显隐教育结合的目的和成效。

一是完善教育理念，坚持显性教育和隐性教育同频率。部分专业课教师认为思想政治理论课是引导教育学生思想发展的"万能课"，可以"打包一切"关乎思想、道德、品格的教育责任，由于思想政治教育明显的政治属性，思想政治理论课长期以来采取显性的灌输式教育，只有这样才能体现教育特色，有效实现教育价值。时代在进步，教育环境和社会环境都具有新的时代特征，人们认识世界的方式多样、视域逐渐开阔，对于成长发展的需求越发突出，单一的显性灌输式教育已经无法满足教育对象多样化的发展需求。因此，新时代我们要拓宽教育方式，多加关注潜移默化式的隐性教育，将思想政治教育内容融入实际的生产生活，潜移默化地产生教育影响，润物无声地滋润心灵，使教育对象日用而不觉。

二是深化教育内容，坚持显性教育和隐性教育同场域。显性教育和隐性教育对教育内容都要进行深刻把握。新的发展阶段到来，我们用习近平新时代中国特色社会主义思想武装教育青年学生，使青年学生跟随不变的思想方向，引导青年学生厚植爱国主义情怀，懂得何为爱国、懂得怎样爱国，讲好中国故事、传递中国声音，这是牢刻在教育教学体系的教育内容。通过显性教育，让学生以客观的视角深刻地把握中国发展实际，理解内化习近平新时代中国特色社会主义思想。在此基础上，丰富教育内容，结合学生所遇实际困惑，让学生在改革发展实践中学习社会主义核心价值体系，了解社会主义核心价值观与自身发展需求之间的同构性，帮助学生实现个人发展与社会发展的统一。[①] 课程思政要坚持

---

① 冯刚. 理直气壮开好思政课：把握新时代思政课建设规律［M］. 北京：人民出版社，2019：214.

显性教育和隐性教育同场域,即基于马克思主义理论,着重突出人文底蕴,将价值引导与人文教育共通连接,使学生在积累深厚人文底蕴的知识基础上,能够有效地内化知识性内容和价值性内容。

三是整合教育机制,坚持显性教育和隐性教育同步调。课程思政不仅要在教育内容方向上寻求统一的表现形式,更需要在教学实践中紧密地把教育引导和实践养成结合在一起,这就需要构建科学合理、操作性强、能够落实的工作机制。首先,建立起系统的长效机制。不同专业的课程在课程思政建设中挖掘的思政元素各有不同,发挥的作用也各不相同,要灵活选择显性教育和隐性教育,多类课程协调推进,思政元素齐抓共管,形成步调一致的协同效应。其次,建立起协调统一的保障机制。统一不等于简单叠加,要将各门专业课程有效联合,科学合理地、以学生为本地设计课程思政教学体系,突出专业特点,按类别划分,将课程思政贯穿课堂教学建设全过程,培训提升专业课教师主体的课程思政建设能力水平和思维意识,完善课程思政建设的考核评价体系和奖评激励机制,加强课程思政建设的教学条件保障和组织实施策略,将显性教育和隐性教育双管齐下并有效衔接于专业课堂之中[1]。

四是创新教育形式,坚持显性教育和隐性教育同发展。科学合理的教育形式能够有效提升教育效果。对于课程思政建设而言,创新教育形式既可以增进显性教育和隐性教育的实效性,又能进一步促进二者协调统一。首先,要结合新时代中国发展的实际情况,对显性教育形式加以丰富和完善。青年学生处在新社会,自身带有鲜明的时代特征,个性化、差异化、自我意识、创新发展等需求多样化。结合这些时代符号,有效运用中国发展改革的物质成果,为创新显性教育形式提供参考路径。其次,要以人为本,结合学生的成长发展需求,对隐性教育形式进行拓展和深化。对于隐性教育我们有一定的经历和经验,新时代背景下,我们要继续发展,从学生特征出发,进行创新性转化,让隐性教育更贴近学生实际,调整并深化教育内容与隐性教育形式之间的适配性,使隐性教育效果得到最大限度发挥。创新教育形式要保持共同发展但是不能僵化教育形式,不能为了统一而统一,我们最终追求的统一是整体方向步调的统一,为此才进行创新,在个性中寻求共性,以实现课程思政的长效发展。

(三) 统筹兼顾与精准培养相融合原则

课程思政需要全员、全过程、全方位地去育人,是一种综合性的教育理念,也是一种教学实践。既然是理念和实践,就难有一个统一的标准和模式,因而落地时会百花齐放。

一是统筹实施方案,因课制宜建设。从国家的意识形态战略高度来看,全面推进课程思政的建设,强化显性思政、细化隐性思政,构建全课程育人格局,使其他所有课程充分发挥育人价值,积极引导学生树立正确的国家观、民族观、历史观、文化观,为培养造就堪当时代大任的接班人奠定教育基础。教育建设的总体方案包括纵深挖掘高校各门课程的思想政治教育元素,每门课程除了进行知识传授也要将思想政治教育价值引领功能发挥出来,确保在教育的全过程、各层面都进行思想政治教育,以形成全过程、全方位育人格局,整体提升思想政治教育的亲和力和针对性。具体来看就是建设学生收获丰硕、终身受益的思想政治理论课;优化一批具备思政元素、发挥思政功能的专业课和通识课;对理论

---

[1] 文学禹,韩玉玲. 新时代高校课程思政教学创新研究 [M]. 长春:吉林大学出版社,2020:104.

基础扎实的教师进行培训，打造一支能力水平高、影响力大的课程思政名师团队；提炼总结具有代表性的可推广复制的经典案例教学；制定研究出一套有效考核课程思政教学质量的评价体系[①]。应用型大学要根据办学定位和学科优势开发系列特色课程，突出开发自有特色课来分层分类宣传学校创办历史过程的独特文化内涵和精神追求。

二是统筹育人任务，因材施教培养。课程思政建设的推进一方面要加强规划高校顶层设计方案，统筹谋划课程思政教学育人任务和路径措施；另一方面要发挥示范带动作用，分阶段、按步骤、划类别地有序推进，使院校两级和所有教师充分发挥积极性、主动性、创造性，统筹规划高校的育人机制。课程思政建设引导学生坚定对美好生活的向往，培养追求美好生活的能力，鼓励学生积极参与社会公益，激励学生为国家富强、民族复兴贡献自己的力量，引导学生朝共同的方向奋进。课程思政和"以学生为中心"都是一种教育理念，两者并不矛盾，需要相互协同。"以学生为中心"是指以学生的发展为中心，但没有国家的有序发展，很难实现对学生个人的培养与发展，因而要处理好国家和个人的关系、眼前与长远的关系。

从课程聚焦到专业，将育人理念融入专业的整体规划，设置每类课程群的知识传授、能力培养和价值引领目标，对不同课程群类所包含的教育价值和育人功能定位进行确立，逐一逐项落实课程思政教育内容。课程思政对学生的教育需要强化立场意识，这是当前以及未来相当长一段时间的特殊形式与特定环境所决定的。如今价值观念多元碰撞、矛盾层出不穷、环境纷繁复杂，应用型大学需要引导学生树立是非观。课程思政理念的提出和践行，有助于强化所有教师育人责任和育德意识，能充分挖掘所有课程的育人功能和思想政治教育资源，有效改进思政课教师单兵作战、传统思想政治工作队伍单线突进的不足，初步探索出了从专人思政转向全员育人的培养道路。

第二节　应用型大学课程思政体系构建的内容

《指导纲要》立足于解决"培养什么人、怎样培养人、为谁培养人"这一根本问题，围绕全面提高人才培养能力这个核心，明确了课程思政建设的总体目标和重点内容，即要在全国高校、所有学科专业全面推进，围绕政治认同、家国情怀、文化素养、宪法法治意识、道德修养等重点优化课程思政内容供给，提升教师开展课程思政建设的意识和能力，建立健全协同推进课程思政建设的体制机制，构建全员全程全方位育人大格局，坚定学生理想信念，切实提升立德树人的成效。应用型大学作为全国所有高校的重要组成部分，其课程思政体系构建的内容须紧紧围绕"十大"育人体系、"三全育人"的大思政格局构建展开。

一、切实构建"十大"育人体系

《实施纲要》中明确指出，要充分发挥课程、科研、实践、文化、网络、心理、管理、服务、资助、组织等方面工作的育人功能，挖掘育人要素，完善育人机制，优化评价激励机制，强化实施保障，切实构建"十大"育人体系。应用型大学课程思政体系的构建也应

[①] 第五太卓. 新时代高校德育体系的转型与重构——基于西安外事学院立德树人教育教学实践［M］. 北京：人民出版社，2020：164.

聚焦"十大"体系育人开展。

(一) 发挥思想引领，深化课程育人

课程育人位列"十大"育人体系之首，对育人工作具有极其重要的作用。课程思政作为落实"把思想政治工作贯穿教育教学全过程"的重要环节，要明确把课程思政理念贯穿人才培养方案修订全过程，要求教师把思想政治教育元素融入每一门课，实现立德树人润物无声。[①] 要加强国家级一流本科课程和一流本科课程培育项目建设。每年定期审核教师教案内容，举办青年教师讲课比赛，选派教学名师作为教学督导不定期随堂听课，把课程育人作为教学督导和教师绩效考核的重要方面[②]。要深入推动习近平新时代中国特色社会主义思想进教材、进课堂、进头脑。完善课程设置管理、课程标准和教案评价制度，实施高校课程体系和教育教学创新计划，推动面向全体学生开设提高思想品德、人文素养、认知能力的哲学社会科学课程，创新高校思想政治理论课建设体系。修订各类专业教材，加强课堂教学设计，推进马克思主义理论研究和建设工程教材、思想政治理论课统编教材编写修订，研制课程育人指导意见，充分挖掘和运用各门课程蕴含的思想政治教育元素，作为教材讲义必要章节、课堂讲授重要内容和学生考核关键知识。发挥专业教师课程育人的主体作用，健全课程育人管理、运行体制，将课程育人作为教师思想政治工作的重要环节，作为教学督导和教师绩效考核的重要方面。加强教材使用和课堂教学管理，研制教材选用管理办法，制定高校课堂教学管理指导意见，明确课堂教学的纪律要求。建立一个"课程思政研究中心"，培育选树一批"课程思政示范专业""课程思政示范团队""课程思政示范课程""课程思政示范课堂"。

要切实加强思想政治理论课建设，其他课程在传授本专业知识和技能的同时，运用德育的思维，开发专业课程的思政教育功能，融合社会主义核心价值观等思政内容，与思想政治理论课同向同行，形成协同效应。

(二) 推进"四化"建设，促进科研育人

习近平总书记在科学家座谈会上强调，希望广大科学家和科技工作者肩负起历史责任，坚持面向世界科技前沿、面向经济主战场、面向国家重大需求、面向人民生命健康，不断向科学技术广度和深度进军。应用型大学发展要合理规划学科领域专题，结合实际，突出特色，结构调整，设置学科前沿课程、以问题为导向的课程、交叉学科研讨课程，构建以优势学科为主导，多学科相互支撑、交叉渗透、协调发展的学科体系，全面提升教育水平，提高科研质量。要改进科研环节和程序，把思想价值引领贯穿选题设计、科研立项、项目研究、成果运用全过程，把思想政治表现作为组建科研团队的底线要求。完善科研评价标准，改进学术评价方法，健全具有高水平应用型大学特色的学术评价标准和科研成果评价办法，构建集教育、预防、监督、惩治于一体的学术诚信体系，遏制学术研究、科研成果不良倾向。培养师生科学精神和创新意识，实施科研创新团队培育支持计划、科教协同育人计划、产学研合作协同育人计划等项目，引导师生积极参与科技创新团队和科研创新训练，及时掌握科技前沿动态。鼓励将教师的发明创造、科研成果与学生的学科竞

---

① 张雯静. 新时代高校思想政治教育"三全育人"体系构建 [J]. 教育现代化，2019 (76)：11-12.
② 何伟民. 基于"十大育人"构建新时代高校"三全育人"体系 [J]. 河北广播电视大学学报，2021，26 (3)：103-108.

赛、科研成果转化为创新创业项目，进一步完善"创新创业教育—创业实训—创业实践"三级教育体系。

课题研究和实践聚焦课程思政建设中的热点、重点和难点，着力解决课程思政建设中的基础性、关键性、前瞻性问题，积极探索课程思政教育新模式、新方法、新载体和新机制，深入推动思政元素全要素、全过程、全方位融入教学，不断充实和创新教学内容，优化教学布局。改革创新教学模式，促进思政教育实效性。充分利用网络资源与平台，实施线上教学、线上线下混合教学、制作微课等实践活动，加强以新媒体为载体的课程思政改革与创新的研究与实践。支持立项一批课程思政建设专题教育教改项目，开展专题式深入性研究，提高项目经费投入标准，加大研究成果和实践案例的推广应用，积极发挥以研促教、教研相长的作用，切实提高课程思政课堂教学质量。鼓励广大教师、科研团队积极申报市局级、省部级和国家级课程思政类科研课题，对获批的高水平课程思政研究与实践成果予以奖励，强化其推广示范效用，扩大学校课程思政建设的影响力。

（三）加强基地建设，强化实践育人

实践育人是党和国家历来高度重视的工作，坚持理论与实践相结合，加强高校实践育人工作，是党的教育方针的重要内容。把社会主义核心价值体系贯穿于国民教育全过程，向实践学习，向人民群众学习，深入实施素质教育，是大力提高高等教育质量的必然要求。[①] 建立大学生社会实践与志愿服务、就业见习、教学实习、军事训练统筹推进的实践育人工作格局。创建社会实践、志愿服务、实习见习和学科专业并行的实践实习模式，拓展社会实践资源，建设更多的实习实践基地，实现合作共赢，营造全员参与实践，在实践中增强本领、奉献社会的育人氛围，进一步强化实践育人职能。高水平应用型大学具体可从加强校企合作、组织社会实践活动、开展志愿服务活动、推进第二三四课堂建设等四个方面推进实践育人。

（四）培育文化品牌，促进文化育人

文化是一个民族的血脉，作为一种精神力量，文化育人始终既要指向当下，又要面向未来，更要回首过去。凝练办学文化和精神，使其成为在校学生的精神文化标识，从而促进学校内涵式发展。[②] 不断探索文化育人的新载体、新方法，积极培育校园文化成果，注重发挥文化的浸润和感染作用。培育和提升校园文化活动品牌，坚持正确的价值取向和文化方向，紧扣文化之"魂"，紧传品牌之"形"，重视校园文化活动思想性、文化性和实践性的结合；立足地域优势，打造红色文化精品、树立红色文化品牌，发挥思想政治教育"以文化人"的思想感染力、精神震撼力，使学生产生强烈的历史使命感和社会责任感。[③]

（五）加强网络管理，创新网络育人

要积极构建校院两级网络管理、运营阵地，指定专人负责院系网络阵地，不断加强辅导员班主任网络引路人、教师网络观察员、党员骨干网络信息员、运营主体网络管理员四

---

① 何伟民. 基于"十大育人"构建新时代高校"三全育人"体系［J］. 河北广播电视大学学报，2021，26（3）：103-108.
② 同①.
③ 武兰兰，赵硕. "三全育人"视角下独立学院十大育人体系的构建研究［J］. 产业与科技论坛，2020，19（5）：252-253.

支力量，定期举办安全知识讲座引导师生增强网络安全意识，遵守网络行为规范。积极探索"互联网+思政"的网络育人，加强"媒体+思政"建设，高质高效运营学校、院系官方微信公众平台，重点建设一批高校思政类公众号。优化整合各类在线教育平台、网络在线开放课程、各类新媒体、中英文网站等门户资源，充分发挥各类短视频 App、微信视频号、学习强国在网络文化育人中时空开放性强、对象参与度高、资源丰富性足等优势，加强国家级虚拟仿真实验教学中心建设，开设一批有代表性的实验教学网络课程。加强校园信息化建设，大力建设"智慧校园"，开发校园信息平台的服务、咨询功能，着力提升信息和数据共享度，实现与学生事务相关的核心网络共融、共通、共享，建立融教育、管理、服务、发展为一体的综合平台。[①] 注重网上正面宣传，把握网络育人的主导权，有效研判引导网络舆论，构建正能量充沛、主旋律高昂、风清气正的网络空间，培育积极健康、向上向善的网络氛围，有效提升大学生网络素养，不断提高网络育人的针对性、思想性和实效性。

（六）营造良好氛围，落实心理育人

应用型大学要建立完善"教育、宣传、咨询、预防、干预"五位一体的工作模式和"学院、学部、班级、宿舍"多层次的工作网络。健全学生心理危机事件应急处理预案，建立与医院治疗相结合的工作机制，完善心理危机干预工作预案，建立转介诊疗机制，提升工作前瞻性、针对性。畅通学校与家庭的联系渠道，建立沟通机制，组建学生心理健康档案，建立危机事件的追踪与反馈机制，做到心理危机事件"早发现、早预防、早干预"[②]。充分发挥学校大学生心理健康教育中心的职能中枢作用，牢牢把握二级院系在心理健康教育中的主体作用，将心理健康教育工作的重心前移至学生宿舍区，构建院系心理健康教育辅导站和心理辅导工作室，选派专职辅导员担任负责教师，配备有心理专业背景或具有心理咨询师职业资格证书的辅导员担任兼职心理咨询教师，定期开展心理状况筛查，积极构建心理预警系统，对重点关注对象做到底数清、情况明、联系准，实现对心理危机事件的积极预防、主动预警和及时干预[③]。要加强院系心理自助中心的学生组织建设，从学生党员、学生骨干中挑选一批人际沟通能力强、个性活泼开朗、善于交流，并且爱好从事心理健康工作的学生，对他们进行心理常识、心理咨询、团体心理辅导等相关心理知识的培训，常态化开展心理异常行为关注、情感压力疏导、心理健康教育活动组织等工作。具体可从加强课堂主渠道教育、加强队伍建设、完善工作体系、加大对心理健康教育工作的支持力度、推进实施自助式提升等五个方面开展。

（七）建设法治校园，强化管理育人

管理作为高等院校生存与发展的重要组成内容，促使高校各单位、部门如齿轮啮合一般有序运行，为高校科学研究与人才培养打下坚实基础。[④] 完善教育法律法规体系，保障师生员工合法权益。加强干部队伍管理，选好配强各级领导干部和领导班子，制定

---

① 何伟民. 基于"十大育人"构建新时代高校"三全育人"体系［J］. 河北广播电视大学学报，2021，26（3）：103-108.
② 武兰兰，赵硕. "三全育人"视角下独立学院十大育人体系的构建研究［J］. 产业与科技论坛，2020，19（5）：252-253.
③ 王艳慧. 心理育人在高校"三全育人"格局中的作用发挥研究［J］. 山西青年，2019（12）：83-84.
④ 同①.

管理干部培训五年规划，提高各类管理干部育人能力。依法依规加大对各类违反师德和学术不端行为的查处力度，及时纠正不良倾向和问题。加强经费使用管理，科学编制经费预算，确保教育经费投入的育人导向。强化保障功能，健全依法治校评价指标体系，深入开展依法治校创建活动。修订、完善学生管理制度，加强规章制度的学习宣传，寓思想政治教育于管理过程之中，提高管理育人水平，增强学生的法律意识、自律意识、诚信意识以及对学校的认同感、满意度，引导学生遵纪守法、规范言行，不断提升学生的思想道德水平。

（八）提高服务水平，推进服务育人

新时代人民日益增长的美好生活需要和不平衡不充分的发展之间的矛盾，同样体现在高校中。在发挥思想政治工作的传统优势的同时，更要把岗位思政作为服务育人的着力点，让学生亲自感受到各个服务岗位工作人员的工作状态，深入挖掘各个岗位承载的育人元素，做到以理服人、以情动人，在温馨服务中教育人、引导人，打通服务育人"最后一公里"。[①] 坚持以学生为本，关爱服务学生，提升学生满意度。进一步完善管理机制，优化配置教室、公寓、场馆等公共资源，改善学生学习生活条件，推动精准资助、精准服务、精准管理，助力学生成长成才，不断提升学生的认同感、归属感和幸福感，发挥服务育人功能。

（九）建立长效机制，完善资助育人

加强资助工作顶层设计，建立资助管理规范，完善勤工助学管理办法，构建资助对象、资助标准、资金分配、资金发放协调联动的精准资助工作体系。积极构建集国家资助、学院资助和学生自助三位一体的全方位学生资助育人体系，实现家庭经济困难学生资助育人全覆盖。精准认定家庭经济困难学生，关注家庭经济困难学生的心理健康状况，采用家访、大数据分析和谈心谈话等方式，合理确定认定标准，建立家庭经济困难学生档案，实施动态管理，做到公平、公正，公示透明度高。坚持资助育人导向，在奖学金评选发放环节，全面考查学生的学习成绩、创新发展、社会实践及道德品质等方面的综合表现，培养学生奋斗精神和感恩意识。在国家助学金申请发放环节，深入开展励志教育和感恩教育，培养学生爱党爱国爱社会主义意识。在国家助学贷款办理过程中，深入开展诚信教育和金融常识教育，培养学生法律意识、风险防范意识和契约精神。在勤工助学活动开展环节，加强专业技能、就业能力等各方面培养，着力培养学生自强不息、创新创业的进取精神。在基层就业、应征入伍学费补偿贷款代偿等工作环节中，培育学生正确的成才观和就业观。加强优秀大学生事迹的宣传，创新资助育人形式，将社会主义核心价值观融入资助育人中，以励志感恩教育为重点，开展以"资助育人，励志成才"为主题的"诚实守信宣传周""献爱送暖，走进孤儿院"等系列活动，组织国家奖学金获奖学生担任"学生资助宣传大使"，帮助学生树立正确的世界观、人生观和价值观，培养学生心怀大爱、感恩奉献、奋发自强、立志成才的精神品质。同时，充分利用合作企业与校内资源，完善周末与寒暑假兼职平台建设，搭建一批集勤工助学、实习实训、就业创业于一体的综合实践平台，进一步满足家庭经济困难学生成长成才个性化需求。注重将思想教育融入资助帮

---

① 何伟民.基于"十大育人"构建新时代高校"三全育人"体系[J].河北广播电视大学学报，2021，26(3)：103-108.

扶全过程，帮助学生培养自信与健全人格，增强学生社会责任感和使命感。

（十）提高培养质量，优化组织育人

组织育人是以党委思政系统组织类群为主导，其他组织类群紧密配合，最大限度地发挥各组织育人职能，把育人根本任务落到实处。应用型大学课程思政构建还须发挥各级党组织的育人保障功能，进一步理顺高校党委的领导体制机制，明确高校党委职责和决策机制，健全和完善高校党委领导下的校长负责制，推动学校各级党组织自觉担负起管党治党、办学治校、育人育才的主体责任。

立德树人是高校的根本使命，育人工作是一项长期的、系统性的工程，在新时代做好时代新人的培养工作是对高等学校提出的新任务和新要求。站在"两个一百年"奋斗目标历史交汇点上，时代新人的培养就是要把习近平新时代中国特色社会主义思想落实到具体行动上，开创立德树人工作新局面，这样就必然要满足学生全面发展和终身发展的诉求，要提升思想政治教育的可操作性和实效性。"十大"育人体系构建作为全面推进"三全育人"改革的必要条件，必须全面准确地认识"十大"育人的功能优势，改良"十大"育人体系现有的实施内容、载体、路径和方法，引导学生在主题教育实践中坚定理想信念、在创新创业实践中增长知识才干、在劳动实践中磨炼意志品质、在社会实践中强化使命担当，培育出德才兼备、全面发展的可担当民族复兴大任的时代新人①。

二、扎实构建"三全育人"体系

"三全育人"是新时代高校落实立德树人根本任务的必然要求。其内在机理是基于高校教书育人规律、思想政治教育规律和大学生成长成才规律，形成一体化思想政治教育合力，培养中国特色社会主义事业建设者和接班人。当前高校"三全育人"依然存在协同性缺乏、耦合性不强、实效性欠佳等突出问题，严重影响了思想政治教育的实效性。高校"三全育人"必须以习近平新时代中国特色社会主义思想为指导，加强党对高校思想政治教育的全面领导，突出教育者的主导功能，构建高校"立德树人"的"大思政"格局和机制，着力推进"十大"育人体系立体联动。②

（一）科学把握"三全育人"的内在机理

"三全育人"的本质是加强党对高校工作的全面领导，把高校一切育人力量充分调动起来，将一切育人元素最大限度整合起来。应用型大学应以立德树人为根本任务，培育德智体美劳全面发展、担当民族复兴大任的时代新人，要科学把握人才培养的发生机制与内在规律。

一是培育德智体美劳全面发展的时代新人。教育是一种有目的培养人的社会活动，是培养全面发展的人的手段。人的发展是一切发展的核心和终极目标，育人是教育的生命和灵魂，也是教育的本质要求和价值诉求。教育是党之大计、国之大计，其首要问题是培养什么人。我国的国家性质"决定了我们的教育必须把培养社会主义建设者和接班人作为根本任务，培养一代又一代拥护中国共产党领导和我国社会主义制度、立志为中国特色社会

---

① 何伟民. 基于"十大育人"构建新时代高校"三全育人"体系[J]. 河北广播电视大学学报，2021，26(3)：103-108.
② 丁丹. 新时代高校"三全育人"探赜：机理、问题与路向[J]. 思想教育研究，2020(6)：119-123.

主义奋斗终身的有用人才。这是教育工作的根本任务，也是教育现代化的方向目标"。[①]"三全育人"的核心是大学生，其出发点与落脚点是通过"五育并举"育全面发展的时代新人。这就要求大学生有正确的价值观、丰富的知识、全面的素质。大学要培养其学习、思考、表达、实践、组织等能力，培养创新思维，弘扬劳动精神，使其成为德智体美劳全面发展的时代新人。

二是遵循"教书育人、学生成长成才、思想政治教育"规律。习近平在北京大学师生座谈会上指出："人才培养一定是育人和育才相统一的过程，而育人是本。人无德不立，育人的根本在于立德。这是人才培养的辩证法。"高水平应用型大学"三全育人"应紧紧围绕立德树人，以"育"为根本，遵循育人规律，让高校真正成为新时代育人的沃土，为人才成长提供充足的养分。教师要以德立身、以德立学、以德施教，不断提升政治、专业、职业与人格等素养，切实兼顾信道与传道、立己德与树人德、教书与育人。遵循学生成长成才规律，就是要结合新时代大学生群体特征，研究其思想、学习、生活和成长的客观实际，因材施教、深耕细作，为每一位学生提供可选择的教育、最适合的教育。遵循思想政治教育规律，就是要以新时代大学生的认可和接受为导向，结合时代要求与特点开展思想政治教育活动，引导其进一步接受活动背后的价值观念，让思想政治教育有实效、出成效。因此，应用型大学"三全育人"要牢牢把握"育"，一切为了学生，因事、因时、因势而育，遵循三大规律，使"育"的功效最大化。

三是形成一体化思想政治教育合力。"三全育人"是指全员全过程全方位育人。"全员育人"要求所有与大学生教育相关的育人主体要种好自身责任田，育人无不尽责。"全过程育人"要求高校要实现育人无时不有、无缝对接。"全方位育人"要求高校育人要覆盖到课堂、网络、校园的每一环节，做到育人无处不在。"全"的关键是要在人员、时间、空间、内容上无懈怠、无空当、无死角、无遗漏，协同合作、同心同向，形成一体化思想政治教育合力。在教育主导上，高校要实现"单一性"向"全员性"的转变，育人职能要贯穿于思想政治理论课教师、专任教师、辅导员、班主任、高校管理与服务人员等所有人员始终，真正实现"教"与"育"、"管"与"育"、"服"与"育"的融合贯通。在过程上，高校要实现"分割性"向"协同性"的转变，应将育人工作在时间上贯穿始终，从学生入学到毕业，覆盖学校教育管理服务各领域各环节，融入全体学生学习生活各方面。在方位上，高校要实现由"散点性"向"体面性"转变，达到"面面"俱到与"多体"联动。以应用型大学为主体，构建学校、社会、家庭、学生"四位一体"的教育模式，全面展现学校教育水平，提升丰富家庭教育能力，有效对接社会教育资源，充分挖掘自我教育潜力，体现多方位合力育人的效果[②]。

（二）系统构建"三全育人"的实践路径

时代是思想之母，思想是时代的先声。高水平应用型大学"三全育人"必须以习近平新时代中国特色社会主义思想为指导，贯彻落实全国高校思想政治工作会议和全国教育大会精神，加强党对高校教育工作的全面领导。在具体实践路径上，要发挥学校思想政治工作领导小组作用，突出教育者主导性功能，构建"立德树人"的"大思政"格局和机制，

[①] 习近平在全国教育大会上强调 坚持中国特色社会主义教育发展道路 培养德智体美劳全面发展的社会主义建设者和接班人 [N]. 人民日报, 2018-09-11.
[②] 丁丹. 新时代高校"三全育人"探赜：机理、问题与路向 [J]. 思想教育研究, 2020 (6)：119-123.

着力推进"十大"育人体系立体联动,落实激励保障,凝聚多元主体协同思政育人的共同体意识。

一是发挥思想政治教育主导性,提升"三全育人"的协同性。现代思想政治教育主导性是指"思想政治教育坚持引导、选择的主要方向、方面和重点,并在个体发展和社会发展中发挥主导作用的特性"①。应用型大学"三全育人"要充分发挥思想政治教育主导性,所有育人主体全参与,不能落下或者忽视任何一方,形成全员育人新格局,凸显育人主体的向心力,克服育人"孤岛化",做到时时、处处、事事均有育人,均能体现思想政治教育的主导性,形成全员参与的"三全育人"强大合力,为培养德智体美劳全面发展的时代新人交上合格答卷。

二是画好"大思政"同心圆,强化"三全育人"的耦合性。应用型大学"三全育人"要破解"中梗阻"难题,必须画好"大思政"同心圆。要按照党中央、国务院的统一部署,立足全员全过程全方位的"三全育人"总体思路,紧扣新时代高等教育的根本问题,以立德树人为中心环节,将思想政治教育这根主线贯穿教育教学全过程,构筑起课程思政、文化思政、网络思政、日常思政等"四位一体"的"大思政"工作格局,推动思想政治工作取得实效②。立德树人是一项系统工程,只有画好"大思政"这一同心圆、建立全员全过程全方位育人格局、彰显育人牵引力、强化"三全育人"耦合性,才能真正构筑起思想政治教育主旋律的正能量高地,从而引领大学生成长为担当民族复兴大任的时代新人。

三是推进"十大"育人体系立体联动,增强"三全育人"的实效性。"十大"育人体系是一个有机整体,是一个立体联动的育人圈。系统推进"十大"育人体系立体联动,是贯通"三全育人"系统性的必要路径。对于"十大"育人体系中已经拥有坚实基础和鲜明特色的板块,要看到优势并巩固发展,不断赋予其新的育人能量;对于还有巨大提升空间和深入挖掘可能的板块,要明确差距并尽力缩小,寻求突破,激活育人资源。具体而言,应将"十大"育人体系建设细分为具体项目与任务,力求清单化、系统化、持续化,推动"三全育人"行稳致远。着眼学生"关心什么"、聚焦学生"需要什么"、最终帮助学生"解决什么",真正实现"需求侧"和"供给侧"协同联动,育人维度全方位互通,体现育人合力,增强"三全育人"的实效性。

四是建立育人激励机制,激发"三全育人"的主动性。在"大思政"视域下探索与构建"三全育人"模式,动力激励机制是基础,有助于激发制度活力,使学生乐于创新、敢于主动作为。高校的思想政治教育具有强大发展动力的前提就是建立教学研究一体、学习研究共济、科教协同共进的育人激励机制。通过特色校园文化建设,主题校园网络文化建设,凭借学生党团组织、学生会社团等组织建设,培养优秀学生典型,发挥学生干部、学生党员的榜样作用,以个体带动群体、以点带面,积极调动学生自我提升的主动性。完善学生党团组织制度建设,开展学生团体内部评优,重视学生干部的选拔任用以及管理和考评制度,激发学生的自主学习性,更好地践行全员育人③。

---

① 石书臣. 现代思想政治教育主导性研究 [M]. 上海:学林出版社,2004.
② 杨晓慧. 高等教育"三全育人":理论意蕴、现实难题与实践路径 [J]. 中国高等教育,2018 (18):4-8.
③ 丁丹. 新时代高校"三全育人"探赜:机理、问题与路向 [J]. 思想教育研究,2020 (6):119-123.

第三节　应用型大学课程思政体系构建的路径

课程思政能否正确认识"是什么、做什么",直接关系着这项工作的方向正确与否;"为什么"要做课程思政,关系着这项工作的目标是否明确,动力是否充足;而"怎么做"课程思政,决定了做事的方法是否有效。课程思政要立足于问题导向和成果导向,应用型大学建设要本着有真思想、找真问题、动真感情、下真功夫、出真成果的目标指向,深入研究课程思政到底是什么,为什么要做,要解决什么问题,达到什么目的,获得什么成果。这是核心,是方向,是方法和手段。下面从部署设计、师资队伍、教学方案、环境氛围四个角度研究探索如何提升课程思政建设的有效性,使课程思政不囿于理念层面,能够在实践教学中取得成效。[1]

一、统筹课程思政的部署设计

课程思政作为一项重大改革,各方面还处在改进上升阶段,需要不断优化相关的配套建设作保障,才能对实践效果起到明显的作用。课程思政的部署设计,目的在于规范和指导课程思政的实践运作。应用型大学党委要结合学校特点,因校制宜,使课程思政工作合理化、规范化,整体优化部署和加大实行力度,保障计划建设的顺利进行。

(一) 科学把握课程思政教学建设的规划方向

第一,抓好顶层设计。构建课程思政体系的终极目标是帮助学生形塑文化自觉和文化自信,将社会主义核心价值观内化于心、外化于行。应用型大学党政部门和相关职能部门需要统筹整体布局,把握办学方向,掌握教育教学工作的主导权,对课程思政进行顶层设计和总体部署。马克思主义学院则需要加强指导,坚持立德树人,明确教学目标,在打通思政课程与专业课程的过程中将社会主义核心价值观和中华优秀传统文化等教育内容融入教学全过程;通过加强马克思主义理论学科建设,夯实课程思政的学术支撑;通过建立教学质量保障机制、跟进全员育人机制建设、完善教学质量考核等多项措施以保障全体系支持教师参与全员育人工作。[2] 把"课程思政"工作目标纳入各个队伍的工作布局中,保证各个专业课教师、不同育人队伍可以在共同的目标导向下开展工作,推动课程思政育人可持续发展。

第二,抓住政策方向。"方向比努力更重要",对于课程思政建设,这也是至关重要的法则。在课程思政探索之初,尚无成熟可用经验之时,深刻解读相关教育政策,探索分析相关政策指引,拟定设计相关工作规划显得尤为重要。素质与能力并进的课程体系是课程思政教育教学改革的主要指向,为课程思政建设工作的有效开展,需要带领专业课教师优先学习与课程思政工作有关的方针与政策的主要文件精神,以此为指导,保证课程思政工作的正确方向。在高校价值塑造、知识传授、能力培养"三位一体"的人才培养目标中,

---

[1] 张博. 新时代高校"课程思政"建设研究 [D]. 长春:吉林大学,2022.
[2] 同济大学本科生院,同济大学高等教育研究所. 课程思政与立德树人 [M]. 上海:同济大学出版社,2020:132.

价值塑造是教育工作的第一要务。学生被塑造怎样的价值观念会直接关系党的事业是否后继有人，关系国家前途和命运。在互联网全覆盖的环境下，课程思政需要把握形势，顺势而变，因材施教，适应新时代青年学生的思想方式，更新创新课堂教学模式。对于课程思政教学最终成效，专业课教师起着绝对的作用。广共享、强培训、重合作、树表率、深研究是对专业课教师建设的五方面要求。

（二）推动开展课程思政教学实践的基地建设

课程思政强调"知行合一"，"实践出真知"，真理往往从实践中得来，实践与认识密不可分，理论知识不能用于实践则失去其价值与意义，而如何将实践做得更好则依赖于对认识的提升。基地建设是课程思政教学长期稳定开展的基础保证。应用型大学要根据不同课程的开展进行有关政治、思想、道德、法治、心理健康以及综合教育基地的建设规划，并在科学规范、资源共享、经济合理、功能实用等原则指导下进行建设。同时积极搭建资源共享平台，与同城同省高校、企业等相互合作，弥补课程思政建设在实践方面的不足与缺陷。建立固定稳妥的实践育人基地，可以促使实践教学发展常态化。教育相关部门要给予课程思政专项经费保障，同时也要积极争取社会力量的支持，拓宽渠道，增加课程思政实践教学经费的投入。

（三）合理构建课程思政教学效果的评估机制

专业课教师育人意识的提升和实践教学体系的构建并不一定能够达到既定的效果，教学效果要依据科学合理的评价机制来评判。评价的主要标准在于以下六个方面：

第一，课程思政的目标是否科学正确、具体明确。对于目标是否科学正确，可以结合相关的课程内容，判断是否能够坚定理想信念、是否能够厚植爱国主义情怀、是否能加强品德修养、是否能够增长知识见识、是否能够培养奋斗精神、是否能够增强综合素质。对于目标是否具体明确，可根据专业课教师对所任课程的思想政治教育总目标是否表述明确、是否将总目标落实和细化到具体章节来判定。

第二，课程思政的育人元素是否得到充分挖掘。专业课教师是否充分挖掘所任课程蕴含的育人元素，应该以挖掘度来衡量而不仅仅以挖掘量来评判。课程思政挖掘量是绝对指标，因课而异；挖掘度是相对指标，应分析挖掘量在蕴含量中所占比例。挖掘度一方面根据专业课教师对所任课程的理解程度来判断，理解程度高，挖掘度则高；另一方面根据专业课教师对思政内涵的深刻理解和对课程育人的积极参与来判断，其对思政内涵的理解把握越深刻清晰，对课程育人的主观能动性越高，挖掘度则高。

第三，思政教育与专业教育是否得到有机融合。对于融合度的评价就是对课程思政有效性的直接判断。首先，思政元素是否润物无声地融入专业课程。其次，在专业课程中融入思政元素是否深刻突出。

第四，课程思政是否具有明显的实效性。专业课教师是否能做到与时俱进，理论创新是影响课程思政时效性的关键。注重实效性考核有利于增强专业课教师的社会责任感，敦促专业课教师积极关注国内外大事、社会变革，教给学生最新的知识教育，使学生了解国内外发展动态，认清国际形势和时代发展的脚步。同时也有利于弥补教材内容滞后的缺陷，尤其是对习近平新时代中国特色社会主义思想的理解和探索，都需要专业课教师及时将相关理论成果融入课程教学之中。

第五，课程思政是否针对错误观点和思潮进行理性批判和坚决抵制。我国正处于经济社会发展的关键时期，国际形势风云变幻，各种社会思潮层出不穷。在多元的社会环境中，正确与错误并存、先进与落后交织。专业课教师应敢于向错误思潮亮剑，善于以批判错误思潮来激浊扬清、凝聚共识，向学生揭露错误思潮的本质及危害，从源头遏制错误思潮侵蚀学生头脑和思想，坚决抵制西方意识形态的渗透腐蚀，全面防止错误思潮的散布和蔓延。

第六，课程思政是否具有较高的达成度。达成度评价就是展现对照标准的结果，总结预设目标与结果实效之间的完成程度。从实际来看，达成度主要关注学生的学习成效，以课程结束为时间节点，参考标准为学生的思想意识、品德素养、言谈举止等是否有积极的改善或明显的转变，是否达成课程预设的思政教育目标。考试是对知识的检验，在于怎么"想"课程思政带来的教育成果，更为重要的是如何"做"。"知行合一"才是课程思政最好的教育结果。①

二、提升课程思政师资队伍的意识自觉

课程思政建设是一个系统工程，关键在于立德树人，而专业课教师应先立德再树人，育人先育己。在课程思政建设过程中，专业课教师要"躬身入局，置身事内，知行合一，身心合一"。教师职业本身具有特殊性，需要的不只是能力和经验，更需要有理想、信念、价值观、爱与格局，需要先修炼好自己，再影响他人。专业课教师是课程思政建设中的教育主体，是课堂教学的第一责任人，是推进课程思政建设进程的主力军，也是课程思政教育的执行者。专业课教师的课程思政能力直接影响到课堂教学质量、教学效果以及立德树人成效，因此，要保障课程思政的平稳发展，就要对全体教师特别是专业课教师提出更高要求。

（一）明确思想价值认同，强化课程育人自觉意识

每一门课程都具备课程思政的功能，每一位专业课教师都肩负课程思政的职责，专业课教师是课程思政教育落到实处的关键。教师是实现优质教学的核心，教师应该考虑学生不同的背景、能力、技能和对学习的兴趣，进行有针对性的指导，提供不同层次的支持，提高学生学习的有效性。对于专业课教师的价值认同需要有明确的认知，要在不断汲取接受新的理论知识的同时端正自己的价值观念。同时，养成良好的学习习惯，与时俱进，不断对教学数据库进行更新丰富。客观正视课程思政的重要性也是专业课教师的基本素质。

专业课教师在教学过程中具有绝对的育人优势。首先，专业课教师与学生同属一个专业，拥有共同的话语体系，学生更自主地"亲其师"进而会"信其道"。其次，专业课程中蕴含的核心价值观一定与本专业知识理论有紧密联系，专业课教师在教学过程中会无意识地带入个人成长经历、专业学习经历，把对祖国的热爱、对社会的看法、对未来的期许不经意间表达，这样更容易与学生形成"共振"，使学生产生"共鸣"。最后，专业课教师与学生接触的时间较长，对学生的影响较大②。正如教育部前部长陈宝生在教育部组织

---

① 张博. 新时代高校"课程思政"建设研究 [D]. 长春：吉林大学，2022.
② 张宏，李黎. 专业课教师"课程思政"教学能力的培养 [J]. 浙江工业大学学报（社会科学版），2020（2）：222-226.

召开的全面推进高等学校课程思政建设工作视频会议的讲话中指出："高校教师的80%是专业教师,课程的80%是专业课程,学生学习时间的80%是专业学习,大多数学生认为,对自己成长影响最深的是专业课和专业课教师。"开展"课程思政"要明确专业课教师"主力军"、专业课课堂"主渠道"、专业课教学"主战场",深入贯彻专业教育与思政教育向纵深的方向融合发展。专业课教师应充分把握与学生接触的时间,发挥人格的影响力,更好地成为学生成长的引路人和指导者,实现在专业授课中将知识传授和价值引导有机融合统一,达到隐性思政教育的目的。①

实际上,每位教师都可以从本学科特点、所教专业出发,以自己的教学方法,自然地向学生传达正确的价值观。要实现这一目标,还需要进一步强化专业课教师的思想意识,纠正认识偏差,不应因落后思想而忽视价值传播的倾向,阻碍思想政治教育的发展以及课程思政的整体建设。②

(二) 提升专业拓展能力,增强理论学习意识自觉

专业课教师的课程思政能力直接关系到课堂教学质量、教学效果,对立德树人成效也会产生关键影响,因此要提升专业课教师胜任力,发挥专业课教师价值引领作用。高校专业课教师在求学期间对马克思主义理论都接受过系统学习,对其方法论在本专业领域范围内的应用应该有较为深刻的体会。专业课教师应率先垂范,带领学生在进行专业学习和实践时积极运用马克思主义世界观和方法论,在讲好专业课程的同时对学生的思想道德品质学习进行合理强化,以保证学生未来不仅在业务能力方面表现突出,在价值观念、道德品质方面也有较高的素养,不会做出违背职业道德和公民义务的行为③。因而,提升专业课教师的马克思主义理论素养,达到德技并修的专业水平,是实现高校人才培养目标的关键。

专业课教师必须加强对习近平新时代中国特色社会主义思想的学习,将习近平新时代中国特色社会主义思想传授给学生是专业课教师进行课程思政的重要职责和使命。专业课教师要想在课堂上将习近平新时代中国特色社会主义思想融入专业教学当中,首先必须加强理论学习,将思想内化于心,做到真学、真懂、真信。其次要用理论指导实践。专业课教师在充分学习理论的基础上,要积极发挥自身的主观能动性,将理论用于指导课程思政建设,使理论与教授课程有机融合、价值塑造与知识能力培养有机融合,在建设过程中做到两条主线贯穿始终。必须在课程的准备中充分运用教学技巧与艺术,创造性地将知识的传授与理想信念的传递统一在一起,做到在传授知识的过程中体现价值塑造④。

针对教学内容,专业课教师要夯实专业理论知识基础,仔细分析章节知识点,精选相关教学案例,分析蕴藏的思政育人内涵,提升课程内容的拓展能力,将教学内容范畴从知识性、技能性拓展到政治性、思想性、道德性。提升专业课教师的政治素质,需要理论学习与社会实践双向发力、协同进行,才能够真正在认知层面与行动层面上实现其政治素质的根本性飞跃。要鼓励专业课教师参与学生社团实践活动,高校与政府机关及企事业单位

---

① 陈春莲. 杜威道德教育思想研究 [M]. 北京: 中国社会出版社, 2017: 76-78.
② 张博. 新时代高校"课程思政"建设研究 [D]. 长春: 吉林大学, 2022.
③ 张宏, 李黎. 专业课教师"课程思政"教学能力的培养 [J]. 浙江工业大学学报 (社会科学版), 2020 (2): 222-226.
④ 李黎, 孙洋洋. "课程思政"实施效果的初步检验 [J]. 绍兴文理学院学报 (教育版), 2019 (1): 16-20.

建立社会学习的双向交流机制,让专业课教师更多地接触广阔社会,搭建课程思政交流平台,以便加强课程思政专业课教师团队建设。通过集体备课、教学沙龙、随堂听课等教研活动交流课程思政建设的经验及教训,分享课程思政优秀案例,探索课程思政教学设计的策略与路径,将所领悟学习到的内容灵活地运用到教学实践中去,结合自己擅长的教学方法和手段,把握好尺度,整合好资源,提高教学质量,形成思政育人合力。[①]

(三)规范教师德行建设,提升言传身教行为自觉

人才培养关键的一环在于专业课教师知识素养和道德修养。教育者要先受教,努力成为先进文化的传播者、党执政的坚定支持者。传道者自己要先明道、信道,才能更好地担起学生学习理论知识的指导者和引路人的责任。专业课教师对教学工作的态度、与学生的交流以及言谈举止都会潜移默化地对学生产生影响。课程思政是提升专业课教师理想信念、完善价值观念的重要途径,教师这一职业更具特殊性,应从自身做起,率先垂范,做到"学为人师,行为世范",才会真正起到言传身教的效果,为学生树立榜样。还需要让学生主动地去体验、实践,实现从认知到情感再到行动的有效转变。

首先,用行为做出表率。教师文明的言谈举止对学生思想品质的塑造起到修正作用。专业课教师内在素养会体现为一言一行的外在表现,都会潜移默化地对学生产生影响;身教重于言教,专业课教师在教学活动中所展现出来的理想信念、治学精神、价值取向、人生态度等,对学生有莫大的影响,"教师的言传身教、学生的耳濡目染"是课程思政最见成效的方式,其不良行为和习惯受到约束才能得到修正。

其次,从大处着眼,从小事做起。学生在上课过程中,如能从各个细节感受到教师认真备课、用心讲课、用心倾听学生心声、以同理心对待学生的学习处境、用心实施以学生为中心的教学,自会感知到教师的敬业精神,并会深受感染,进而影响到学生对学习的态度,以及未来对工作的态度和言行。

最后,应当利用言传与身教的充分结合,促进学生思想成长。专业课教师在进行教学活动时,只有言教或身教其中之一,都会导致教育效果大打折扣。专业课教师应把握好言教与身教的时机,恰如其分地把两者结合起来,身教在先,言教在后,修身立德,注重方式方法,提高教育效果,努力成为学生做人做事的一面镜子。教师求真求实、一丝不苟、专注敬业,有助于学生养成良好的学习习惯,时刻具备创新意识,拥有绝对创新能力,在思想上培养严谨的科学态度,对学生的事业心加以引领和教育,为其成为高素质人才奠定基础。良好的师生关系和学习氛围是教师影响和感染学生的重要保证。教师要注重建立平等、民主的师生关系,注重与学生的双向交流沟通,情感交流与理性沟通并重,知识传授与人格塑造并存,形成积极有效的良性互动模式,为课程思政教育的展开与深化提供有力的保障[②]。

三、完善课程思政实践的教学方案

由教务处组织规划,马克思主义学院、各专业院系和学工团委等相关部门共同研讨针对本校的课程思政教学方案具体内容的总体设计。由于各个专业学科特点不同,要着重挖

---

① 张博. 新时代高校"课程思政"建设研究[D]. 长春:吉林大学,2022.
② 同①.

掘符合本专业特色的思政资源，充分利用校内校外实践基地的思政资源，形成"一学院一专业一特色"的课程体系，该教学方案要明确进入各专业人才培养计划。教学方案确立后，要配以统一的教学大纲、教学设计、评价标准等教学文件，以便课程思政的落实和实施。[①] 课程思政教学方案设计的科学性和合理性直接影响学生对思想政治理论相关知识的理解以及马克思主义理论素养的提升。

（一）开拓专业课教材的育人功能

一是梳理教材内容。教材是进行教学活动的基本工具，承载着教师传授、学生学习的知识，不仅是知识的载体，也是育人的载体。教材是学生在接受学校教育过程中必备读本，传播范围广、使用率高。因此，教材的设定至关重要，既要展现出当代科技文化的发展水平，又要结合我国的实际情况。首先要创新学科体系、学术体系、话语体系，在内容上尽力避免脱离现实的"大话""空话"，增强学生对知识与价值的认同感和获得感。其次要满足不同专业的教师和学生对知识的获取和实践的需要，充分考虑不同专业学生复杂多样的学科背景，研制课程教学方案和教学指南，在教学内容、目标、案例、策略等方面融入思政元素，找准育人角度，增强说服力和感染力，使课堂主渠道发挥出最大作用。

二是整合编撰人员。教材编撰人员整合组建是创新打造教材的基础保障，是课程思政建设的关键一环。编撰专业教材需要广泛吸纳多方力量，专业课教师、各学科前沿专家、教育学者等共同参与，集思广益，协同完善专业教材。教材要在满足知识传授的同时，更要具备突出思政育人的功能，因此需要加强整合编撰队伍建设，编撰人员需要有较强的学习能力，对知识的前沿动态具有敏锐的感知，思想开放，能够较快地接受先进的教育理念，由此才能够为课程思政建设打下坚实的理论学习基础。

三是建立监控体系。教材要具备科学性、合理性、特色性，最重要的是要突出实用性。课程思政教材的价值要兼顾传授知识与思政育人，编写完成经过审查并不能一劳永逸，要建立起行之有效的动态监控体系，对教材的真实有用性加以评估，以备后续完善。教材的编写规范和内容质量需要学校进行专门强化管理，以确保教材的科学性和权威性[②]。

（二）改进专业课教师的教学方法

一是体验学习，促进职业道德与理想信念内化。专业课教师的内在价值需要靠其自己体验和内化从而使外在的知识信念具有个人意义，逐渐内化为个人的职业理想信念，升华为专业精神。体验式学习能激活专业课教师的主体意识，增强其自主性和创造性。专业课教师对自身成长经历和工作生活经验的反思体验、其他优秀教师成为行业榜样发挥带头作用的反思体验、教育对象接受教育领悟教育产生行为反馈的反思体验，同事同行探讨交流及与专家学者之间的对话进行反思，通过阅读理论文献来反思自己的教育实践。每位专业课教师都有独特的教学方法和个性特点，要从个人优势长处出发，巧妙地将专业课内容与学科专业知识进行课程思政，调动起学生的兴趣、激发起学生的灵感、维系好学生对知识

[①] 朱丽霞. 课程思政视域中的思想政治理论课"三合一"实践教学模式研究 [M]. 武汉：武汉大学出版社, 2021：20.

[②] 朱丽霞. 课程思政视域中的思想政治理论课"三合一"实践教学模式研究 [M]. 武汉：武汉大学出版社, 2021：209.

的热烈追求。①

二是案例教学，实现知识性与价值性统一融合。案例教学是在专业课教师的引导下，通过对案例的讨论与研究，提出问题、分析问题、解决问题，从而培养学生对问题的思考和解决能力的一项教学活动。以案例分析引出解决之道，既传授知识，也重视能力和素质的培养。案例为学生提供了丰富的替代性经验，通过对真实、复杂的教育情境下教学问题的思考与解决，强化学生对教育理论及其蕴含的深层价值观的认识。专业课教师通过精心设计与组织案例教学，帮助学生认识到理论技术与意识形态上正确指导的重要性，有助于深化学生的专业认同与职业理想。同时，研究进行课程思政教学案例库建设，使专业课思政教育内容有现实的载体。选取贴近基础教育一线和社会热点的典型案例进行深度剖析，可以提高学生的学习兴趣，增强学生的自豪感、使命感和社会责任感。专业课教师在针对某一教学内容进行教学时，应结合学情分析，开展分层教学，使学生在分层教学中感受到不同类型的课程思政教学案例或者从不同角度剖析的课程思政内容所带来的教学魅力。

三是实践教学，涵养实践智慧与塑造实践品格。当前课程思政采用最多的方法依然是课堂讲授法，即使讲授很生动，教学效果依然有限，知识和价值只能在认知层面有所转变或者认同。要提升课程思政教学的效果，就需要让学生在行为层面有所表现，所以课程思政教学方法的选择不能忽视引导学生的参与、体验和实践。课程思政建设强调"知行合一"，构建"走向实践场域的协同育人的课程体系"，即以"培养实践性知识、涵养实践智慧、铸就实践品格"为课程总目标，以专业课教师为指导、学生为主体的课程主体，通过高智力的投入、创造性的实践活动和有目的的现场体验，实现问题探讨、深度体验和批判反思的课程实施途径与方式，最终达到"知行合一、学思践悟、转识成智"的课程目的。

四是互动教学，沟通交流借鉴与合作共同发展。不同的专业有各自不同的特点，但是这并不意味着各个专业学科之间互不相关、毫无联系。针对同样的教学内容，不同学科的表达形式各有所长。专业课教师以喜闻乐见的教育方式传授知识与价值，与学生增加互动，学生则乐于接受和认同。专业课教师注重在交流的过程中提供学生参与的机会，则有利于课程思政教育教学的广泛传播，会极大地提升教学育人的效果。同样，各专业学科教师需要打破枷锁与隔阂，相互交流，沟通借鉴，吸收不同学科的教学方法，启发新的智慧，创新教学手段，在探讨学习中建立起不同学科之间优势互补的教育格局。专业课教师理论水平和道德素养的提升是课程思政建设中质的飞跃，会将课程思政推向更高的发展阶段。②

（三）创新专业课课堂的教学形式

一是拓展网络平台发展，实现课程思政现代化。首先，搭建课程思政资源共享平台。应用型大学要统筹所有教师，以及教务处、学工部等相关职能部门，整合优质资源，集中打造课程思政示范课，选树优秀典型教师，充实课程思政案例库；鼓励不同职能部门组织专业课教师及相关教职人员共同开展学科竞赛、专业实习、创新创业实践活动，依托类型丰富的课程思政案例，打造精彩课堂，发挥专业课教师的主导作用和学生的主体作用，推

---

① 张博. 新时代高校"课程思政"建设研究［D］. 长春：吉林大学，2022.
② 同①.

行"基于问题"的互动式教学,推进第一课堂和第二课堂的紧密衔接和深层融合,实现教学过程的真实性、生动性和有效性。其次,搭建课程思政教师辅导和网络平台。聘请知名专家学者、权威名师对专业课教师进行课堂教学的指导和督导,促进专业课教师对课程思政建设意义的深度理解;进一步加大对思政课教师和专业课教师在教育方式与方法方面的交流沟通,根据不同专业学生的思维方式和学科特点设计教育教学环节,清晰地把握学生的思想动向和价值倾向,提升课程思政的针对性和实效性。[①] 网络平台的发展对课程思政建设应该形成"四个转化":教学形式由固定课时型课堂教学向全天候自由型网络课堂转化;学生学习由单向被动性向双向互动型转化;教师由单一教学型向育人育德兼备型转化;思想政治教育工作由单一部门专管型向多个部门多个学科专业合作协同共管型转化。拓展网络平台,从专业课教师角度来看,能够有效改善教学手段长期落后的状况,培养在信息化时代进行课程思政教学的能力;对学生成长来说,网络平台能够拉近与学生的距离,没有时间空间的限制,更新课程思政现代化;对于教学形式来说,改变了单调的课堂教学,探索出更多的授课途径与方式,推进课程思政建设;对于课堂教学来说,是对课堂教学的补充,在课堂上实现不了的教学形式,转化到网络平台,通过课内外直播教学的时效性、互动性来调动学生的积极性。

二是开展社会实践活动,实现课程思政多样化。除了课程建设,课外实践活动也能让学生深刻感受携手并进、团结互助精神,使学生增强责任感与使命感。非教学型实践活动(如读书会、讲座、校园活动、主题团日活动等)的实践主体为广大学生,在研学过程中,学生通过各类实践平台的相关配套活动亲身体验、主动对标、反思总结自身存在的问题,激发学生教育主体意识,培养学生自我教育思维,这也是实践活动教育目标的关键组成部分。要合理利用"第二课堂"开展社会实践活动,依照人才培养目标进行规划,在讲授理论知识的基础上,有目的、有计划地带领学生利用课余时间参与到社会政治、经济、文化生活的教育实践活动中去。应用型大学"第二课堂"有意识地突出价值引领作用,对"第一课堂"有补充和强化作用,将所学到的知识外化于行动中,能够使课程思政系统化、立体化。[②]

四、营造课程思政的浓厚环境氛围

环境是一项外在的、既定的因素,是课程思政作为教学工作系统的存在条件,课程思政教学工作系统的变化随着相应的外在环境而变化。应用型大学应积极响应党的教育方针,大胆改革教学新模式,勇于探索教学新思路,灵活主动地对现有环境氛围进行改造,从不利环境中探寻有利因素。

(一)厚植校园文化活动多样化土壤

课程思政注重育人环境的培育,课堂内外的校园物质环境、文化活动环境皆是孕育教育思维的土壤,课堂氛围、校风学风、校园文化、校园学术氛围都能够潜移默化、深远持久地对学生价值观念产生有效影响。应用型大学开展课程思政实践教学可以以多样的校园

[①] 孙士聪. 春风化雨 铸魂育人——首都师范大学课程思政教学研究论文集[M]. 北京:首都师范大学出版社,2021:65.
[②] 张博. 新时代高校"课程思政"建设研究[D]. 长春:吉林大学,2022.

文化活动进行，课程思政以渗透的方式融入学生生活，间接达到育人成效。学生通过社团建设并开展社团活动，在教师指导下组织进行文化宣传，设立马克思主义研讨会，学习理解马克思主义中国化的最新理论成果。研究践行社会主义先进文化，积极鼓励学生参与各种志愿者活动，凝练校园文化特色，筹划校园舞台话剧展演，以生动的方式传达英雄事迹、时代楷模的教育精神，感受优秀前辈为国为民、坚志而勇为的情怀。通过校园文化活动的开展，将中华优秀传统文化精神厚植于学生心中并始终保持旺盛的生命力，有助于激发学生的学习热情。多元化的教育形式，推进课程思政实践的不断变换和深入，最大限度地满足时代发展进步及学生成长成才的需求，也使课程思政实践教学的宣传教育贯穿学生校园生活的始终。①

（二）加强教学媒体的多维融合

随着时代的不断发展，新媒体成为课程思政实践教学的重要载体和手段。课程思政建设要实现课内课外、校内校外、网上网下有效结合和优势互补，拓展和完善全方位、多层次、立体化的实践教学媒介。中共中央办公厅、国务院办公厅曾联合发文强调，高校要重视"打造专业示范性思想理论教育资源网站、学习教育网络互助互动社区，校内'课程思政'建设教育微博、及时更新推送知名领域专家学者创新性文章、相关系统校园微信公众号等网络新媒体建设"。高校要引导学生以"要我学"自然转变为"我要学"，建立正确网络观，成长为马克思主义的网络捍卫者和现实践行者。

首先，促进高校校园传统媒体和新媒体融合发展。应用型大学要创新校园媒体管理体制机制，创立新闻中心，同时加强校报、宣传栏、校园广播、校园电视等传统媒体的发展，积极运营校园新闻网、学校官方 App、学校官方微博、官方微信公众号及小程序等新媒体，充分发挥各类媒体的自身特点和比较优势，加强不同媒体之间稿源的共享。其次，倡导合理有序文明地引导校园网络舆论走向。一方面，加强校园官方与学生个人两个舆论场的融合；另一方面，提升校园媒体议程设置的科学合理性，进行有序的网络舆论引导。② 新媒体鼓励学生对学习的新渠道、实践的新方式保持关注并积极尝试体验，培养学生的创新意识和试错精神，利用互联网、大数据在传播领域的应用，引导学生树立为专业发展刻苦学习和努力研究的科研精神。③

（三）满足"德才兼备"人才培养的社会需求

应用型大学培养学生是为了学生能够在社会生活中实现自身价值，社会的发展需要教育强国战略有效实施。专业领域的课程教育不能仅局限于钻研"知识本身"，同等重要的是肩负着现代化强国建设所需的人才培养使命，社会的发展需要德才兼备的青年来推动。政治立场、价值认同、道德修养、专业技能都是社会追求人才不可或缺的要求。

社会需要胸怀祖国的青年。英国著名哲学家怀特海曾说："在中学阶段，学生伏案学习；在大学阶段，他需要站起来四面观望。"大学教育须从更广的知识结构思考教育。课

---

① 张博. 新时代高校"课程思政"建设研究 [D]. 长春：吉林大学，2022.
② 朱丽霞. 课程思政视域中的思想政治理论课"三合一"实践教学模式研究 [M]. 武汉：武汉大学出版社，2021：170.
③ 同①.

程思政把教育视角提升至政治高度,教育学生走进社会要胸怀祖国,放眼世界。社会的发展需要人才来推进,专业领域的人才要有坚定的政治立场,不受外界消极因素影响,投身祖国的建设。

社会需要专业技能强的青年。应用型大学要培养学生敢于创新、善于创新的精神,做到专业教育与创业教育相结合、思政教育与知识传授相结合,体现人才培养的一贯性。学生要牢记使命,格物致知,学以致用,能站在国家需要、社会需求的角度感受和思考问题。任何学科、任何专业都会对整个社会的进步起到促进作用。各门专业课教师要让学生懂得术业有专攻,钻研自身专业领域,熟练掌握理论知识,树立科技强国、创新兴国的宏图大志,把自身追求和民族复兴的伟业紧密结合起来,从国家和人民的现实需求中寻找建设的方向。[①]

---

① 张博. 新时代高校"课程思政"建设研究[D]. 长春:吉林大学,2022.

第五章　应用型大学课程思政模式

课程思政不仅体现了现阶段国家教育大势，也符合现实发展需求。作为高等教育体系中的一种重要类型，应用型大学深入推进课程思政建设，既是立德树人的基本要求，也是积极响应现阶段系列政策文件导向的现实需求，还是打破应用型大学"同质化"瓶颈的有效举措。而"五育并举"和学生关键能力培养也是对"培养什么人"和学生全面发展的时代理解。对此，本章深入探讨了"五育并举"和基于学生关键能力培养的课程思政模式的基本内涵与构建实例等内容，对于应用型大学更好发挥主观能动性，打造"立足区域，为了区域，适应区域"的课程思政模式有一定借鉴和参考意义。

第一节　基于"五育并举"的课程思政模式探讨

一、"五育并举"的由来、内涵及意义

（一）"五育并举"育人体系由来

"五育并举"最早于1912年由教育思想家蔡元培先生在《对于教育方针之意见》中提出，它强调"军国民教育、实利主义教育、公民道德教育、世界观教育、美感教育皆之教育所不可偏废"，突破了中国近代社会"中体西用"的人才培养模式，体现出对传统教育思想的继承、超越，以及对西方教育思想的主动汲取。"五育并举"是中国近代教育史上第一个充分体现社会价值与人的发展价值相统一，追求人的自由、和谐发展的教育思想。

2019年6月，中共中央、国务院印发《关于深化教育教学改革全面提高义务教育质量的意见》，明确提出"树立科学的教育质量观，深化改革，构建德智体美劳全面培养的教育体系""坚持'五育'并举，全面发展素质教育"，并给出"五育"的具体要求，需要我们对"五育"之间的关系逐一梳理，对"五育并举"思想予以强调，"五育并举"上升到国家教育指导思想层面。《中共中央关于制定国民经济和社会发展第十四个五年规划和二〇三五年远景目标的建议》提出，建设高质量教育体系，培养德智体美劳全面发展的社会主义建设者和接班人。这是对学校教育"如何培养人、培养什么样的人、为谁培养人"的根本要求。"五育并举"已经成为学校教育改革与发展的基本趋势。学校在尊重人和促进人的发展的前提下将育人当作学校第一要务，全力构建具有前瞻性的育人理念、完善的育人内容和科学的育人方式组成的系统化育人模式。

(二)"五育并举"育人体系内涵

"五育并举"是新时代党对教育提出的新要求。深入理解和把握"五育并举"时代内涵是应用型大学落实"五育并举"的前提。综合运用全面发展理论、全人教育理论、系统科学理论,坚持历史与现实、理论与实践的统一,在"五育"的时代内涵基础上,充分挖掘、准确把握"五育并举"的时代内涵与特征。

1. "五育并举"的时代内涵

全面发展的教育目的决定了全面发展教育的内容,德育、智育、体育、美育、劳动教育是全面发展教育的基本内容。基于对"五育"时代内涵以及"五育"关系的理解,综合运用人的全面发展理论、全人教育理论、系统科学理论三大理论,"五育并举"可以理解为"五育"共同发展、全面发展、协调发展。具体而言,即"五育"虽然具有不同的功能与特点,但是"五育"是一个整体,需要"五育"融合发展,要同等重视"五育",坚持德为先,智为本,体为径,美为核,劳为重。①

从语义学角度讲,理解"五育并举"的前提是理解"五育""并""并举"这三个词的意思。"五育"即德育、智育、体育、美育、劳动教育。根据商务印书馆印发的《现代汉语词典》(第七版)对"并""并举"的解释,"并"有两层含义:"①作为动词,合在一起。如把三个组成两个。②作为副词,表示不同的事物同时存在,不同的事情同时进行。""并举"指的是不分先后,同时举办。因此,可以从四方面理解"五育并举":第一,在态度上,要同等重视"五育",不可偏废;第二,"五育"是一个整体,不可缺失,不可分离;第三,"五育"功能与作用不同,不能互相代替;第四,"五育"为实现同一目标,在同一时间和空间中,彼此融合、协调发展。②

2. "五育并举"的特征

第一,"五育"有不同的功能与作用。"五育"各有其独特功能,但是彼此又相互作用,共同培养德智体美劳全面发展的社会主义建设者和接班人。德育指向人的思想、政治、道德领域,具有社会性功能、个体性功能、教育性功能。其中,教育性功能指的是德育能够促进其他四育,其作用包含动机作用、方向作用及习惯和方法上的支持作用等三方面。智育指向人的智力、智慧建构领域,具有社会功能、个体功能、教育功能。其中,教育功能指的是智育能够帮助其他四育掌握相应的知识和技能,是实现人的全面发展的重要途径。体育指向人的身心素质领域,具有个体功能和社会功能,具体包括健康心理功能、生命美学功能、社会功能等功能。美育指向人的审美能力和人文素养领域,具有直接功能和间接功能。直接功能即育美;间接功能是美育发挥直接功能时附带的,是一种潜在的功能,往往不易为人察觉。美育对其他四育具有动力作用。劳动教育指向人的劳动观、劳动精神、劳动能力等领域,其独特功能包括劳动价值观和劳动技能的培养、劳动品质的塑造。此外,劳动教育也是促进其他四育和谐发展的重要手段与途径。可见,各育的规律和要求不同,彼此的任务不能相互代替,但同时互相作用,共同培养全面发展的人。

第二,"五育"是一个整体。整体是相对于部分而言的。在教育实践中,全人教育理

---

① 宁本涛."五育"融合本质的再认识[N].中国教师报,2020-12-09(6).
② 孟万金,姚茹,苗小燕,等.新时代德智体美劳"五育"并举学校课程建设研究[J].课程·教材·教法,2020,40(12):40-45.

论强调教育要作为整体来培养人和促进人的全方面发展。教育作为一个整体，没有单独的"智育""德育""劳动教育"①。"五育并举"强调"五育"作为一个整体存在，共同存在于教育大系统中，彼此在相互渗透中完成教育，具有整体性的特征。具体表现为：一是"五育"是一个整体的人发展的各个方面，存在于一个统一的结构中；二是"五育"之间相互渗透，相互包含，这从上述"五育"的功能与作用可见一斑；三是"五育"之间互相促进，互相制约②。

第三，"五育"融合发展。从"五育"的功能可知，五育除了自身独特的功能，对其他四育也同样有作用。任何只聚焦一育教育目标的行为都不符合教育规律，为此，各育必须从自身发展中发现、渗透、落实"五育"。人的全面发展理论以及系统科学理论也都强调"五育"紧密联系、相互贯通、相互作用。当前，"五育融合"主要包括四重含义：一是目标的融合。将分立的目标统筹到德智体美劳全面发展的范畴中，"五育"任一维度都不可或缺，并在学校目标系统之间实现有机统一与衔接。具体到地方本科院校应用型人才培养上，要实现教育目的、学校培养目标、专业培养目标、课程目标、教学的有机统一与衔接。二是内容的融合。从一育入手，将其他各育融入，主要包括育间融合、育内融合、跨育融合三种形式。三是过程的融合。强调要选择适应的课程，以及有助于课程实现融合的策略、方式、方法。③ 四是评价的融合。对教学质量的评价应该在评价主体、评价内容、评价方法和评价机制等方面都体现"五育融合"的思想。

（三）"五育并举"育人体系意义

1. "五育并举"是实现"五育"互通式发展的有力支撑

德智体美劳分别作为融合育人的价值基础、认知基础、物质基础、心理基础和实践基础，在融合的过程中饰演不同的角色，应用型大学作为立德树人的主阵地和主战场，必须将"五育"的实效发挥到极致，并且在各育之间建构起互动机制，实现"五育"的互通式发展。新时代应用型高校探索"五育融合"的教育机制，是指根据"五育"内涵和特征在教育内容、教育方式、教育理念等方面相互包容和补充，建构"五育"互动桥梁，强化"五育"联系，实现在"一育"中渗透"五育"、"五育"整合为"一育"的效果。从理论层面出发，应用型高校落实"五育融合"的教育理念，是推动高校创新发展的必然要求，也是实现"五育"互通式发展的前提与基础。

2. "五育并举"是发挥"三全"育人真实效的可靠力量

培养"五育"全面发展的社会主义高素质的建设者和接班人，是国家教育方针基本内涵，也是国家高等教育的历史使命，只有抓住这个关键才能取得质的进步，才能办出具有中国特色的应用型大学。"五育并举"教育理念是建设应用型大学的新要求，从全员、全程、全方位构建"三全育人"共同体，推动"五育并举"理念进课堂、进教材、进头脑，在现实中检验理论与实践的切适性。新时代应用型高校是立德树人的主阵地和主战场，具

---

① 吴潜涛，郭灏. 新时代党的教育方针的创新发展及其实现路径 [J]. 中国高校社会科学，2019（2）：21-32+157.
② 张俊宗. 努力构建德智体美劳全面培养的教育体系 [J]. 中国高等教育，2019（Z3）：70-72.
③ 赵倩，宋永华，伍宸. 世界一流大学引领型人才培养模式创新研究——以伦敦大学学院的文理学位项目为例 [J]. 高等工程教育研究，2018（1）：95-101.

有全局性育人功能，"五育并举"有利于保障应用型大学全局性育人功能得到最大限度发挥。首先，"五育并举"有利于构架高校全员育人格局。"五育并举"是新时代新型教育理念，是促进学生全面发展的必由之路，要求教育实践或教育活动以学生为中心，特别是"五育"任课教师，根据其自身职责和影响力，发挥"五育互育""一育育五育"等功能，充分发挥育人功能，将全员育人力量更好地整合在一起。其次，"五育并举"有利于实现应用型大学全程育人目标。"五育融合"绝非一蹴而就，具有长期性、滞后性等特征，根据学生身心发展特点，有针对性地开展育人工作才能真正做到全程育人。从课程设计、教材选取、师资建设等环节开始建立不同阶段环环相扣、层层递进的育人工作机制，才能让育人全程更有实效。最后，"五育并举"有利于发挥应用型大学全方位育人功能。"五育并举"是一项要求必须具备全局性的育人工程，对实现应用型高校"三全育人"的总体目标具有一定的推进作用，其本质也是落实党的教育方针的创新之举，有利于高校发挥全局性的育人功能。

3. "五育并举"是培养全面发展型人才的充分保障

习近平总书记在北京大学师生座谈会上指出："培养社会发展所需要的人，说具体了，就是培养社会发展、知识积累、文化传承、国家存续、制度运行所要求的人。"社会发展推动教育发展，"五育并举"正是新时代中国高等教育走向高质量发展、维护教育共同利益和抚平教育焦虑的关键之举，也是培养内外兼修的全面发展型人才的必由之路。

首先，教育对象是独立的个体，"五育并举"的效果只有通过对教育对象自身的复杂建构方能显现和发挥。一方面，教育对象是十分复杂的群体，因为每个人具有不同的生理和心理特征，"五育并举"的效果在每个人身上产生的效果和作用有所不同；另一方面，"五育"既是相互独立的个体又是相互联系的教育元素，"五育融合"并不等于"五育"的机械拼凑，因此教育对象的综合素养也不等同于"五育"素养的简单相加，只有通过"五育融合"，深化"五育互育"，实现"五育"的重生与融合，才能凸显"五个一相加大于五"的整合效应，培养出全面发展型人才。

其次，新时代的教育对象受到互联网的深刻熏陶，他们对社会敏感度高，具有自己的看法和见解，思想具有个体性、多样性、开放性等特征，因此对于教育质量的要求更高。"五育并举"教育理念致力于理论与实践的高度契合，是新时代建设求真、向善、立美育人体系的客观要求，也是应用型人才培养的目标，还是从"抽象的人"向"具体的人"育人理念的深度转变。

最后，具有未确定性是人的重要特征。人的存在始终是具有不确定性和无限可能性，需要不断发展来满足自身需求。从本质来讲，"五育融合"就是人的需要。一方面，人的需要促使教育对象不断提升自我和发展自我，满足个体全面发展的内在需要；另一方面，人的需要使人进一步明确自己的人生目的和价值追求，从而为人的全面发展提供可能。

二、应用型大学"五育并举"模式介绍

（一）"五育并举"育人目标

新形势下，社会对高质量、应用型人才的需求量增长迅速，如何培养符合社会需要的应用型人才，已成为现阶段国内外高校亟须解决的问题。

"五育并举"是新时期我国关于"如何培养人"根本问题的"处方"。如何围绕"五

育并举"的基本理念，搭建完整的育人体系，是落实"立德树人"根本任务的重要举措。根据"五育并举"的时代内涵以及新时代应用型人才的内涵特点，不难发现，"五育并举"与应用型人才培养在价值取向、目标方向、实践路径上具有一致性。因此，可从德育、智育、体育、美育、劳动教育五个维度归纳概括出应用型人才的知识、能力、素质结构等方面的育人目标。

1. 德育维度

德育是关于世界观、人生观、价值观的教育。"德"定方向，坚持以文化人，以德育人，将育德放在"树人"的首要位置。从德育维度出发，在知识结构上，应用型人才应该形成以思想政治理论知识和道德知识为主要内容的知识体系，突出对行业职业规范的理解与掌握；在能力结构上，应用型人才应形成以道德判断能力和道德实践能力为重点的能力结构，突出运用科学思维方法和工作方法创造性解决问题的能力、自觉遵守行业道德规范的能力；在素质结构上，包括思想政治素质和职业道德修养，应用型人才应突出职业道德素养中的敬业精神和工匠之德，强调职业道德规范，尤其是针对公众的安全、健康和福祉，以及环境保护的社会责任。

2. 智育维度

智育是关于知识获取、能力培养和思维发展的教育。在"智"的引领下，注重培养应用型人才在知识、能力和素质三个方面的全面发展。从智育维度出发，在知识结构上，应用型人才应强调知识的复合性和应用性，需要掌握多学科交叉融合知识、专业知识、工具性知识和创新创业知识，着重掌握多学科交叉融合知识、专业知识和创新创业知识；在能力结构上，强调能力的综合性、实践性，应用型人才需要具备以实践创新为重点的专业能力；在素质结构上，包括基础通用素质、专业智能素质和专业情意素质，应用型人才需要具备批判性思维能力、创造性能力以及相应的人文素养。

3. 体育维度

体育是关于身体健康、意志锻炼和团队协作的教育。从体育维度出发，在知识结构上，应用型人才应形成以体育健康知识和运动技能为核心的知识体系，掌握体育健康知识，了解身体锻炼的科学原理和方法以及运动损伤的预防与应对措施；在能力结构上，体育实践能力是应用型人才的重要能力之一，应具备良好的体育实践能力，同时团队协作能力也是体育维度下不可或缺的能力，应用型人才应学会在团队中发挥自己的优势，与团队成员共同协作，实现团队目标；在素质结构上，突出对应用型人才身体素质、人际关系、意志品质、心理调控能力与抗挫折能力的培养。

4. 美育维度

美育是关于审美观念、艺术修养和人文素养的教育。从美育维度出发，在知识结构上，应用型人才应该形成以艺术基础知识和艺术基本技能为基础的知识体系；在能力结构上，应用型人才应以审美感受能力、审美鉴赏能力、审美创造能力为重点；在素质结构上，应用型人才应以审美素养和人文素养为核心，重点突出培养应用型人才的审美素养。应用型人才要具备审美与致用统一的审美工艺观，能做到审美日常生活化和生活审美化。

5. 劳育维度

劳育是关于劳动观念、劳动技能和劳动精神的教育。应用型人才培养强调劳动教育与创新创业教育、专业教育、实验实习实训相结合。从劳育维度出发,在知识结构上,突出强调学习并掌握与职业有关的劳动科学知识与技能;在能力结构上,突出要具备掌握使用现代工具的能力以及创造性解决问题的劳动能力;在素质结构上,除了应具备的劳动情感素质,还强调应用型人才精益求精、吃苦耐劳、爱岗敬业等劳动品质的培养。

(二)"五育并举"实施原则

当"五育并举"从理论研究走向实践探索,当一所大学真正通过教育实践去实施"五育并举"的时候,教育者必须遵守基本原则,以确保"五育"并举在正确的轨道上实施[①]。

1. 育人性原则

应用型大学在"五育并举、融合育人"的要求下,需要将学生作为发展的主体,夯实课程的育人功能,更好地体现"三全育人"思想。要实现这一目标,在教学过程中时应遵循育人性原则。一是构建学校"五育并举、融合育人"体系;二是通过修订人才培养方案将"五育"在人才培养中进行有效融合;三是加强家庭、学校、社会协同合作,共同参与课程构建;四是注重学生个体全方位培养。"五育并举、融合育人"的初衷是确保学生全面健康发展,成为合格的社会主义接班人,因此,要借助多样化的教育手段和育人策略来确保学生全面健康发展。

2. 发展性原则

贯彻"五育并举、融合育人",还需遵循发展性原则,具体体现在强调学生个性发展。一是在课程体系构建中应树立"个性全面发展"的理念,在全面育人前提下,结合学生心理需求,注重学生个性发展;二是要强化课程的开放性,增强学生的自主权,在这一前提下形成更加丰富多元的教学和育人体系,加强与学生现实生活的联系。

3. 融合性原则

"五育并举、融合育人"并非简单地将"五育"融合起来,而是在动态的联系中彼此渗透。"五育"之分,是基于育人功能的划分,"五育并举"不是德育、智育、体育、美育和劳动教育的简单相加,而是要实现"五育"之间的真正渗透,做到融合共生。正如华东师范大学李政涛教授所指出的那样——"融合"不是做加法,不是以"某一育"为基础,再分别叠加其他"各育";真正的"融合"是融通、整合,是"各育"之间的彼此渗透。因此,教育者对"五育"应同等重视,在此基础上进行融合,既要做到"五育"中一个都不能少,又要各具特色,保持平衡,互相促进,共同发展,进而实现"五育"之间的共进、共美。融合育人主要体现在三个方面:一是内容融合,即加强课程内容与生活的联系,不仅要融合五育元素,更重要的是跟其他课程融合;二是目标融合,即应将各课程教学目标统一至全面育人这一目标范畴内,确保课程教学目标和育人目标之间密切衔接;三是教法融合,即实现课程理论知识与实践的结合,并选择最佳的方式进行教学,提高教学成效。

(三)"五育并举"实施路径

1. 以全面落实立德树人为根本任务

应用型大学人才培养必须要坚持立德树人,全面贯彻党的教育方针。在思政工作质量

---

① 陈晓辉. "五育融合"推动教育高质量发展的原则与路径[J]. 辽宁教育,2022(6):53-56.

提升方面，应用型人才培养应注重全面统筹学校各方面的育人资源，以育人成效为导向，将思政工作落实到人才培养目标、培养方案、教育教学模式、课程教学、评价等各方面。第一，全面加强思政课教师、专业课教师、管理服务人员队伍建设。第二，着力构建和完善课程、科研、实践、文化、网络、心理、管理、服务、组织、资助等"十大"育人体系。第三，不断加强思政课建设，有针对性地对学生开展思政教育，增强应用型人才对中国特色社会主义的认同感，不断深化中华民族伟大复兴中国梦的宣传教育。第四，深化思政课教学改革，形成理论课、实践课、网络课"三位一体"的教学模式，完成习近平新时代中国特色社会主义思想"四进四信"专题教学全覆盖。第五，设立"思政课公共课程"改革专项，推进课程思政试点工作。第六，不断深入课程思政和专业思政建设，根据"五育并举"视域下应用型人才专业培养目标要求，对思政教育的课程目标、教学目标、教育教学内容、教学方法、评价等进行合理设计，将思政教育融入专业教育之中，进而推动不同学科专业课程思政的交叉、渗透与融合。同时，评选课程思政示范课、优秀教师、精品课程等。坚持思想政治教育贯穿本科教育全过程、全领域，实现全员育、育全员。

2. 高度重视"五育并举"理念

面对国内外新形势、新要求，培养应用型人才应高度重视"五育并举"理念。第一，将"五育并举"的理念融入人才培养目标、人才培养方案以及本科振兴行动计划等一系列文件之中，加强体育美育，加强劳动教育，加强社会责任感教育，加强心理健康教育。第二，出台"五育并举"相关文件，为应用型人才培养提供相应的制度支持。这既包括补齐短板的美育、劳动教育、体育方面的实施意见，也包括"五育并举"的实施方案。第三，宣贯相关"五育并举"会议，促使全校上下对坚持"五育并举"育人理念、培育高素质应用型人才达成共识。强调"五育并举"工作要从实际出发，做到守正创新。通过改革课程设置和评价方法提高学生的实践活动比例。全面统筹育人资源力量，构建一体化育人体系。

3. 深化教育教学改革

随着"五育并举"理念深入人心，应用型大学在人才培养上应不断深化教育教学改革，进而推动"五育并举"的教育教学改革。第一，在德育方面，不断加强"家国情怀"的通识教育、思政课程、课程思政、专业思政、日常思政建设。以课程思政为例，出台课程思政的实施方案，开展课程思政大讨论和教学设计活动，打造课程思政示范课堂，遴选出课程思政优秀教师，建设课程思政研究中心，进而完善德育工作体系。第二，在体育方面，打造公共体育课程、开设课外锻炼必修课，加强校园体育文化建设，将思政教育与体育相结合。如在体育课堂教学方面，开发学校已有的体育教学资源，进行多项运动项目教学，对体育教学内容进行更新；在体育第二课堂，体育方面的社团可以根据年级特点实行会员制。此外，还应注重心理健康教育。第三，在美育方面，应用型大学应加强美育顶层设计，构建美育工作保障体系机制，加强美育教学，强化美育实践，开展校园文化活动，蕴育美育环境，将美育纳入人才培养方案。第四，在劳动教育方面，应用型大学在人才培养方案中应开设劳动教育相关课程，把劳动课程纳入学分管理，同时针对学科专业特点，将劳动教育融入其中，在第二课堂中，增加劳动教育实践内容，从而进一步加强学校劳动文化建设。将劳动课融入学生生活，实现劳动生活化的目标。

应用型大学应具有鲜明浓厚的教育特色，应充分展现自身的教育优势，增加竞争砝码,从而提高自身的综合竞争力。在应用型人才培养方面应积极践行"五育并举"育人策略,落实"立德树人"教育根本任务,紧密结合本校特色发展目标,在促进学生德智体美劳全面发展的基础上,真正展现出本校的特色教育。如此,应用型大学在培养学生掌握显性的理论知识过程中也能完成隐性知识的传递,实现"理论"与"实践"两手抓,智商与情商"齐飞"。"五育并举"教育体系的构建,能够突显应用型大学体系的亮点,提升其育人水平,让自身更具竞争力。

(四)"五育并举"模式下应用型大学人才培养问题分析

1. 培养理念:"五育并举"理念的内涵理解把握不够

人才培养理念主要指向大学"培养什么样的人"的问题,集中体现了高等教育的教学观念,决定着人才培养的方向和路径。[①] 但当前有的应用型大学对"五育并举"的理念内涵把握不够,将"五育并举"等同于"五育平等"存在将"五育"放在同等位置的问题,错误地以为加强美育、劳动教育、体育就是将其提高到与德育、智育同等的地位,这是观念上的偏差。在"五育并举"理念下进行教育实践时,多是遵循"补齐短板"的原则,在培养目标、培养方案、教学模式、质量评价等方面加上劳动教育、美育、体育相关内容,虽然补齐短板是"五育并举"的前提,但是将"五育并举"简单地误以为就是补齐短板,重智育轻德育、体育、美育、劳动教育,将道德知识、美育知识的传授理解为德育、美育。有的应用型大学对"五育并举"理解不足。一方面,德育与其他各育的融合还不够深入;另一方面,智育、体育、美育、劳动教育的育内、育间、跨育融合极少。

2. 培养目标:劳动教育、美育、体育表述不够明确

应用型人才培养目标是依据国家的教育目的以及各应用型大学的性质、任务提出的具体培养要求。当前我国教育的根本目的对人才提出德智体美劳全面发展的要求,因此应用型大学在制定人才培养目标时必须依据我国的教育目的,突显出德智体美劳几个维度。但当前高校在应用型人才培养上存在以下问题:第一,专业培养目标中对劳动教育、美育、体育的表述过于宽泛。一方面,将劳动教育、美育、体育的具体表述直接用综合素质代替;另一方面,没有体现应用型人才培养的特色。且大多数专业培养目标中缺少对劳动教育、美育、体育的表述。第二,各专业培养目标在德育、体育、美育、劳动教育上的表述与学校培养目标表述雷同,未体现专业特点。部分学院和专业在制定自身培养目标时完全套用学校培养目标,没有体现出学校、学院和专业人才培养目标之间应当具有的层次性。第三,对"五育并举"人才培养目标内涵把握不到位,全校师生尤其是学生群体能够准确理解和表述目标的较少。

3. 培养方案:课程体系设置不完善

应用型大学课程体系重点体现为专业课程和基础课程、理论课程和实践课程、必修课程和选修课程的设置比例及其关系。从"五育并举"视域出发,目前应用型大学课程设置不当是培养应用型人才时存在的普遍问题。

在理论课设置上,劳动教育、美育、体育课程开设不足。一是劳动教育理论课"缺

---

① 赵倩,宋永华,伍宸. 世界一流大学引领型人才培养模式创新研究——以伦敦大学学院的文理学位项目为例[J]. 高等工程教育研究, 2018(1): 95-101.

位"。而高校劳动教育理论课程开设不足，对应用型人才知识、能力、素质培养产生极大的障碍。劳动教育理论课程在整个理论课程体系中占比不大，劳动教育理论课的内容不够丰富，与其他四育融合不足。二是美育理论课程对于帮助应用型人才完善知识结构、培养创造性思维、提高综合素质起到关键性作用，而美育理论课程在整个理论课程体系中占比不大；美育理论课程内容陈旧、专业性强、内容固化，各专业之间的美育课程设置雷同，未能根据专业培养特点有针对性地改造美育课程。同时，美育课程内容在与德育、智育、劳动教育、体育方面融合不够。三是体育理论课程不受重视，开设较少。同时，体育与其他四育融合时存在较大不足，未将其他四育的内容纳入体育教育中。

在实践课设置上，德育、劳动教育、美育课程开设极少。实践教学环节区别于第二课堂，主要体现为实践教学环节是学校组织的一系列有计划、有目的活动，具有实践性、系统性、主体性特征。实践性教学作为应用型人才培养的首战场、好载体和主渠道，课程的设置在应用型人才培养的阶段未体现不同，对应用型人才的职业道德素质要求体现不够。

在素质拓展课中，美育和劳动教育不能满足应用型人才知识、能力、素质的要求，活动形式单一、内容局限、针对性不足，应用型人才美育培养特色不明显，存在同质化现象。

理论与实践的有机结合并最终提升学生实践能力是应用型大学人才培养的核心目标。为了实现上述目标，此类高校必须充分发挥自身办学优势，构建应用型人才培养工作机制，发挥课程思政的积极作用，引导大学生形成科学的价值理念和发展理念。

4. 教学模式单一化

"所谓大学者，非谓有大楼之谓也，有大师之谓也。"教师是履行教学职责的专业化人员，是落实"五育并举"的实践主体，是应用型大学实现"五育并举"的关键。教师教学能力是指教师对学生进行知识传授和思想引导的能力，其构成要素包括在教学方面的设计、实施、监控、研究等能力，还包括教会学生学习的能力。当前教师在这些方面教学能力不足，导致教学方法和课程考核评价方式单一。

5. 质量评价：教学质量评价体系不完善

评价是保障教育教学质量的重要手段。从"五育并举"视域出发，应用型大学在教学质量评价体系建设方面仍然存在以下问题：评价主体单一，以内部评价为主，缺乏外部评价，尤其缺少对美育、劳动教育的第三方评价；评价内容片面，缺乏美育、劳动教育方面的评价；评价机制不健全，"五育"融合方面的评价制度尚未建立，多是从一育出发，分别评价"各育"育人效果。

三、"五育并举"育人模式下的课程思政模式构建

"五育并举"背景下，应用型大学的人才培养是一项系统工程，需要政府、高校、社会、企业等多个主体与时俱进、通力合作，需要不断深化以赛促教、以赛促学。把握应用型人才培养的主战场，找准载体，厘清主渠道，不断挖掘内涵，更加积极主动融入人才培养目标和学校转型发展中。

(一) 明确课程思政教学的培育方向

1. 优化顶层设计，确保融合发展

建立一套完善的应用型人才培养模式，必须依赖于科学培养方案的设计。培养方案就是

高校基于自身的培养目标和规格，明确学生在相应条件下应具备的知识和能力结构，也包含了实现这一结构的方式方法。本质上学校制定的人才培养方案，是学校指导、管理和组织教学工作开展的指导文件。培养方案是人才培养的重要基础，必须将专业培养目标和规格视为出发点，将应用能力培养作为主线，以推进顶层设计。[①] 应用型大学还需基于现代社会经济发展、科学技术进步状况以及社会对高素质应用人才的需求情况，制定出不同专业不同层次的培养目标与规格，以促进培养方案制定，最终建立起科学完善的人才培养模式。

2. 夯实课程建设

应用型人才培养目标和规格需要相应的培养途径实现，且教育过程依托于稳定的课程体系和教学内容，这就需要实现对课程体系和教学内容的选择与组合优化，包含理论和实践、课内和课外、共性和个性、基础和专业等。

在理论教学层面，应用型人才的知识结构从整体上来看，重点突出理论教学的实用性，建立具有极强逻辑性、目标明确的平台和模块化彼此融合的理论教学体系。在这里应重点对教学内容和课程体系进行改革，建立专业、基础的平台，形成"基础+专业""专业方向课+跨专业任选课"的课程体系，尽可能保证人才培养的个性化、多样化。组织专业师资队伍挖掘专业课程的思政元素和"五育"元素，以思政课实践教学为载体，充分发挥思政"一育"引领专业课的"它育"的黏合力，加强统筹和协作，将思政课与专业课有效融合，形成合力。在教学内容方面，应在设计出学生所需明确的知识点和能力发展要求后，对各类课程进行有效裁并、整合，实现内容的更新，最终设计和开设全新的课程，建立起较为系统完整的理论教学体系，并给实践教学部分留出学分学时。[②]

在实践教学层面，应用型人才具有多元性、多层次化等特征，有必要建立分层教学、分类设计、独立设置、分散开展的选修教学和必修教学相互融合的实践教学体系。基于当前社会针对人才在创新创业、实践能力等方面的相关要求，可以将课内系统实践、课外自主实践和校内素质拓展、校外实习等结合起来，建立新型的综合性培养体系。通过实践教学，挖掘思政课中的"它育"元素，开发专业课教学中的"德育"元素，增强实践教学温度和深度，与专业课内容相互借鉴、优势互补，在实践教学中充分发挥学生的个人兴趣特长，将整体发展与个性发展有机结合。通过"五育融合"的合力进一步增强应用型思想政治教育的有效性。

应用型人才的课程体系，在建立时以应用能力培养为基础，重点实施专业性与职业性课程建设，同步建设好综合性和基础性课程。所以除了理论教学和实践教学，还需加强素质拓展，即对学生专业技能、技术创新、社会综合能力、身心品质等进行全方位提升。一般需要以规范化的素质拓展要求为基础，通过人文教育塑造学生健全人格，利用科学精神启蒙培育创新创业精神，实现第一课堂和第二课堂的有效融合，促进课内教学和课外学术技术活动的融合。从融合方式方面，打破课程体系单打独斗的"分育"模式，采取专题教学、访谈式教学、行走的课堂、专业见习、融合思政课等方式将思政课程体系与专业课程群有效融合，深挖其中的"五育融合"元素，以思政课程为引领，以主题为线索，打破专业界限，构建"思政+融合"课程群。从融合载体方面，通过思政课、见习单位、社区服

---

① 赵军，赵新泽，李卫明. "应用型+" 人才培养模式改革研究与实践 [J]. 中国大学教学，2018（9）：40-43.
② 邹晓川，李俊，林强，等. 地方高校应用型人才培养模式改革与创新的探索与实践 [J]. 化学教育（中英文），2017，38（16）：14-18.

务、实践操作、线上学习、参观访谈、实地调研、志愿活动等载体将校内校外承担育人义务的一方纳入参与、评价主体中①。在各专业课教学中，充分挖掘思政育人元素，真正落实专业课与思政课协同育人机制，达到育人效果②。

（二）合理构建课程思政课程教学

1. 多样化、多渠道地将立德树人的根本任务落实于教学的全过程

我国社会随着经济转型和科技高速发展，要求高校加大对德才兼备的优秀应用型人才的供给。应用型大学有效提升人才培养质量，必须加强党的领导，坚持社会主义办学方向，秉持"德育为先、能力为本、素质为要、文化为根"③的育人理念，大力改革应用型人才培养方式，努力培养全面发展的高素质应用型人才，走出一条特色鲜明的应用型人才培养之路。

应用型大学应凭借优化师资队伍建设、升级课程资源配置、增加配套硬件设施、加大政策制度支持四重保障机制来建设保障体系，全员参与、全方位保障育人质量。教师团队充分利用理论课堂、实践课堂和云端课堂三个课堂，发挥课堂教学主阵地作用，融合"五育"，落实立德树人根本任务；大量线上线下资源的挖掘与补充，保障了育人的深度和广度。通过三个课堂的联动，润物无声地开展课堂思政，融合"五育"，落实立德树人的根本任务④。有效转变教学方法，合理融合"五育"，搭建以学生为中心的课堂模式，教师在其中只起到引导作用。"探究性"体现了专业学习的内涵和厚度，而"自主性"体现的是学生在学习过程中所表现出的主体性，"参与式"则搭建了知识共享的平台。辐射到专业课程体系，根据人才培养"应用型"总体定位，建立更加专业、具体的人才培养目标，切实搭建学生学习平台，更快地构建起学生自主探究学习模式，从而达到师生互动的学习目的。

2. 优化"五育并举"目标的课程教学模式

当前应用型大学在人才培养模式上仍然沿袭了传统的教育教学模式，重视课堂理论教学，轻视实践技能培养，应用型大学应把"培养什么人、如何培养人、为谁培养人"作为教育的根本遵循，把高质量的应用型人才培养和高水平的专业建设作为学校发展的重要抓手。⑤针对当前人才培养模式存在的弊端，革故鼎新，大力改革，突出应用型人才培养特色，注重创新精神、创新意识和创新创业能力培养。

课程教学是学校教育中的关键一环，"五育并举"的实施必须通过课程教学这一基本路径。因此，应用型大学应提供相应的师资业务培训课程，提供教师在校外的培训交流平台，鼓励教师之间相互学习与交流，加强教师实践能力与专业理论知识的掌握，鼓励教师在实践中反思，为实践而反思。教师应与社会发展共同进步，采用大数据信息化方式更新教学方法。应用型大学应鼓励教师进修学历，提升专业水准，与时俱进教书育人；也应提

---

① 杨海宁. "五育融合"理念下高职院校思政课实践教学探析［J］. 科学咨询（教育科研），2022（8）：105-107.

② 何悦，刘瑞儒. 课程思政与"五育并举"融合发展的思路与措施［J］. 教育观察，2022，11（10）：39-41+100.

③ 常翠鸣. 落实立德树人根本任务努力培养全面发展的高素质应用型人才［J/OL］.（2022-04-21）［2022-05-15］. http://www.dangjian.com/shouye/zhuanti/zhuantiku/dangjianzazhi/202204/t20220421_6344820.shtml.

④ 王冬霞，贲培云. "五育融合"理念下《高级英语》课程思政"234"模式创新研究［J］. 齐齐哈尔大学学报（哲学社会科学版），2022（4）：165-168.

⑤ 潘懋元，周群英. 从高校分类的视角看应用型本科课程建设［J］. 中国大学教学，2009（3）：4-7.

倡拉近师生关系，加强家校联系。在具体的课程改革以及教育教学过程中，教师要敢于打破"五育"的边界，敢于破除各学科之间的边界，敢于打破学科共同体的边界，避免教师教学和学生学习时产生局限。教师要开展多元化的理论指导，积极尝试运用多种新型教学方法，例如，基于产出导向法（OBE）、问题导向法（PBL）和任务型教学法（TBL）等，摒弃偏重教师讲解和知识传授的传统教学方法，倡导以学生为主体、以教师为引导的学习模式，激发学生的学习兴趣，实现传授知识、提升素养、培养能力、塑造价值同频共振、并行发展。消除教师教学与学生学习之间的差异，立足整体思维，实现教育教学效果的整体推进和有效提升。

要形成符合应用型大学自身情况的课程方案设计，教师要依据学生自身情况因材施教设计课程方案，增加"五育"课程门类设计数量，改革传统课程环节，依据学生兴趣爱好进行课程选择，扩大学生可选择课程的范围。应用型大学应采取措施促进师生之间交流，保障师生校沟通无障碍，学校及教师依据学生反馈的情况及时调整课程方案，形成"你中有我，我中有你"的课程方案。促进德智体美劳"五育"在课程学科之中相互交融，适量减少书本教学理论知识课程，适当增加实践活动课程比重，将专业理论课程作为基础课程。应用型大学要推进开放式课程方案设计，为学生联系校外企业、社会实习公司进行实践课程的开展，增加学生运用理论知识与校外的实习机会。另外需结合时代背景使"五育"真正融入日常生活之中，长远考虑社会人才需求，提升学生的技术运用感知力、社会责任感及学习动力。

同时，信息技术革新了教学方式，多媒体在教学中的运用也越来越广，为教育带来了新的生机。在实践教学中，各级各类学校应借助信息技术推动课程思政与"五育并举"的融合发展，为融合发展提供丰富的资源，如建立教学案例数据库供教师在课堂上随时调用，实现图文并茂的讲授，打破枯燥的教学氛围。信息技术的优势在于能够打破时间和空间的限制，让学生直观地感受到学习的趣味性，同时开阔眼界，拓展学识。此外，信息技术的应用能够改变传统的师生互动，适应应用型人才的实际发展情况，在教学中不断促进融合发展。线下思政不断提高思想性、亲和力和针对性，提高学生的实践和动手能力；线上思政大力推进创新改革，建立网络教育资源动态渗透，实现线下主渠道与线上立体化教育的同向同行。①

3. 加强实践基地与设施建设，提高竞赛育人的水平

实践场所是"五育并举"视域下应用型大学人才培养的重要保障，应用型大学要充分开发校内外资源，发挥已有的专业优势，为应用型人才建立相对稳定的实习和劳动实践基地。同时，应用型大学需要加大劳动教育、美育场地建设投入，建立相应的劳动实践和美育实践教室，进一步加强体育相关设施的建设，加强劳动教育、体育、美育的信息化建设。学科竞赛是综合锻炼学生学习能力、分析能力、写作能力等诸多智力和非智力因素的重要方式之一，应用型大学的学生，应该利用专业优势参加高级别的竞赛以及学科竞赛，达到以赛促学的目的。

---

① 何悦，刘瑞儒. 课程思政与"五育并举"融合发展的思路与措施[J]. 教育观察，2022，11（10）：39-41+100.

（三）合理构建课程思政教学效果评估体系

1. 合理构建课程考核评估指标体系

2020年10月中共中央、国务院印发的《深化新时代教育评价改革总体方案》明确提出，要创新德智体美劳过程性评价办法，完善综合素质评价体系，切实引导学生坚定理想信念、厚植爱国情怀、加强品德修养、增长知识见识、培养奋斗精神、增强综合素质。为了保障应用型大学整体推进"五育"融合育人，必须构建科学的评价体系，把握正确的育人导向，通过制度的力量促进"五育"融合育人效果的提升。

应用型大学的教学评估指标应以衡量课堂教学效果、检验课程目标完成情况和教学任务是否顺利开展为评价因素。融合发展的评价理应在实践中进行，并实现量化和质性评价的结合。以"五育并举"作为出发点，将德智体美劳分解为30个能力增长点（见图5.1），构建铸人以魂、育人以灵、助人以健、化人心扉、塑人成长的"五育"人才培养体系，突出思想引领力、提升成长服务力、激发健康蓬勃力、增强教育渗透力、促进学生创造力。构建融合发展行为模式，制定行为评价测量表，全方位、多角度、深层次对受教育者进行评价。

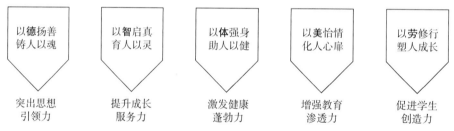

图 5.1　以 30 个能力增长点为目标的"五育"人才培养体系

面对课程考核评价单一的问题，从理论课考核评价、实践课考核评价、第二课堂考核评价三方面创新课程考核评价方式。第一，在理论课考核评价上，提高学生劳动教育和美育学习过程性评价比重。帮助应用型人才掌握更多的劳动科学知识、美育知识，提升劳动教育及美育理论素养。在课堂讲授的基础上，通过布置作业、文献阅读、读书笔记、调研报告、研究论文等形式进行教学组织和考核。以体育课程考核为例，改变传统的"一考定胜负"的体育课程考核方式，提高学生平时表现评价的比例。实行分层确定学分的激励机制，成绩构成为平时成绩、期中成绩、期末考试成绩的综合，且要加大平时成绩的比重。第二，在实践课考核评价上，改变传统德育、劳动教育、美育考核评价过于强调评价结果的考核评价方式，重视过程性评价，与此同时，要关注个体差异性评价，正确地评判学生的实践成果。在考核过程中，要重视学生在真情实景中活用知识的能力方面的考核。第三，在第二课堂考核评价上，注重提高学生美育、劳动教育过程性考核评价的比重，关注学生在美育、劳动教育中的平时表现，主要包括平时活动参与次数、参与程度、活动完成程度等。

注重评价结果的运用，强化评价的激励功能。教育评价不仅是一种保障机制，也是一种激励机制。要探索学生综合素质评价机制，切实改变目前体育、美育、劳动素养评价在综合素质评价体系中弱化或缺失的情况。建构科学化、规范化和人性化的教育评价体系，紧紧把握评价体系的育人导向，实现评价的多元化、多样化和过程化①。同时针对应用型大学在劳动教育、美育、体育评价时方法单一的问题，可采用定性评价和定量评价相结合的方法。所谓定性评价主要指专家在对学校劳动教育、美育、体育进行正式评价之前，需要对照国家有关劳动教育、美育、体育的要求，对应用型大学提供的劳动教育、美育、体育方面的自评报告和相关支撑材料进行考察。所谓定量评价主要指结合通过调查法得来的数据，客观、公正地评价应用型大学在劳动教育、美育、体育方面的人才培养教学质量。

2. 评价主体多元化，学校、社会和家庭形成合力推动融合发展

为建立健全常态化"五育并举"评价的长效机制，当前应用型大学针对第三方评价缺失的问题，改变传统单一评价局面，积极引进社会评价，加强第三方评价。

学校是"五育并举"教学的"指挥棒"，应用型大学应根据培养方向全面了解学生的学习需求，以便合理安排教学和实践活动。校园作为大学生成长的主要场所，理应在"五育并举"视域下发挥重要的育人作用。一方面致力于校园环境建设，创设一个符合现代教育理念和现实情境的有形的物质世界教育场域，以最直接的方式向学生提供知识从生产到消费的全过程；另一方面打造健康向上的校园文化，突破客观限制，营造一个无形的精神世界教育场域，传承历史沉淀下的精神气质②。

学校始终坚持"地方性、应用型"办学定位，不断探索产教融合的有效实现形式，与企业共建校企合作实习基地、校企合作研发中心，在为政府、企业等利益相关者搭建协作平台和桥梁的同时，聘请企业工程师进校园给学生上课。社会要创造有益于"五育并举"的教育环境，良好的环境对人的影响是深远持久、潜移默化的，这是长久实现"五育并举"必须考虑的现实问题。

家庭教育关乎一个人的终身教育，人才的培养要求必须得到每个家庭的认可，因此，融合发展也需要家庭的协助。总之，学校是"五育并举"的主阵地，社会为学校融合发展提供和谐的外部环境，家庭全力配合，三者以"五育并举"为核心，相互辅助、循环联动，实现"五育并举"的教育目的③。

第二节 基于学生关键能力培养的课程思政模式探讨

一、应用型大学学生关键能力培养目标

(一) 应用型大学人才培养规格及特征

1. 应用型大学人才培养规格

作为现代高等教育人才培养的基本模式之一，应用型大学以培养应用型人才为主要目

---

① 徐雪平. 高职院校五育融合育人瓶颈及破解 [J]. 职业技术教育, 2021, 42 (23): 71-75.
② 李波. 五育并举视域下投资学专业建设与人才培养融合机制研究 [J]. 湖北第二师范学院学报, 2021, 38 (11): 62-65.
③ 何悦, 刘瑞儒. 课程思政与"五育并举"融合发展的思路与措施 [J]. 教育观察, 2022, 11 (10): 39-41+100.

标。为达到培养应用型人才的目标，应用型大学建立了富有自身特点的教育体系，主要表现在三个方面：目的重实用，内容重技术，组织重专业。① 应用型大学人才是知识、能力、素质和谐发展的高素质人才，是介于传统学科型人才与职业技能型人才的"中间型人才"，既有本科人才的学科教育特征，又有应用人才的职业教育特性。②

作为本科层次人才，应用型大学人才培养规格必须符合本科教育基本要求，学生应系统全面地掌握本学科、本专业必需的基础理论和基本知识，掌握必要的基本技能和方法，形成从事本专业相关工作所具备的初步能力。相较于职业技术教育，应用型大学学生需要掌握的相关知识更具深度和广度，同时也更加系统和前沿，社会对其创新思维和能力的要求也更高。作为以应用为本的人才，应用型大学学生应当是能将专业知识应用于实际生产过程并推动行业及地方社会经济发展的实践型人才。区别于学科型人才，应用型人才具有较强的行业应用能力及问题解决能力，且在实践的过程中能创造性地基于实践进行创新。正是应用型大学人才培养规格的学科本色和应用特色的双重特点，决定了应用型大学在人才培养过程中应当同时保证系统学科知识的学习和面向实际工作的创新训练。③

2. 应用型大学人才基本特征

（1）实践性。实践性是应用型人才的基本属性。应用型大学以"应用"教育理念为引导，突出"就业"目的，注重学生专业技能的培养。理论知识的学习以"实用、够用"为标准，突出知识的实用价值；实践研究注重技术创新及成果转化，突出研究成果的应用价值和社会普适性；通识教育的学习注重与职业技能培养的统一，注重学生终身学习能力的形成④。应用型人才的实践性特征要求其具备专业的实践操作能力，要熟悉和掌握所从事专业或行业的工作程序和方法，能运用专业的实践操作技能来处理工作中的实际问题⑤。

（2）创新性。创新性是应用型人才非常重要的特性。应用型大学应当重点培养学生的创新精神、创业意识和能力⑥。当前，数字经济的发展催生了很多新技术、新产品，同时也促进了很多产业大融合，对人类生活、工作起到了革新的作用，同时也对高校人才培养提出了新的要求和挑战。应用型大学作为支撑区域经济发展人才输出的主要平台，应当结合自身办学特点及市场需求构建相应的人才培养模式，使学生不仅能够对知识和技术进行创新，还能够在实际工作中为社会革新、行业转型升级以及新技术、产品的研发和应用进行创新。

（3）地方性。地方性是应用型人才的根基。教学、科研和服务都是大学的主要职能，应用型大学的发展与地方社会经济、科技产业、文化教育等实际情况息息相关。因此，应用型大学必须考虑到每一项教育职能的实际价值⑦，立足地方，瞄准地方发展需求，为地方经济社会发展服务。此外，由于应用型大学生源主要来自当地，学生毕业后大多会选择

---

① 别敦荣. 学术本科、应用本科和职业本科概念释义、办学特点与教育要求[J]. 中国高教研究，2022（8）：61-68+75.

② 钱国英，徐立清，应雄. 高等教育转型与应用型本科人才培养[M]. 杭州：浙江大学出版社，2007：74.

③ 马建荣. 论应用型本科人才培养目标下的课程教学设计——从学科逻辑向问题逻辑转化的视角[J]. 中国高教研究，2011（4）：88-91.

④ 甄希成，陈新. 运动康复专业职业教育特征：应用性与实践性[J]. 东岳论丛，2018，39（10）：186-190.

⑤ 申怡，夏建国. 应用型人才的特点及其培养体系构建[J]. 中国高等教育，2019（8）：34-36.

⑥ 同⑤.

⑦ 吴业春. 地方应用型大学建设：定位、定向与定力[J]. 国家教育行政学院学报，2020（10）：11-16.

留在地方就业，应用型人才的培养更加需要适应地方的实际需要。

（4）行业性。行业性是应用型人才的重要属性，体现了应用型人才与特定行业或领域的紧密联系和深度融合。应用型大学在人才培养上除了要重点考虑地方社会及经济发展，还需要时刻关注行业发展对人才的需求情况。地方经济的发展带动产业结构的调整升级，势必对人才结构、数量和规格等提出新的要求，应用型大学人才培养亦要随着社会产业结构及人才需求的变化作出相应、同步的调整[1]。

（5）复合性。复合性是应用型人才的显著亮点。复合性要求应用型人才具备两种或两种以上的能力，复合型人才往往更受市场的青睐。当前，数字经济作为实现高质量发展的主要动力，推动了各行业的深刻变革，同时也促使人才需求发生了较大的转化。应用型大学作为人才供给方，需要从培养体系等方面进行革新，在注重对学生解决某一专业领域具体问题能力进行培养的同时，更要注重"数据驱动"解决问题能力的培养[2]。

（二）关键能力内涵

有关"关键能力"的研究始于德国的职业教育领域。1972年，梅滕斯提出职业教育应当从"职业适应性"出发，着眼于培养与未来发展息息相关的关键能力，主要包括基础能力、职业拓展性要素、时代关联性要素等。他认为，"关键能力"不同于专业技能，是一种知识、态度、技巧或能力，能够在人生各个方面和阶段都发挥关键作用，也是胜任不可预见变化的一种能力[3]。此后，"关键能力"开始受到各界关注，且逐步应用到基础教育领域。经济合作与发展组织（OECD）认为，关键能力能够帮助所有个体而不仅仅是专家满足不同情境下的需要，从而对个体和社会产生有价值的结果。该组织构建的关键能力框架主要包括三大类：交互性的实用工具、群体内的和谐互动、自主性的开展行动[4]。欧盟认为关键能力是个人发展、参与社会活动和胜任工作必需的一系列知识、技能与情感态度的综合，主要包括读写与语言能力、数字化能力、社会与学习能力、创新能力等[5]。

国内外学者结合不同的情境对关键能力展开了大量的研究，其内涵是丰富且复杂的。通过梳理可知，关键能力大体具有以下三个特点：①迁移性较强。产业升级转型，新业态、新模式的出现导致工作内容更新迭代加快，部分传统岗位被淘汰、新的岗位需求应运而生。时代、产业、岗位的发展使相关人才需要具备更具迁移性的能力，关键能力应运而生。一般认为，关键能力可理解为跨专业的知识技能和能力，由于其具有普遍适用性而不易因科学技术进步而过时或淘汰[6]。②内部结构复杂。关键能力属于高阶的职业能力，主要包括专业基础、拓展能力、学习能力、创新能力等，且各组成部分之间是相互作用的。随着社会和经济的发展，关键能力的结构也将持续发展。③需要行动导向教学法来培养。鉴于关键能力的迁移性和复杂性等特点，该能力的培养适合结合实践进行培养。在教学的

---

[1] 冉隆锋. 论应用型大学的内涵及特征[J]. 职业技术教育，2015，36（13）：25-28.
[2] 丁烈云. 面向数字经济的复合型人才培养探讨[J]. 高等工程教育研究，2022（6）：1-4+24.
[3] 李凤伟，常桦. 就业力——赢在起跑线的七种能力[M]. 北京：中国纺织出版社，2004：299.
[4] Organisation for Economic Co-operation and Development. The definition and selection of key competencies: Executive summary. 2005.
[5] 罗燕，刘惠琴. 高等教育人才培养的核心素养——国际机构报告的观点及其对我国的启示[J]. 中国高教研究，2022（12）：37-44.
[6] 徐朔. "关键能力"培养理念在德国的起源和发展[J]. 外国教育研究，2006（6）：66-69.

过程中，应当强调情景教学和行动导向教学方法，加大实践教学、模拟教学等教学模式的应用[1]。

关键能力是个体胜任工作并能够快速适应职业和岗位需求变化的一种通用能力，是个体适应终身发展和社会发展需要的必备能力[2][3]。

（三）应用型大学学生关键能力培养目标

应用型大学学生受到一定程度的理论基础教育和规范性训练后，能够掌握一定的专业知识和技能且能在相关专业的理论指导下，将理论知识应用于社会实践中，从而解决实际问题并创造社会财富。应用型大学人才培养侧重于知识的理解和应用，关键能力培养的实践指向极其明确，十分注重实践能力的培养。一般认为，应用型大学学生既要掌握包括英语、计算机、写作等在内的一系列通用技能，有一定的基础实践能力；又要注重理论与实践的结合，掌握包括沟通协调、组织管理及终身学习等综合实践能力；还要扎实的专业实践能力。其中，专业实践能力包括专业基础实践能力和专业方向实践能力[4]。因此，应用型大学学生关键能力培养目标为形成胜任工作所具备的基础实践能力、专业实践能力及综合实践能力。

1. 基础实践能力

基础实践能力是在社会工作中必须具备的最基本的能力，是不同专业的学生都应当掌握的基础的、通用的能力。基础实践能力培养可以从表达能力、计算机操作能力、身心调节能力及社会适应能力培养入手[5]。

表达能力主要包括口头表达能力和书面表达能力[6]。口头表达能力强调的是能够清晰准确地陈述事实、表达观点和情感，且强调一定的外语表达能力。书面表达能力是指能够根据不同的需求准备不同格式的文本材料，比如PPT制作、实验报告撰写、科研项目及论文撰写等。计算机操作能力是指能够在智能化的背景下顺利运用计算机等电子设备的基础办公软件及专业相关软件开展工作的能力。身心调节能力是指能够在不同的情景下对自身的身心状态进行调节，以最佳的状态投入工作的能力。社会适应能力是指能够较快了解并融入社会的能力。

2. 专业实践能力

专业实践能力因专业而异，不同专业的培养方案对应了不同的专业实践能力。总体而言，专业实践能力培养可以从操作能力、应用能力、分析和解决问题能力、专业基本技能、系统思维能力及专业设计能力等方面入手。

操作能力是指熟练操作本行业领域涉及的工具、软件、器械等进行工作、生产和创造

---

[1] 田元训，肖明胜，刘宁. 企业深度参与高职院校学生关键能力培养研究 [J]. 中国职业技术教育，2022（17）：70-75.

[2] 罗燕，刘惠琴. 高等教育人才培养的核心素养——国际机构报告的观点及其对我国的启示 [J]. 中国高教研究，2022（12）：37-44.

[3] 袁红莹. 江西省高职教师核心素养现状及提升策略研究 [D]. 南昌：江西科技师范大学，2022.

[4] 黄珍. 基于能力本位的地方高校应用型人才培养模式研究 [D]. 上海：华东理工大学，2021.

[5] 同[4].

[6] 薛小怀，张乃方. 过程考核和及时反馈在引导和激发学生的学习兴趣中的作用——以"工程学导论"课程综合能力培养为例 [J]. 高等工程教育研究，2021（S1）：26-30.

的能力。应用能力主要是指能够将所学理论知识和技术有效应用于实践中，并能够在具体实践中灵活应变的能力。分析和解决问题能力是指能够运用系统、科学的思维和方法，对客观问题进行分析并解决实际问题的能力。专业基本技能是指能够掌握所从事专业技术岗位的基本理论和基本技能，并能熟练运用基本方法解决基本问题的能力。系统思维能力是指能够在系统思维的指导下，全面分析、比较、决策的思维能力。专业设计能力是指能够识别专业问题，科学合理地运用专业技术手段和方法，系统设计整体解决方案的能力。

3. 综合实践能力

综合实践能力培养主要可以从沟通交流能力、组织管理能力、团队协作能力、终身学习能力、研究能力及职业规划能力等方面进行[1]。

沟通交流能力是指能够倾听、理解对方的观点和感受，并根据需要适时适当回应的能力。组织管理能力是指能够合理利用和分配各种资源，调动团队积极性，根据实际进展适时调整计划以完成目标的能力。团队协作能力是指具有团队协作精神，注重与团队成员的积极配合，与团队成员共同完成任务的能力。终身学习能力强调的是持续不断学习的能力，该能力强调创新性、迁移性及可持续性。研究能力是指基于思维能力培养的解决问题的能力[2]，强调的是能够通过设计、实验及总结等分析和应对行业面临的问题和挑战的能力。职业规划能力是指对职业的定位和发展有比较清晰的认识，且能够通过自身努力并借助外界有利条件获得自我发展的能力。

二、应用型大学学生关键能力培养阐述

(一) 应用型大学学生关键能力培养现状分析

当前，越来越多的应用型大学在宏观和微观层面强调学生关键能力的培养，并结合实际进行了一些理论研究和实践探索，但目前学生关键能力的培养与企业需求之间还存在较大差距，尚不能达到企业的要求。这主要是因为存在培养目标不明确、课程体系设置不合理及评价机制不健全等问题，导致难以有效达成学生关键能力的培养目标。

1. 培养目标不明确，能力结构搭建不合理

应用型大学学生关键能力培养应当是贯穿于人才培养全过程的，只有落到实处，才能系统影响学生关键能力的形成。应用型大学在发展、转型和壮大的过程中，会根据国家相关政策要求、地方社会经济发展对人才的需求等因素相应调整人才培养目标，对各阶段的学生能力培养提出新的、多层次的要求。但部分高校在人才培养实际过程中难以贯穿能力本位教育理念、关键能力理念等，致使学生关键能力的培养目标不明确，难以落到实处。

除此之外，部分应用型大学并未准确把握应用型人才的培养规格和关键能力内涵，从而影响了学生关键能力的结构搭建。常见的表现有：人才培养方案过于抽象，对于要培养何种能力、素质，以及培养到何种程度均未进行具体阐述。另外，在培养方案的制订和修订过程中，往往仅在学校内部讨论，并未"走出去"和"请进来"，即未深入产业行业调研人才需求、未邀请企业专家共同探讨。这会导致应用型大学无法有效把握地方社会经济

---

[1] 黄珍. 基于能力本位的地方高校应用型人才培养模式研究[D]. 上海：华东理工大学，2021.
[2] 薛小怀，张乃方. 过程考核和及时反馈在引导和激发学生的学习兴趣中的作用——以"工程学导论"课程综合能力培养为例[J]. 高等工程教育研究，2021 (S1): 26-30.

发展状况和用人需求，从而无法明确应用型人才关键能力培养等方面的具体要求。在此种情况下，高校开展的人才培养活动是不利于学生关键能力培养的，这会导致学生既无法满足自身职业发展需求，也不能满足社会发展和用人单位的需求。

2. 课程体系不合理，无法有效支撑能力发展

整体而言，我国应用型大学课程体系建设仍存在较为突出的问题，主要表现为课程设置重理论轻实践、课程与教学内容陈旧及缺乏跨学科课程与通识课程。

（1）课程设置重理论轻实践，实训实习环节安排不合理。应用型大学强调对学生知识应用能力的培养，这势必要求应用型大学开设大量的实践课程，让学生有足够的机会和平台进行实践。但事实上，部分应用型大学设置的实践课程有限、课程模式单一，这严重影响了学生专业实践能力培养体系的构建。具体体现在：①实训课程安排不合理。多数应用型大学仍然将实训课程定位为服务于理论教学的课程，认为二者属于从属关系，从而未建立独立的实践教学体系，致使实训教学中存在目标不明确、课时安排不合理、方式不科学、评价机制不完善等问题[1]。②实习指导不充分。高质量的师资队伍和完善的指导机制是有效开展实习指导的基础，而大部分应用型大学很难保证以上两点。专任教师往往缺乏实践经验，企业导师专业理论知识不扎实，"双师型"教师数量相对不足，无法保证师资队伍的质量[2]。此外，部分学校尚未构建完善的实习指导机制，致使学生难以得到充分指导。

（2）课程与教学内容陈旧，无法满足能力培养需求。培养目标的落实需要具体到每一本教材、每一个系统及每一堂课程中，这就需要保证教材的适用性、系统的与时俱进以及课堂设计的丰富性。目前，部分高校存在构建课程内容随意、教学内容陈旧等情况，这会导致部分知识无法满足社会经济发展需要及学生关键能力的培养，使课堂效果大打折扣。

（3）缺乏跨学科课程与通识课程，课程设置缺乏创新性。当前，数字经济发展催生出了很多新业态、新模式，也对工作岗位提出更多融合性的要求。这就需要应用型大学以跨学科课程及通识课程为载体，强调学生综合实践能力的培养。目前，部分应用型大学开设的跨学科课程及通识课程过于单一和局限，课程设置缺乏创新性，远远不能满足学生关键能力培养的需求。

3. 评价机制不健全，难以把握学生核心能力

（1）人才培养质量标准不完善。标准是衡量事物的依据或准则，人才培养标准就是衡量人才培养质量的依据或准则。与人才培养方案相比，人才培养标准更多关注学生的学习结果，关注"从学生的角度出发，规定学生经过一段时间学习后，应具备的知识、能力和素养"[3]。已有研究表明，部分应用型大学人才培养质量标准未充分考虑学校定位、不同学科及专业的差别，未形成科学的体系，难以发挥应有的作用。应用型本科人才的人才培养标准应当从知识技能、能力和情感、态度、价值观等方面进行设计，体现应用型人才实

---

[1] 张水潮，杨仁法，宛岩. 基于科教融合的应用型本科实践教学改革研究[J]. 宁波工程学院学报，2015，27(1)：79-82+87.

[2] 刘井飞，郝佳彤. 应用型本科院校实践教学问题及应对策略[J]. 教育探索，2015 (9)：104-106.

[3] 翁伟斌，徐立清. 应用型本科人才培养质量标准的制定[J]. 中国高等教育，2018 (17)：16-19.

践性、创新性、复合性等特点。

（2）学生评价形式单一化。目前，大多数理论课程评价仍以笔试、小论文等传统考核形式为主，而实践课程评价又多基于实训报告、实习报告等，评分标准不明晰、主观性较强。尽管通过这些考核方式，教师能够基本了解学生对专业知识的掌握情况，却很难把握学生的专业实践能力、知识应用能力、职业适应能力等①。这种评价方式与能力本位教育理念是背道而驰的，无法保证高质量应用型人才培养目标的达成。

（二）应用型大学学生关键能力培养改革路径

1. 立足能力本位，明确人才培养目标

学术本科培养要求以知识本身为目的②，传统学术性人才培养是建立在知识本位基础上的。与之不同的是，应用型人才本质上是面向市场需要的职业性人才③，他们不仅要为未来的职业做准备，还要为某一具体的岗位做准备。应用型人才接受高等教育的目的是培养个人胜任某项工作或任务的职业能力④，即核心能力。因此，应用型人才的培养目标应当立足于能力本位，为构建有效的人才培养模式打好基础。

首先，在订立目标时，应当积极做好市场调研，并配合教育规律和学科知识结构，逐步明确当下应用型人才应当具备何种基础实践能力、专业实践能力及综合实践能力，以此为导向设计人才培养目标。其次，关于能力结构、培养程度、培养特色等均需要进行进一步明确。再次，在订立培养目标的过程中应当"走出去"，与行业专家、地方政府组织等积极交流，注重能力培养的适用性。最后，学校还应当强化学生的目标意识，培养学生的能力本位理念等，理解核心能力对于个人职业生涯和自我价值实现的重要意义。

2. 以实践为导向，完善课程体系建设

课程体系的建设需要遵循学科发展逻辑，需要满足学生发展需要及社会经济发展对人才能力结构的要求⑤。应用型大学课程体系的构建应当以学生应该获得的核心关键能力为逻辑起点，拓展为专业核心能力，发展为各项专业具体能力，再到跨学科和专业能力实现。能力完成路径要求建立能力达成和课程之间对应的矩阵关系，应用型大学的课程体系构建是以专业人才具备核心能力为圆心，以在实际应用情境中获得的能力为半径的圆形课程体系⑥。因此，我们认为应用型大学人才培养课程体系建设应当以实践为导向，基于能力强化课程体系构建。

（1）重视实践教学，强化实践教学体系建设。应用型大学应当加大实践教学比重，重视实践教学与理论教学的结合，将实践融入人才培养环节。有关实践教学体系的建设主要

---

① 胡万山. 产教融合视域下应用型大学课程实施：理论构想、现实问题与改革路径 [J]. 黑龙江高教研究, 2022, 40 (11): 137-142.
② 杨东平. 大学二十讲 [M]. 天津：天津人民出版社, 2009: 30-34.
③ 弗兰克·H.T. 罗德斯. 创造未来：美国大学的作用 [M]. 王晓阳, 蓝劲松, 等译. 北京：清华大学出版社, 2007: 30.
④ 史金飞, 郑锋, 邵波等. 能力导向的应用型本科人才培养模式创新——南京工程学院项目教学迭代方案设计与实践 [J]. 高等工程教育研究, 2020 (2): 106-112+153.
⑤ 黄珍. 基于能力本位的地方高校应用型人才培养模式研究 [D]. 上海：华东理工大学, 2021.
⑥ 刘红. 知识生产模式转型背景下地方应用型大学课程体系构建 [J]. 中国大学教学, 2018 (6): 59-61+85.

体现在知识、条件及师资队伍上。知识方面，需要在课程体系建构、课程开发、教材选择、教学内容等方面突出应用性[①]，培养学生解决实际问题的能力。条件方面，需要建设完备且先进的实验实训平台，加强校企合作，为学生实习实践创造有利条件。师资方面，需要加强"双师型"队伍建设和培训，在此基础上配合完善的指导机制，以保证实践教育的水平与质量。

（2）更新教学内容，增强课程内容适切性。在课程体系建设中，应当重视理论知识的质量，将理论知识有机融入实践教育中，为学生掌握和运用技术提供理论基础。教学内容的更新需要具体落实到最小教学单元，保证学生接收的知识是最新的，是能应用于当下实际生产过程中并指导实践的。这要求实训平台系统保证更新速度，教材的编写与时俱进，教师的讲解与指导联系实际。这将有利于培养学生理论联系实际的能力以及工作岗位的适应能力，从而提高专业实践能力。

（3）强化学科融合，专业教育与通识教育并举。通识教育能够更好地服务于专业教育，二者共同发展有利于培养学生的核心能力。近年来，现代社会呈现"跨界融合、交叉融合"的新特征，很多社会职业性质和要求发生了极大变化，通用性和发展性的重要程度明显提升[②]。因此，新时期应用型大学应当更加突出应用型人才的基础实践能力及综合实践能力的培养。在专业课程教学计划的设计中要强调人文素质、品德教育等方面的模块设计，同时强化学科间的融合并加大通识课程的比例和创新性。

3. 以学生为本，丰富学习评价形式

（1）完善人才质量标准，强化核心能力测评。人才质量标准的完善需要从评价内容和具体程度等方面着手。在评价内容上，应当系统发挥判断、调整、激励、鉴定等引导性评价功能[③]，设计多主体、多形式的评价活动对学生核心能力进行全方位测试。在具体程度上，需要围绕培养目标中有关培养何种能力以及培养至何种程度等具体问题，细化评价标准，从而衡量各项能力的达成度。

（2）丰富评价形式，持续改进核心能力培养效果。应用型大学应当注重学习评价的导向作用。对于不同类型的课程应当基于能力本位理念等，依据课程特点，设置多样化的评价模式。改变传统评价方法，可根据实际情况引入过程与总结报告、答辩等多种形式的考核方式，引导学生从注重"期末考核"向"学习过程"转变[④]。除此之外，要利用好评价结果对人才培养模式的反馈及调整作用，动态调整并持续改进应用型人才核心能力培养的效果。

三、基于学生关键能力培养的课程思政模式构建

课程思政强调将价值观和思想观念的引领寓于知识传授与能力培养中，将思政教育融

---

① 别敦荣. 学术本科、应用本科和职业本科概念释义、办学特点与教育要求［J］. 中国高教研究，2022（8）：61-68+75.
② 史金飞，郑锋，邵波，等. 能力导向的应用型本科人才培养模式创新——南京工程学院项目教学迭代方案设计与实践［J］. 高等工程教育研究，2020（2）：106-112+153.
③ 曹明. 过程性评价的应用困境及对策［J］. 思想政治课教学，2020（3）：81-84.
④ 同②.

入学生"知识图谱"的形塑中①。课程思政既是国家高度重视的教育政策，也是具有中国特色的整体课程观。作为教育政策，课程思政具有目标导向性，反映了新时代国家对各专业人才培养的新要求。作为整体课程观，课程思政重构了知识体系，突出了课程建构的育人内涵②。应用型大学生关键能力培养主要包括基础实践能力培养、专业实践能力培养和综合实践能力培养。这些关键能力具备跨学科属性，其培养应当贯穿并渗透于专业知识及思维技能学习的全过程。这些特点也决定了课程思政与关键能力的培养是相关联的，基于学生关键能力培养的课程思政模式构建既是必然的时代要求又是课程本身发展的内驱力。因此，应用型大学应当基于学生关键能力培养，多方面深化课程思政模式构建。具体而言，可从队伍建设、教学改革及体系建设三方面来开展。

（一）队伍建设

教师是开展课程思政的直接主体，"教育者先受教育"是课程思政模式构建的基础③。学校应当充分发挥基层组织及教学能力大赛的作用，提升教师课程思政水平。

1. 组织培训，充分发挥基层组织作用

学校应当通过多角度的教育和引导，从提升教师"挖掘思政元素、有机融入课堂"基本功出发，不断提升教师课程思政建设水平。学校可以发挥教研室、教学团队、课程组等基层组织的作用，通过集体备课等方式建立课程思政集体教研制度，让教师们在交流、讨论、共同学习中提升课程思政教学设计能力。学校还可依托教发中心，组织系列专题讲座和培训，丰富教师课程思政设计资源和形式，提升教师课程思政教学水平。

2. 以赛促教，积极组织教学能力大赛

学校可积极组织课程思政教学设计大赛，或在说课比赛、讲课比赛、多媒体课件比赛等比赛中强调课程思政的重要性，引导教师进行课程思政基本功训练。学校通过以赛促教的方式，促进教师对课程思政元素的挖掘、融合和反思，进而提升其课程思政教学水平。

（二）教学改革

作为知识传播的载体，课堂教学是人才核心能力培养的主要渠道④。课程思政建设应当立足于学科专业及课程内容特色，坚持思政元素和教学形式的多元化，强调思政元素与学科知识的创新融合，强化学生核心能力的培育。

1. 丰富测试设计，培养基础实践能力

在课程教学过程中，教师应当丰富课堂测试及课后测试的种类和设计。课堂测试有利于教师及时了解学生对重难点知识的掌握程度，并据此实时调整教学进度及方法。课后测试能够系统巩固课堂所学，同时也是评价整体学习成效的依据。在题型上，应当尽可能增

---

① 胡杰辉. 外语课程思政视角下的教学设计研究 [J]. 中国外语，2021（2）：53-59.
② 翁林颖. 新文科视域下商务英语写作关键能力"创合"课程思政探究 [J]. 北京化工大学学报（社会科学版），2022（3）：96-103.
③ 楚国清. 以提升人才培养能力为导向的课程思政探索与实践 [J]. 北京联合大学学报（人文社会科学版），2022，20（4）：1-7.
④ 同③.

加开放题型的比例，引导学生自主思考与构建；在层次上，应当尊重学生个体差异，难易程度层层递进；在编制上，应当积极融入生活情境，尽可能融入社会公德、职业道德、个人品德等思政元素。学生在实际解题过程中能够较为系统地对表达能力、计算机操作能力等进行训练，从而提升自身基础实践能力。同时，教师也能对知识掌握情况、学生个人品质等多方面进行评价，实现多维评价。在教师与学生的双向反馈中，促进学生身心调节能力及社会适应能力的提升。

2. 注重情境教学，培养专业实践能力

情境学习理论认为，学习除了习得知识，还要进行思维和实践。该理论强调知识学习与社会情境的结合，同时也强调学生在实践行动中的参与。该理论认为，知识不是个体的内部心理表征，而是个体和社会情境之间联系的属性及其互动的产物，即知识是一类高度基于情境的实践活动①。

情境教学通常是指教师结合课堂的教学内容和学生兴趣等，有意识地创设能让学生产生情感共鸣的情境而达到教学目的的一种教学方法，该方法被广泛应用于教学过程中。情境教学能让学生在观察、思考和解决问题的同时实现思政元素的融入和内容的升华。学生在学习过程中能够持续加深自我理解，在与其他学习参与者、教师、专家等的沟通交流过程中积累经验，强化自身能力并进行知识创新。需要强调的是，在情境教学方法的应用中，教师应当坚持问题导向，培养学生的问题意识。问题导向能够引发学生主动思考，问题意识又能帮助学生带着问题学习，还能培育学生"提出问题"的能力。问题的设置要注重层次感，使学生的专业思维不断深化；问题的设置还要注重合理性及思政元素的融入，在潜移默化中提升学生的应用能力、分析和解决问题的能力等。

3. 以学生为中心，培养综合实践能力

在课程思政模式构建过程中需要以学生为中心，内化、深化学生主动思考和主动学习的教学理念，创新教学方式。教师可根据所授课程灵活拓展和开发不同类型和性质的讨论及小组作业，让学生在任务完成过程中明确目标、发现问题并解决问题，完成系统教学设计。

传统教学多以教为主，学生大多是被动吸收知识，对知识的系统理解和深度理解不能达到预期效果。以学生为中心、以能力本位为导向的课程模式，能够有效推进"自我生成教学"。自我生成教学是指学习者在知识学习过程中进行角色转换，以知识传授者角色将所学知识讲解给他人听。其中，以有教者形象的口头形式自我生成教学相比重复学习、提取联系等简单学习任务而言，能够有效提高学习者的及时理解、及时迁移、延迟理解和延迟迁移成绩。在自我生成教学过程中，学习者可以体验到更强的动机和愉悦感并愿意投入更多的努力②，这有利于加强学生沟通交流能力、组织管理能力、团队协作能力、自主学习等综合实践能力的培养与锻炼。

---

① 张扬. 高职学生关键能力培养的模式变革研究［D］. 上海：华东师范大学，2022.
② 成美霞，匡子翌，冷晓雪，等. 以教促学：学习者自我生成教学对学习的影响［J/OL］. 心理科学进展，2023，31（5）：769-782［2023-02-16］.http://kns.cnki.net/kcms/detail/11.4766.r.20230213.2214.027.html.

(三) 体系建设

课程思政模式构建是一项系统工程，因而需要加强顶层设计、健全工作机制、完善条件保障[1]。学校要明确提出课程思政模式构建是全校各单位和所有教师的共同责任，并构建工作体系。

1. 加强党的领导，完善顶层设计

要办好我国高等教育，就必须坚持党的领导。在推进课程思政建设的过程中，应用型大学党委要加强领导，成立课程思政工作协同推进中心，统筹全校课程思政建设工作，制定切实可行的方案，做好包括指导思想、基本原则、内容建设、主要任务、目标要求以及保障措施等方面的顶层设计，在课程思政教学改革、示范课程建设、教学名师和教学团队遴选、实践育人基地等方面有所作为[2]。

2. 结合专业特点，推进协同育人

应用型大学需要构建和完善党委领导、教务牵头、党政配合、院系落实、教师参与的工作格局。在党委领导下，党政部门及各学院要积极行动、各司其职、有序衔接、有效配合、实现协同[3]。学校层面要积极搭建教师交流沟通平台，深挖思政元素，推进跨学科联合备课的进行。学院层面要以顶层设计为大方向，结合各专业特点系统规划课程思政教学方案，为本专业内课程教师落实课程思政体系构建指引明确方向[4]。在制定方案时，教师应当有意识地将课程设计与思政育人结合起来，并注重学生核心能力培育的体现。

3. 坚持学生发展，完善考核机制

课程思政评价是课程思政教学的指挥棒，是推动课程思政体系构建的关键环节[5]。课程思政评价能够检验课程思政对于学生核心能力培养的成效，也能够引导教师科学进行课程思政建设[6]，包含课堂教学和学生发展两个维度。其中，学生发展维度的评价主要考查学生思想道德素养的提升情况，课堂教学维度评价包含教学目标设计、教学方法创新、思政元素融入等方面。值得一提的是，课堂教学维度的评价不能沿用传统课程质量评价的方式仅对学生满意度进行考查，除了量化的数据，还需要引入一些质性因素进行全面衡量。在此，可以引用"教学档案袋"制度，有效结合量的分析与质的研究[7]，对课程思政进行更全面的考核评价。"教学档案袋"中包含的质性文件有教学大纲、课件、教学视频、习题、作业及各类课堂教学活动等基本材料，还有教师个人的"教学反思""外部评价"等[8]。通过"教学档案袋"对课程思政效果进行评价，能有效引导教师进行课程思政建设，从而推动课程思政体系化设计。

---

[1] 楚国清. 以提升人才培养能力为导向的课程思政探索与实践 [J]. 北京联合大学学报（人文社会科学版），2022, 20 (4)：1-7.
[2] 姜涛, 孙玉娟. 高校课程思政建设存在的问题与对策探讨 [J]. 学校党建与思想教育, 2022 (20)：44-46.
[3] 同[2].
[4] 李蕉, 方霁. 高校课程思政体系化建设的路径探析 [J]. 中国大学教学, 2022 (11)：64-71.
[5] 谢桂新, 陈伟. 教育学类专业课程思政教学评价略探 [J]. 学校党建与思想教育, 2022, 682 (19)：71-74.
[6] 李蕉, 方霁. 高校课程思政体系化建设的路径探析 [J]. 中国大学教学, 2022 (11)：64-71.
[7] 马海涛. 美国教学档案袋评价述评 [J]. 比较教育研究, 2004 (1)：78-82.
[8] 于青青, 冯菲. 构建高校教师教学发展的综合体系——北京大学教师教学档案袋建设初探 [J]. 中国大学教学, 2020 (8)：65-70.

第六章 应用型大学课程思政方法

第一节 应用型大学课程思政元素挖掘

应用型大学进行思政元素挖掘研究，需要对课程思政元素挖掘的内在逻辑有清晰的认知，首先就要弄清四个问题：①什么是课程思政？②什么是思政元素？③如何将"思政元素"融入课程？④如何平衡专业知识与课程元素之间的比例？然后在此基础上了解课程思政元素挖掘的内在逻辑、课程思政元素内容的基本要求和课程思政元素挖掘的基本原则，最后掌握课程思政元素挖掘的具体方法和课程思政元素融入的原则。

一、课程思政元素挖掘的内在逻辑

（一）思政元素内涵

通俗地说，思政元素就是自然和社会中的真、善、美，是塑造灵魂、陶冶情操的一切元素。不能狭隘地将思政元素局限于我国当代的思想政治领域，其实社会主义核心价值观不仅具有鲜明的中国特色，也充分吸收了全人类的优秀价值理念，揭示了人类社会的普遍价值追求，具有重要的世界意义[1]。思政元素一定要符合新时代社会主义核心价值观，要和知识点有较好的融合度和关联度，要贴近生活，具有时代性和先进性，避免"为了思政而思政"[2]。课程思政主要注重科学思维方法的训练和科技伦理的教育，培养学生探索未知、追求真理、勇攀科学高峰的责任感和使命感。课程思政元素主要源于两方面：一个是课程本身所蕴含的思政元素，比如国画专业所蕴含的中华传统美学，物理专业所蕴含的对科学精神的追求；另一个是借助外来元素与课程知识有机融合，形成对知识学习升华。贵州大学林学院副院长粟海军教授有一个很有意思的比喻，他认为专业知识是"水"，思政元素是"盐"，既要让思政元素润物无声地融入专业知识中，也要让思政元素增加专业知识的学习"滋味"；既要让思政元素发挥作用，又不能喧宾夺主，过多地占据专业知识的讲授时间。要让学生在学习专业知识的同时自然而然、潜移默化地将专业知识与思政元素内化于心[3]。

---

[1] 李向东. 课程思政赋予课程崭新内涵[N]. 中国教育报，2021-06-14.
[2] 石书臣，正确把握"课程思政"与思政课程的关系[J]. 思想理论教育，2018（11）：57-61.
[3] 贵州大学，思政贵大｜走进"课程思政"示范课[EB/OL].（2022-05-11）. https://mp.weixin.qq.com/s?__biz=MzAxNTAwODMwNw==&mid=2651664422&idx=1&sn=93da40b0923824ac354fa32241f8112b&chksm=8073077ab7048e6c4c06d530daf7c5073e3097ea53761fe38f8320680ef8f3248fb2f8ba7088&scene=27.

（二）思政元素融入课程

课程思政要求教师在教学的过程中"更好担起学生健康成长指导者和引路人的责任"①，课程思政的隐性教育是针对学生的感受而言，教师本身不能跟着隐形。习近平总书记在北京大学师生座谈会上指出："建设政治素质过硬、业务能力精湛、育人水平高超的高素质教师队伍是大学建设的基础性工作。"教师是课程思政建设的主力军，是课程思政顺利进行的关键。教师的素质决定了课程思政教学的效果。教师应该拥有崇高的职业理想、良好的道德品质，信仰马克思主义，对党和国家绝对忠诚，这是教师的"道"。教师的思想道德素质直接影响课程思政推行的质量。同时，教师具有丰富的专业知识，熟知自己要讲的知识，充分了解知识的内涵与外延，对知识的传播要有"术"，能够运用自己的教学理念、教学方法把知识系统地传递给学生。教师"道""术"兼备才能很好地完成思政元素的挖掘和融入工作。课程思政的融入应该是无声的"浸润"，在课程教学中培养学生对学科的热爱、对前沿学术的思考，培养学生做堪当民族复兴重任的时代新人。应用型大学教师在专业课程教授中更强调传授专业技能，对于各种"术"的应用比较娴熟。在课程思政元素融入中要格外注意自我修炼，提升"道"的意识。

（三）课程专业知识和思政元素的关系

专业课的价值塑造不同于思政课的价值塑造，在学生方面要做到"隐而不彰"，润物无声。专业课教学应该保证课程要好，一门课在知识传授与能力培养层面有坚实的基础，才能让学生对专业知识有很好的理解和很大的收获，逐步形成对学术的追求和科技报国的情怀。如果在课程中融入特别多思政课的概念、理论等内容，会因为挤压了学生的专业学习时间而让学生产生思政课和专业课不分家的感觉，降低学生的获得感，从而产生厌学情绪，这样不利于对学生进行价值塑造。专业课在课程设置中要注意思政元素挖掘，要以知识传授为基础，做好课程建设，吸引学生，激发学生学习兴趣，学生才能在增长知识与才干的过程中充分感受到学术的乐趣、价值，对其产生认同，从而在教师引导下自觉地形成责任感、使命感。随着经济的发展，科学技术在生活中占据越来越重要的地位，以至于在教学中形成了专业技能和人文素养割裂的假象。应用型大学专业课程的设置更倾向于专业技能培养，专业技能培养往往占据更多的教学时间。因此这种课程设置在应用型大学中往往更有市场。如何平衡专业课程和思政元素是应用型大学亟须解决的问题。

二、课程思政元素内容的基本要求

（一）整体要求

教育部印发的《指导纲要》要求，课程思政建设内容要紧紧围绕坚定学生理想信念，以爱党、爱国、爱社会主义、爱人民、爱集体为主线，围绕政治认同、家国情怀、文化素养、宪法法治意识、道德修养等重点优化课程思政内容供给，系统进行中国特色社会主义和中国梦教育、社会主义核心价值观教育、法治教育、劳动教育、心理健康教育、中华优秀传统文化教育。

内容主要包括马克思主义基本原理教育、习近平新时代中国特色社会主义思想教育、

---

① 习近平. 习近平同志谈治国理政：第2卷 [M]. 北京：外文出版社，2017：379.

社会主义核心价值观教育、中华优秀传统文化与"四史"教育、宪法法治教育、职业理想和职业道德教育。课程思政元素内容首先要以马克思主义为基本指导，坚持正确的价值观，坚持"四个意识"和"四个自信"。"四个意识"是指政治意识、大局意识、核心意识、看齐意识；"四个自信"是指道路自信、理论自信、制度自信、文化自信。

（二）不同课程类型思政元素内容的基本要求

1. 公共基础课程思政元素内容要求

《指导纲要》要求公共基础课程注重在潜移默化中坚定学生理想信念，厚植爱国主义情怀，加强品德修养，增长知识见识，培养奋斗精神，提升学生综合素质。公共基础课程帮助学生在体育锻炼中享受乐趣、增强体质、健全人格、锤炼意志，在美育教学中提升审美素养、陶冶情操、温润心灵、激发创造创新活力。通识教育课程，旨在促使学生在人格与学问、理智与情感、身与心各方面达到和谐发展状态，具有强知识性、弱意识形态性的特点，资源存量较可观、分布比较零散；公共基础课，旨在拓宽学生的基础知识、提高综合素质、促进全面发展，具有涉及面广、基础性强的特点，资源存量较小、分布不均。这两者重在挖掘其中蕴含的道德规范、政治思想、法纪安全、为人处世之道、是非观念等，养成良好的行为习惯，提升文化修养和综合素质，培育健全人格等。公共基础课的课程性质决定了教学内容主要为基础概念、基本原理、基础研究方法、研究框架等，教学对象较多，教学内容基础。在课程思政内容上要注意"三观"塑造和基本素养培养。例如，体育课的课程思政教学可以从竞争精神、规则意识、团队合作、责任感等方面去挖掘思政元素，也可以结合女排精神、奥运精神讲好中国故事。

2. 专业教育课程思政元素内容要求

《指导纲要》要求专业课程"从课程所涉专业、行业、国家、国际、文化、历史等角度，增加课程的知识性、人文性，提升引领性、时代性和开放性"。专业课程应基于应用型大学的专业特点和课程特色，挖掘不同的思想政治教育资源和素材，涵育学生的科学精神、人文素养、价值伦理追求。在专业课程建设中注意坚持学校特色、突出学科特色、以学生发展为中心，特别加强对特色专业和特色课程的课程思政建设，组成课程思政建设课程群或专业群。例如，应用型大学财经专业、经济学专业，所用的体系是建立在西方价值观的基础上的，专业思维中以稀缺资源优化配置为主要研究，强调成本收益问题，"经济人假设""理性假设"等作为主要的思维逻辑，职业能力培养是重点。利用这些思维模式能够培养专业化程度高、具有自信的职业化人才，但是如果在课程中忽略思政教育，很容易使学生成为过度强调个人利益、短期利益的人。所以理应在教学中注意职业道德的培养、人文素养的提升，增强新时代青年学生的社会责任感。

3. 专业实验实践类课程思政元素内容要求

《指导纲要》要求专业实验实践课程要注重学思结合、知行统一，增强学生勇于探索的创新精神、善于解决问题的实践能力。创新创业教育课程，要注重让学生"敢闯会创"，在亲身参与中增强创新精神、创造意识和创业能力。社会实践类课程，要注重教育和引导学生弘扬劳动精神，将"读万卷书"与"行万里路"相结合，扎根中国大地了解国情民情，在实践中增长智慧才干，在艰苦奋斗中锤炼意志品质。实践类课程是应用型大学重点建设的课程类别，也是最容易提升学生职业能力、实践能力的课程。在课程思政建设中应遵循马克思实践认识规律，践行实践出真知的原则。例如，艺术实践课程思政元素挖掘应该深入本地特色文化，去实地采风，了解传统文化。匠人精神、爱民助民等，都可以作为很好的思政元素。

三、课程思政元素挖掘的基本原则

（一）整体性原则

应用型大学专业一般是围绕着服务于当地经济发展进行建设的。各专业的课程思政不是简单的"课程+思政"，而是将思政教学有机融入专业课程教学。整体性原则是指专业课程的思政元素应该蕴含在专业课程知识体系中，必须服务于人才培养方案中所确立的人才培养目标。课程思政元素的挖掘最终目的是融入专业课程教学中完成立德树人的目标。因此整体性原则不仅要体现"三全育人"的需要，也要注重不同专业的特色。应用型大学的教育更注重培养高素质的技术技能型专门人才。

（二）循序渐进原则

课程思政元素的挖掘不是一蹴而就的，必须遵循一定的环节步骤才能实现。首先，必须把握课程标准所确立的课程育人目标，做到心中有数。课程标准所确立的知识目标、能力目标和德育目标（或者素质目标），特别是德育目标，实质上为后续的思政元素的挖掘指明了方向。其次，梳理课程知识内容和技能培育环节，探寻可能实现思政育人的知识点和结合点，并凝练出思政育人要素。这些思政元素体现的是马克思主义的立场、观点与方法，具备社会主义的制度属性和本质特性，有助于培育和弘扬社会主义核心价值体系和社会主义核心价值观。在梳理凝练思政元素的基础上，要结合课程教学目标、教学计划与教学内容进行统筹、筛选。最后，进行教学设计，通过科学的方式将课程思政元素融入教学过程中，达到润物无声、思政育人的效果。与思想政治理论课不同，专业课程的核心是培育学生的知识与技能，不能成为思政教学的第二课堂；属于隐性思政教育范畴，目的在于强化思政课育人的成效。

马克思主义认识论认为，认识运动是一个辩证发展过程：从实践到认识，再实践、认识、再实践、再认识，认识运动不断反复和无限发展。挖掘课程思政元素同样需要一个从实践到认识、再实践、再认识的渐进过程。因此，采取先易后难、循序渐进的策略方法，对课程思政元素的挖掘显得尤为重要。

（三）实事求是原则

对于课程思政元素的挖掘，要本着实事求是的原则科学进行，而不能演变为思想政治理论课的再教育。尤其是针对一些资源存量较少的课程，切忌无中生有，以小充大，生搬硬套，模糊课程焦点，引起学生反感。课程思政即以课程为载体，充分挖掘各类课程（思想政治理论课、综合素养课程和专业课程）自身固有的德育因素和资源，遵循课程教育教学规律对其加以开发运用的社会实践活动。其具有以下内在规定性：第一，课程思政是基于课程价值感知与教育者主观能动性而形成的，包含着探寻课程内在价值的自觉；第二，课程思政是在遵循课程自身逻辑体系的前提下对其固有德育资源进行的内涵式开发，是课程育人价值回归的过程。

简单来讲，任课教师在进行课程思政元素挖掘的过程中，不能先入为主、主观臆断地设置思政教育元素。比如，试图通过一门课程教学呈现出全部的思想政治元素，或者机械地将思政元素分配到各章节当中去，或者开门见山就谈爱国、敬业、创新、协作等，这些都违背了党和国家的各门课程要与思想政治理论课同向同行的初衷，也偏离了应用型技术技能型专门人才培育的目标。

（四）与时俱进原则

课程思政的元素具有时代性的特征，与时俱进。及时吸纳新的教育资源融入课程教学，盘活思想政治教育资源的内容和表现形式，延展资源的解释链条。实践是历史性与时代性的统一，中国特色社会主义的伟大事业，正如滔滔长江水，无时无刻不奔流向前。如何将专业领域最新的实践及实践成果融入课堂教学中，不仅是思想政治理论课提升教学亲和力、针对性需要思考的问题，也是课程思政中更好发挥专业课程思政育人需要关注的问题。这就要求任课教师在挖掘课程思政元素时坚持守正与创新相统一。一方面，要依照教学大纲、课程标准，积极挖掘思政育人元素；另一方面，要跨出教材，将时代的、社会的正能量内容引入课堂，充分挖掘蕴含在相关知识中的教育因素。正在发生的，或者刚刚发生的事物，对猎奇、趋新特性明显的大学生来讲可能更有吸引力，更能激励学生成长成才、促进学生的全面发展。同时要允许思政要素内容的个性化呈现。由于学校层次、学生水平、办学特色等的不同，在坚持统一性的前提下，鼓励各校、各课程突出地域特色和自身特色进行挖掘，最大限度释放资源的教育作用。

四、课程思政元素挖掘的具体方法

（一）系统法

坚持系统观是做好专业课思政教育工作的重要方法。坚持系统观的整体性和协同性原则、全局性和重点性原则、动态性和开放性原则，有助于推进专业课思政教育落地见效。系统观体现在课程的思政教育是建立在课程体系的基础上，不同的课程既有知识能力培养的侧重点也有课程思政的培养重点。一门课程的不同章节既有知识系统的联系也有课程思政要素的联系。不同章节可以承担不同的思政培养目标，挖掘不同的思政元素，既可以纵向深入挖掘，也可以横向广度挖掘。

同时，要注意课程思政元素贵在于精而不在多；贵在有效增强学生内在认同，而非思政元素概念的简单传递与表达。因此，课程思政元素挖掘的科学途径与有效形式，应该是根据课程知识点与教学环节，寻求思政育人结合点，凝练出思政元素。受课程性质和内容的影响，必然存在有些课程思政元素丰富而有些课程思政元素贫乏、有些章节思政元素密集而有些章节思政元素缺失的现象，均属正常。一方面，我们可在梳理出思政元素的基础上进一步进行筛选，选取重要的、贴切的，更能服务课程目标、章节目标实现的思政元素作为课堂呈现的对象，而避免面面俱到；另一方面，我们也可通过事先整体上的谋划平衡，努力达到门门课程有思政、堂堂教学可育人的理想状态，实现协同育人目标。

（二）合作法

不同课程教师共同构建课程思想政治教育统一体，协同挖掘资源，实现应挖尽挖、可挖尽"精"，在授课过程中精准投放。目前学科教师之间的合作比较贫乏，"学科精细化导致专业课教学中思想政治场域严重缺失"①。事实上有一些思政元素可以在不同学科上共同应用，只不过要根据学科和专业特征选取不同的思政表述方法或者思政角度来结合知识体系进行构建。例如，毛泽东主席领导中国革命中形成的实践性成果，可以在管理学的教学中应用，也可以在人力资源管理的教学中应用，甚至可以在工学实践课程中应用。管理学在讲领导这一章时就可以选取毛主席《关于领导方法的若干问题》以及管理下属的事迹去挖掘思政元素。

（三）延展法

延展法是指在课程思政元素挖掘中不拘泥于某一方面，而应该发散思维，多角度多方面挖掘。思政课程中天然蕴含的育人元素是思政元素的重要来源。从中国共产党的发展史、马克思主义相关理论、中国近现代史等，也可以挖掘出很多优秀的思政元素。例如，建党时革命先烈为理想奋斗的故事、毛泽东主席的领导艺术和管理哲学、马克思主义的实践观、新中国成立过程中青年对"为什么而学习"的思考、领导人艰苦朴素的作风等，为课程思政元素挖掘提供了丰富的资源。

但是思政元素不仅仅是来源于思政课程，应利用生活化、本土化、原生态化、多样化的材料创设具有本土文化的主题环境。陈鹤琴先生曾说过，大自然、大社会都是活教材。例如，贵州大学农学院院长判学军讲授《园艺植种质资源学》时，从种质资源多样性引入物种多样性意识、贵州发展大生态战略重要性及绿色青山就是金山银山的理念，在资源保护工作中体现出国家意识、社会责任意识、工匠精神和创新意识②。应用型大学首先要服务于地方政府，因此思政元素可以取材于当地特有的人文风情、历史文化、经济特征，在课程思政教学中使学生更有文化认同感，产生更好地为地方服务的动力。

地域文化具有十分宽泛的内涵，包括特定区域人群的饮食习惯、风俗礼仪、建筑类型、艺术特色、服饰器物及相关制度等方面，涉及观念和行为，但并非所有地域文化都适合作为教育元素融入思政课堂教学中。为提高思政教育实效性，需从文化观念层面出发，不断加强地域文化在思政课堂的渗透力度和融合育人效果，通过深入挖掘地域文化的价值内涵及优质思想，尤其是地域传统文化、地域时代文化、地域红色文化等，提升两者融合教学的整体成效。

多利用社会资源来进行课程思政挖掘。学生是网络原住民，对网络事件比较感兴趣，因此课程思政元素的挖掘可以向互联网寻找素材。例如，百度热点新闻、微博可以关注时事新闻和民生热点，同时可以通过关注共青团等各大V号紧跟时政，还可以通过电视节目取材，如《典籍里的中国》《中国诗词大会》等，此外，还可以通过微信公众号、各大论坛等寻找素材。

（四）分层法

由于学校层次、学生水平、办学特色等不同，在坚持基本价值观统一性的前提下，各校、各课程应突出地域特色和自身特色，最大限度释放资源的教育作用。不同的专业有不

---

① 于桂花. "课程思政"教学实践路径探析 [J]. 教育理论与实践, 2020, 40 (15): 27-29.
② 贵州大学，思政贵大 | 走进"课程思政"示范课 [EB/OL]. (2022-05-11). https://mp.weixin.qq.com/s?__biz=MzAxNTAwODMwNw==&mid=2651664422&idx=1&sn=93da40b0923824ac354fa32241f8112b&chksm=8073077ab7048e6c4c06d530daf7c5073e3097ea53761fe38f8320680ef8f3248fb2f8ba7088&scene=27.

同的特点，不同的课程类型也有不同的特点，在挖掘思政元素时要区别对待。学校课程思政的设计者及执行者都是各专业课教师，他们有思政教育的理念，但缺乏系统的思政知识体系，有时进行课程思政会心有余而力不足，可是他们了解专业，熟悉课程，便于根据课程特点及其具体内容挖掘其中所蕴含的思政元素。例如，中国人民大学财政金融学院王芳教授的"国际金融"课程及教学团队入选教育部首批国家级课程思政示范课程、教学名师和团队，课程始终引导学生结合重大事件讲好"中国故事"，结合专业领域知识"读懂中国"，结合个人发展与国家社会发展"共命运"，以此作为立德树人的突破口和新抓手。广东科技学院财经学院老师在讲授财经类课程时更多地把思政元素融入实践过程的细节中，对职业道德、技能训练、名人引导等体现得更多。

（五）引用法

在课程思政元素挖掘中不要局限于自有资源，同课程、同专业、同学校、同地区、同类别的资源都可以充分利用。他山之石可以攻玉，各教育主管单位定期收集的思政案例可以借鉴，例如，广东省教育厅本科高校课程思政优秀案例、粤港澳大湾区高校课程思政案例、各高校自己编制的课程思政优秀案例。此外，各大学术公众号和社会资源也可以充分利用，例如，电子商务教学指导委员会、焦聚桂教等都可以成为挖掘思政元素的重要来源。所有思政元素的挖掘离不开对专业知识的深入理解，专业知识中固有的较为显著的思政点应该是首要挖掘的对象，例如，人力资源管理中的人本关怀、战略管理的大局观、计算机技术里的严谨敬业精神、化学物理等的科学探索精神等。

五、课程思政元素融入的原则

（一）有机渗透、自然贴切

课程思政不是简单地把思政元素加入专业课程之中，而是要做到有机渗透、自然贴切。有机渗透是指思政元素是专业课程内容本身蕴含的元素或者外延的元素，与专业课程具有相同属性，容易统一化。思政元素是一点一滴慢慢融合进专业课程的，在融合中要充分尊重各学科的特点，目标恰当，有机统一。自然贴切是指课程思政元素是自然而然融入的，不是外界刻意强行加入的。课程思政并不意味着"思政元素"在专业课程中的简单堆砌，诸如科学精神、人文精神、法治精神和生态文明理念等元素，如果不能有效地对其进行解构和融合，就会显得十分突兀。以上元素都应该在教育教学中合理贯彻践行。课程思政的政治指向非常明确，讲政治是课程思政的灵魂，应把"四个自信"有机融入专业课教育中。比如在宏观层面的家国情怀、政治认同等方面的内容，就不宜直接引入课程，而应该间接地通过案例、故事、情境等形式体现。

（二）适时适度、恰如其分

适时适度是指课程思政元素的融入要选取合适的时机，思政元素的总量要适度。专业课程承担着传播专业知识和专业技能的重要任务，不能被轻易弱化。恰如其分是指思政内容不能随意加入，也不能随时加入，要在合适的时间点加入合适的内容，使专业课程内容和思政元素相得益彰，同时达到育人和育才的目标。不能要求堂堂课程都要有思政、处处内容都包含思政，课程思政的内容一定是与课程思政的目标相关的，机械要求课程思政加入是不切实际的。

第二节 应用型大学课程思政融入

在挖掘课程思政元素后，可以进入课程思政的融入阶段。课程思政融入看似简单，实际上存在很多误区，处理不好这一步骤，往往使课程思政教育事倍功半，甚至有可能起到相反的作用，让学生对学习产生厌烦心理，因此解决如何进行课程思政融入的问题显得尤其重要。课程思政的融入应该是科学的、规范的、有目的的。首先要弄清楚课程思政融入的理论基础，遵守课程思政的原则；然后找到课程思政融入的具体方法，以实现课程思政的完美融入，达到润物细无声的思政育人目标。

一、课程思政融入的理论基础

（一）马克思主义和社会主义核心价值观

马克思主义哲学认为人是能动改造世界的主体，人作为主体不仅要对现存世界进行改造，还要在实践中实现人的全面发展[①]，"自然科学往后将包括关于人的科学，正像关于人的科学包括自然科学一样：这将是一门科学[②]。"由此可见，育才和育人本就可以结合，并且育人是人类自身实现全面发展的现实需求。将这一观点映射到高校思想政治教育领域，则可以认为：专业课程同样具有思想政治教育价值[③]。

党的十八大提出，倡导富强、民主、文明、和谐，倡导自由、平等、公正、法治，倡导爱国、敬业、诚信、友善，积极培育和践行社会主义核心价值观。2013年，中共中央办公厅印发的《关于培育和践行社会主义核心价值观的意见》明确提出，培育和践行社会主义核心价值观要从小抓起、从学校抓起；要拓展青少年培育和践行社会主义核心价值观的有效途径。因此课程思政融入专业课程中应以坚持社会主义价值观为核心。习近平新时代中国特色社会主义思想是全党全国人民为实现中华民族伟大复兴而奋斗的行动指南，具有鲜明的时代特色，以其为课程思政教学改革理论基础，高度契合新时代背景下的新任务、新要求、新方向[④]。

（二）浸润式教学

浸润作为一个物理名词，指（液体）渐渐渗入或附着于固体表面，是一种润物细无声的过程。浸润逐渐浸染，是在被浸润主体主观意识的情况下，自然而然发生的事情。浸润式教学是姜宏德在2004年就双语教学提出的新型教学模式，后来被运用于多种课程教学中[⑤]。浸润式教学的教学理念是润物细无声，强调学生的感知、认知、情感和唤醒。浸润式教学具有目的性、民主性、渗透性、全面性、渐进性特征，在教学时，教师必须要树立

[①] 游跃."课程思政"的现实根源与理论基础研究[J].福建医科大学学报（社会科学版），2019，20（2）：7-10+18.
[②] 马克思，恩格斯.马克思恩格斯文集：第1卷[M].北京：中央编译局，2009.
[③] 袁德栋.高校"课程思政"的生成逻辑与实践对策研究[J].南宁师范大学学报（哲学社会科学版），2020，41（4）：111-124.
[④] 同③.
[⑤] 姜宏德."浸润式"双语教学模式的建构与实践[J].教育发展研究，2004（6）：32-34.

明确的目标、注意民主参与，潜移默化地传授知识和思想。管理学课程思政浸润式教学模式需要通过构建社会大环境、教学课堂小环境，以情境展现和以学为中心的教学方法，把思政元素添加到管理学专业教学全过程中，完成对学生世界观、人生观和价值观的塑造。

二、课程思政融入的具体方法

（一）化整为零、重点突出、深度融合

对思政元素进行挖掘与提炼，让课程思政融入专业教学当中。一是以课程群为挖掘对象，注重建设专业群和优质特色专业，如电子商务专业、市场营销专业，培养学生诚实守信、遵纪守法、创新的职业素养。通过专业群建设创新专业人才培养模式，提炼学科专业的思政共性元素，以无缝对接和有机互融的方式方法，实现思政元素与专业教学的深度融合，推动学科专业精准对接行业发展。二是以单门课程为挖掘对象，挖掘该门课程独特的思政元素，厘清思政元素与专业内容的契合关系，在专业教学的最佳切入点中引入思政元素，实现思政元素与单门课程的融合。三是章节知识点的课程思政元素梳理，进一步落实到知识点与思政元素的有机结合，突出重点思政内容，深入研究显性知识和隐性思政的深度融合。例如，广东科技学院金南顺教授带领的省课程思政示范团队在进行管理学课程思政融入设计时，基于"HEART课程思政案例法教学模式"，首先"以教为主导"，用心设计思政案例；然后通过丰富多样的"以学为中心"的教学过程设计，将价值引领贯穿始终，力求实现潜移默化、润物无声的育人效果；最后通过整体设计后，根据单元去挖掘各章节的因素（见表6.1）[①]。

表6.1 金南顺教授教学团队管理学课程思政各章课程思政设计

序号	教学单元	思政元素	思政内容	融入方式	预期效果
1	绪论	中国特色话语体系	重人求和、顺道无为、预谋慎战及依法治理	原文释义提问法	深入了解中国对管理学的思想贡献
2	管理导论	人民利益观	电影《大决战》中的辽沈战役片段	观后讨论其蕴含的管理职能	将人民利益观融入管理学教学
3	管理理论的历史演变	世情国情	构建人类命运共同体	分组讨论	形成管理思维系统观
4	决策与决策过程	制度自信、社会责任	抗洪救灾行动	小组搜集素材并汇报	深度理解决策影响因素

（二）结合专业，文化融入

不同专业的学生在未来就业方向、所需形塑的思维方式及可能遇到的突出问题等方面存在较大差异，因此不同专业课程思政元素挖掘的重点亦不同。例如，在专业课程及其教学活动中，经济管理类专业课程应重点挖掘诚信与法治等方面的思政元素，工科类专业课程应重点挖掘工匠精神与严谨科学态度等方面的思政元素，医学类专业课程应重点挖掘救死扶伤与诚信友善等方面的思政元素。

[①] 金南顺.基于HEART课程思政案例法教学模式实施管理学课程思政的实践探索[J].知识窗，2021（9）：114-115.

课程是专业的组成要素，各类课程育人作用的发挥要以专业建设为依托，并需要学科建设的强力支撑。教师要结合课程所归属和服务的学科与专业的形成背景、发展历程、现实状况和未来趋势，特别是所涉及的重大工程和科学技术发展成果，科学家或模范人物事迹，学科专业原理、观点，以及与之相关的生活实践、教学实践、科技实践等，挖掘其中所蕴含的使命感、责任感、爱国精神、奋斗精神、开拓创新精神等思想政治教育元素，并使之内化为学生的精神追求、外化为学生的自觉行动。例如，北京联合大学数理部的吕书强教师团队从大学课程群出发，从广度和深度挖掘数学文化内涵、数学文化思政元素，将数学发展史、数学思想方法、数学家的故事、数学知识应用和数学美有机融入课堂教学中，落实了立德树人根本任务，发挥了价值引领作用。

（三）结合时事，因势利导

新时代的大学生有积极的政治参与和社会参与热情，对国际国内时事、社会热点问题、重大事件等都特别关注，而且具有一定的独立思考能力。教师要把挖掘课程所蕴含的思想政治教育元素和所承载的思想政治教育功能放在国际国内两个大局和两种资源的背景中，挖掘有利于培养和训练学生科学思维方法和思维能力的内容，教会学生用正确的立场、观点、方法认识并分析问题，让学生更深刻地认识世界、理解中国，增强民族自信心和社会责任感，例如中美贸易战、新中国成立70周年、英国"脱欧"。

课程思政不是"课程+思政"，也不是课程"思政化"或者"去知识化"，而是对包括思政课在内的所有课程发挥育人功能的新要求。教师开展课程思政，切忌对所挖掘的思政元素进行"说教""生切""嫁接"等简单化处理，必须在挖掘课程所蕴含的思政元素的基础上对课程内容进行重新认识和重构再造，将所挖掘的思政元素有机融入课程教学，实现所讲授课程在思想政治教育和知识体系教育上的有机统一，进而达成育人和育才的统一。例如，北京工业大学朱江淼等，在"现代电子测量技术及仪器"课程中引入"2020年珠峰高程测量"热点事件[①]。

（四）讲好中国故事

贯彻党中央关于"扎根中国大地办大学"和"全员、全过程、全方位育人"的要求，讲好中国故事，传播好中国声音，展示真实、立体、全面的中国。习近平总书记在庆祝中国共产党成立95周年大会上强调："在5 000多年文明发展中孕育的中华优秀传统文化，在党和人民伟大斗争中孕育的革命文化和社会主义先进文化，积淀着中华民族最深层的精神追求，代表着中华民族独特的精神标识。"中华民族在几千年历史中创造和延续的中华优秀传统文化，是中华民族的根和魂，也是我们最深厚的文化软实力。从天下为公、世界大同，到自强不息、厚德载物，再到仁者爱人、以德立人，传统文化中蕴含的思想观念、人文精神、道德规范，对于解决当代人类面临的难题具有重要启示意义。把优秀传统文化的精神标识提炼出来、展示出来，把优秀传统文化中具有当代价值、世界意义的文化精髓提炼出来、展示出来，我们就能启人入"道"、引人悟"道"，更加有效地传播中国理念，促进文明交流互鉴。

讲中国故事，不仅仅是讲传统文化和经典，更包括当代中国的故事。党的十八大以

---

① 朱江淼，窦慧晶，姜燕．电子类专业课程课程思政建设的研究与思考[J]．电气电子教学学报，2023，45（1）：76-79．

来，全面深化改革风生水起，全面从严治党激浊扬清，中国经济发展亮点纷呈，中国与世界的互利合作不断推进，亿万中国人民埋头苦干，为讲好中国故事提供了更多更新的鲜活素材。讲好中国故事，就是要主动宣传习近平新时代中国特色社会主义思想，主动讲好中国共产党治国理政的故事、中国人民奋斗圆梦的故事、中国坚持和平发展合作共赢的故事，加深世界对中国共产党执政理念的了解，增强各国对当代中国改革发展的认识，生动展现一个和平发展、多姿多彩、文明进步的中国。对于一些明显带有西方特色的课程进行课程思政改革，讲好中国故事显得更为重要。例如，"日语口译理论与实践"这门课程往往会涉及很多日本文化，继而忽略本国文化的传承。大连大学日本语言文化学院的姚海峰老师从课程内容上进行挖掘，通过古代中国故事让学生学习古人的优秀品质和智慧，通过近代中国故事让学生学习革命先辈们坚韧不拔的精神，通过讲解当代中国故事让学生知晓中华民族再次雄立于世界东方的奋斗历程。在口译环节的案例选择了《白蛇传》《精卫填海》等中国神话故事的题材进行学习和分享。端午节当天分享端午节的题材，其内容不仅涉及端午节的由来，还用日语介绍了屈原的故事，以及中国南方和北方过端午节的区别。内容丰富多彩，课程思政融入水到渠成，受到学生的热烈欢迎。[①]

第三节　应用型大学课程思政教学实施

课程思政元素的挖掘和思政融入方法的探寻都是为了更好地实施课程思政教学。课程思政教学需要确定课程思政载体，同时借助现代化的教学工具实现数字化赋能课程思政，根据教学目的和学情选择合适的课程思政教学方法，最后完成课程思政考核，形成课程思政教育闭环。

一、应用型大学课程思政载体创新

（一）课程思政育人第一课堂重构

课堂是课程思政育人的主阵地。应用型大学服务于本地经济发展，在专业设置上强调突出不同学校的专业特点，在专业课程设置上强调应用性功能。由此可见，应用型大学专业课程设置的不同是最能凸显大学特色的部分。专业课程在应用型大学教学中占据非常重要的地位。因此应用型大学专业课程是教育教学的主阵地，在专业课上花时间融入思政教育起着事半功倍的作用。教育部颁发的《指导纲要》对专业课程如何进行思政教育提出了明确的要求："要坚持学生中心、产出导向、持续改进，不断提升学生的课程学习体验、学习效果，坚决防止'贴标签''两张皮'。"专业课程是思政元素的重要载体，在融入思政元素时，对第一课堂进行重构，做到课程内容与思政元素有机对接，避免生硬接入，力求做到润物细无声。

应用型大学的专业课程主要存在两种教学形式，专业理论课程和专业实训课程。专业理论课程一般包含几个模块的教学内容，教师在考虑和设计思政元素要点时，要从"国家

[①] 姚海峰. 讲好中国故事，坚定文化自信——围绕"日语口译理论与实践"教学改革展开[J]. 大连大学学报，2022，43（2）：72-75.

层面—专业人才培养方案—课程素质目标—授课单元"中的思政元素逐步求精。根据教学需要和课程思政教学改革实践需要,打破课本原有的教学模块排列顺序,对教学模块进行重组,既可以挖掘课程知识本身蕴含的思政元素,也可以在一定范围内进行思政元素的拓展。以土木工程专业为例,李玉涛博士在讲授土木工程概论时,对课程思政教学进行改革与实践,对课程整体进行了重构。首先对"土木工程概论"的知识范畴进行了定义,其次根据课程思政教学对课程进行重构。土木工程专业的专业基础课,包括土木工程的发展史、土木工程中的力学概念和结构、土木工程材料、土木工程防灾减灾、土木工程设施的类型、土木工程项目建设等知识,内容丰富。因此教师从衣食住行、经济腾飞和社会发展三个方面对课程板块进行了重构。思政内容选择上主要通过典型土木工程设施、优秀土木工程人物深挖课程思政元素。通过介绍土木工程行业的发展成果,促进专业知识和课程思政元素融合。同时在教学环节以学生为中心,精心组织课程思政教学,提升课程思政教学效果。李玉涛博士"土木工程概论"课程思政教学改革结构见图6.1①②。

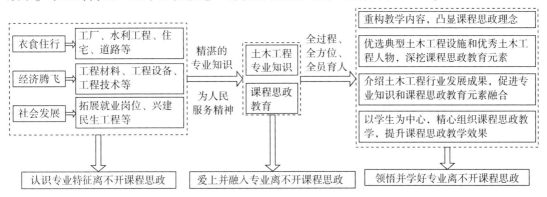

图 6.1 李玉涛博士"土木工程概论"课程思政教学改革结构

专业实践课程一般是对专业理论课程转化而成的技术技巧等的实践训练,针对性比较强。模块的设计遵循循序渐进的规律,先后顺序一般不能有变化。同时实训内容集中度高,时间安排紧凑,内容容量有限,但是在训练模块设计和选择上,教师主导性很强。因此在进行课程思政改革实践时,可以侧重于训练模块设计和挖掘各个模块内在的思政元素。课程内容的选择、实践空间的变化使实践课课程思政教育具有全程性和实施方式的多样性③。例如,西南交通大学人文学院传播系梅红教授在"新闻评论视频制作"实践课课程思政事件中首先明确以马克思主义新闻观作为新闻评论课教学目标,在课程中坚持以学生为中心的实践课程设计,同时加强与思政教师的合作,实现专业教学与思政教育双赢。在实践课程第一课堂重构环节,针对学生爱看"抖音""快手"等视频节目的特点,设计"新闻评论视频制作"的实践课。抓住国内、校内的大事情,教师有针对性地设计课程选题,融合思政内容。例如,把2019年新中国成立70周年国庆大典作为新闻事件设计进入

---

① 李玉涛,郭青伟,王新征.土木工程概论课程思政教学改革与实践[J].南阳师范学院学报,2023,22(1):56-59.
② 郑晓芬,汪继尧,刘沈如.工程教育认证背景下建筑结构抗震课程思政教学探索[J].高等建筑教育,2022,31(1):186-193.
③ 李华东,梅志远,陈国涛.实践课程的课程思政教育特点与关键问题研究[J].教育观察,2022,11(7):36-38+46.

实践课。在新闻评论环节进行观点引导，帮助学生树立正确的舆论导向观。同时重视教学成果展示，提升学生的成就感、责任感[①]。例如，南京信息工程大学法学院徐骏、杨晨两位老师借助学院成立的"法律实务工作坊"开展法学实践课，在课程思政实践中尝试了课程思政"五融五有"工作法，即"融家国情怀于四个自信、融个人理想于责任担当、融人文关怀于法治内涵、融职业荣誉于薪火相传、融专业追求于工匠精神，有一个精准的选题、有一次精心的设计、有一组优质的嘉宾、有一位专业的导师、有一群主动的学生"，对实践课程进行了重构[②]。同时实践课程要充分发挥教学环境优势，让学生能够获得更加真实的感受。这些专业实践课程的课程思政实践经验对应用型大学有很好的借鉴意义，应用型大学在实践课课程思政实践上更加大胆、多元化。

（二）课程思政育人第二课堂创建

通过组织学生参加校内的共青团、党员活动、社团活动，以及校外的企业参观、公司实习、校友走访、志愿者服务，将理论与实践结合起来，创建第二课堂，把专业知识和思政教育在第二课堂有机融入。例如，通过企业的社会实践活动，从实践中感受优秀企业文化、企业家精神，学习坚持不懈的创业精神，理解企业和公民的社会责任。通过校友走访学习校友的职业精神、拼搏精神。应用型大学的院校实践环节特别重要，田野课堂是一个很重要的课程思政途径，开展田野进课堂、课堂进田野活动，开辟第二课堂。例如，中国人民大学社会与人口学院2021年赴台州椒江开展"田野课堂"教学实践，调研是学院2021年度"田野课堂"系列教学实践活动的重要组成部分。

应用型大学扎根于地方，基因中天然带有地方特色。应用型大学在课程思政元素资源挖掘中更加注重扎根当地。应用型大学应该充分挖掘地方独有的经济文化特征，为第二课堂的构建提供素材。例如，广东是全国非物质文化遗产大省，岭南人文底蕴深厚，非物质文化遗产种类繁多，有粤剧、醒狮、茶艺、蜈蚣舞等国家级非物质文化遗产，也有鳌鱼舞、粤语讲古、吴川泥塑、五羊传说等省级非物质文化遗产，遗产的空间分布是以广州、佛山、中山、江门、东莞和深圳等地为中心，粤东、粤北和粤西地区分布零散。广东省的高校可以根据学科特点探讨非遗项目进入课堂的可能性及可行方式。此外，城市都有自己的文化基因和发展特色，例如东莞的莞香文化、制造业发展特性、镇域经济发展模式，广州的饮食文化、数字化经济发展等，都可以挖掘发展成很好的第二课堂。应用型大学为了满足人才培养需求，一般会大力发展校企合作企业，这些校企合作可以成为第二课堂开设基地。怀化学院石光辉老师在"专题片创作"实践课课程思政实践中深入挖掘当地红色文化资源、当地主题教育资源、当地传统文化资源；以此为基础，怀化学院在"专题片创作"课程建设中创作了红色经典专题系列片《通道转兵》之《长征中党中央实现军事战略转向的开端》等，创作了扶贫主题系列片《山花烂漫山果甜》之《自主产业脱贫路》等，创作了8集非遗传统戏剧纪录片《怀化有戏》、16集传统村落系列纪录片《留住乡愁》等。在课程设计方面，以问题为导向，重塑课程内容，将课程分为基础理论课、校媒校地实践课、校内平台实践三个部分。组织学生进入校媒校地实践教育基地，党台、党报新媒体记

[①] 梅红，刘爽. 新闻评论课程思政元素的融合与实施——以"新闻评论视频制作"实践课为例[J]. 青年记者，2021（16）：100-101.

[②] 徐骏，杨晨. 课程思政模式探索的理念与实践——以法学实践课"五融五有"工作法为例[J]. 湖北师范大学学报（哲学社会科学版），2021，41（6）：93-99+156.

者作为实践指导老师，开展第二课堂[1]。例如，嘉兴学院以红船精神为引领，挖掘并整合具有地方特色的思政元素，进一步改革现有的课堂教学模式，灵活、巧妙地将课程思政元素融入专业教学内容中，采用经典案例与热点时事相结合、线上与线下相结合、产学研相结合的方式，提升学生自主学习的能力，提高课堂教学效果，实现课程思政育人这一根本目标[2]。

二、课程思政教学数字化赋能

（一）借助新媒体激发学生兴趣

谙熟数字科技的大学生群体深受互联网、即时通信、社交媒体等的影响，这就要求高校运用新媒体新技术使思政课活起来，实现内容鲜活生动，方式形象真切，切实增强时代感和吸引力，使思政课成为学生真心喜爱、终身受益、毕生难忘的"金课"。为此，要根据学生身心特点，梳理整合教材知识点，充分运用5G、VR/AR、人工智能等数字技术，不断丰富教学手段，创新发展教学方式方法，打好思政课教学方式"组合拳"。

（二）借助新媒体技术形成沉浸式课程思政环境

注重结合新媒体新技术增强思政课课堂活力，实施线上线下混合式教学，开展互动式、沉浸式、体验式教学，将枯燥的理论融入鲜活故事中，把静态的教材转化为生动的音视频，用学生喜闻乐见的形式把内容讲生动、讲形象、讲精彩，于无声处润心启智，从感性共鸣走向理性认同。同时通过线上场馆、元宇宙、虚拟体验等，让思政课教学实现移动化、场景化、可视化，使纪念馆、博物馆和革命旧居旧址，以及新时代改革开放实践基地、示范区等成为鲜活课堂和生动教材，共同打造"行走的思政课"。尤为重要的是贯通思政小课堂与社会大课堂，推进学、思、践、悟一体化，形成案例分析、实地讲解和师生互动点评的立体式教学，促使青年学生在了解国情中增强爱国情怀、在体验民生中增进群众感情、在实践锻炼中增强为民本领，真正做到因地制宜、因时制宜、因材施教，不断提高思政课教学质量和育人水平，引导"广大青年用脚步丈量祖国大地，用眼睛发现中国精神，用耳朵倾听人民呼声，用内心感应时代脉搏，把对祖国血浓于水、与人民同呼吸共命运的情感贯穿学业全过程、融汇在事业追求中"[3]。

（三）借助互联网打造线上线下全方位思政育人平台

线上线下混合式教学是通过线上和线下两种方式开展教学，两种教学方式处于不同时期，但具有同等地位，且相辅相成[4]。"线上+线下"的混合式教学是现场教学和在线教学模式结合的新模式[5]。通过线上互联网平台如超星、课堂派、大学慕课等构建线上课程资源，借助线下平台构建面对面沟通平台，不仅延展了教学的时空，还能够补充更多不同形

---

[1] 石光辉.地方本科院校社会实践课的课程思政建设路径探讨——以怀化学院《专题片创作》课程思政建设为例[J].怀化学院学报，2022，41（4）：121-124.

[2] 吴雯，李海东，张葵花，等.地方特色融入课程思政的教学与实践——以嘉兴学院为例[J].嘉兴学院学报，2023，35（3）：129-132.

[3] 杨艳萍.数字技术赋能思政课讲深讲透讲活[N].光明日报，2022-09-19.

[4] 周春霞，张玉强.OBE理念视角下线上线下混合式教学中课程思政实施路径——基于知网教学改革案例文本分析[J].西部素质教育，2022，8（13）：42-45+137.

[5] 徐淑丹.新文科背景下课程思政多元混合式教学实践——以日文报刊选读课程为例[J].高教学刊，2022，8（20）：124-127.

式的思政资源，建立起"以学生为中心"的深度学习模式，满足学生一站式学习的需求。并且线上线下的混合使一切学习都有迹可循，很容易描绘出学生的学习轨迹和学习画像，也有助于教师根据实际情况及时调整教学内容和教学方法，以达到更优的教学效果。

三、应用型大学课程思政教学方法创新

"培养什么人、怎样培养人、为谁培养人"是新时代人才培养的根本问题，也是课程思政教学要回答的根本问题。专业课程所包含的思政元素，既与课程知识内容、课程实践环节紧密相关，也与教学的组织形式、教学方法密切相联。如果说课程的具体内容、具体实践环节内在规定了其包含的思政元素，具有相对的稳定性，那么教学方法与手段却是动态变化的，不同的方法与手段产生的思政育人效果明显不同，甚至有天壤之别。因此，创新教学方法手段可以使学生潜移默化地树立起正确的思想认识、道德操守和职业精神，达到于无声处胜有声的境界。

（一）采用以学生为中心的教学方法

课程思政教学可采用案例教学法、问题教学法、启发式教学法、探究式教学法、讨论式教学法、情境模拟教学法、比较教学法、项目教学法等，通过创设问题情境、价值判断情境等培养学生分析问题、解决问题的能力，让学生在解决问题的过程中，认识问题和知识背后所蕴含的理论思维、方法论和价值判断，激发学生的思想碰撞和情感体验，实现对学生的价值引领。

（二）根据课程采用多种教学方法的不同组合

在理论教学中，既要注重课堂知识传递、理论讲授，也要运用视频录像、讨论辩论等教学手段和方式。在实践教学中，就实践环节本身而言，它属于技术性的，不具有意识形态属性，但通过独特的组织实施形式，却可以发挥思想政治育人的功能。如在实施形式上可采取分组实施，既可以培育学生的竞争意识，也可以增强学生间的团结协作精神。杨昌臻团队在高职院校课程思政教学尝试"三个一"方法的创新实践[①]。安徽建筑大学陈松林老师进行了目标驱动的"组织行为学"课程思政教学创新，"组织行为学"课程思政教学创新以"总—分—总"的教学目标为驱动力，在教学内容、教学方法和教学评价上进行有的放矢的改革[②]。课程作业除了传统的习题、课堂讨论、案例分析，可增加课程论文、课外实践调查报告等多样化的形式，重点是让学生通过主动参与、动脑动笔实现知识的稳固[③]。胡维新等以"问题链教学法"创新高校课程思政教学方法，在专业课程的教学过程中提出主题问题，引出思想政治教学内容，并由此转化为思想政治教学专题，创新高校思想政治教育教学方法[④]。

---

① 杨昌臻，刘开明，吴健．高职院校课程思政教学"三个一"方法的创新实践——以甘肃能源化工职业学院为例［J］．兰州石化职业技术学院学报，2022，22（1）：56-59.

② 陈松林，连瑞瑞．目标驱动的《组织行为学》课程思政教学创新研究［J］．吉林工程技术师范学院学报，2022，38（2）：4-7.

③ 冉敏．公共管理类课程思政与教学改革实践探索——以"组织行为学"为例［J］．法制与社会，2019（35）：202-203.

④ 胡维新，田芳，鲁红权．以"问题链教学法"创新高校课程思政教学方法［J］．课程教育究，2018（52）：44+46.

四、应用型大学课程思政教学考核方式创新

很多时候教师仍然把知识的讲授看作是教学的全部,更加关心知识是否介绍清楚、是否讲授全面,而不关心学生是否达到了预定的学习目标。这就导致教师在教学过程中经常缺乏对教学效果开展有效评价的活动。这种情况如果体现在课程思政教学中,就是课程思政教学效果评价环节的错位或者缺失。部分教师不重视开展教学设计等情况依然大量存在。学生政治思想素质的提高是一个循序渐进的过程,强调坚持以学生为本,因材施教,注重过程的培养和衡量,应从多方面对教学过程进行评价,实现学生才育与德育的双考核[①]。

(一)采取量化评定与定性评价相结合的方式

课程思政教学评价与考核,要把以往过于偏重专业知识评价转变为专业知识评价与思政育人评价并重。增加思政育人评价后会把一些难以量化的因素纳入考核评价中去。因此"思政育人评价"宜采取量化评定与定性评价相结合的方式。定量评定主要针对教学成果的量化产出,例如相关专题的讨论量、出勤情况、评论量、视频观看量、作业提交次数和时间、发言次数等。定性评价可以采用问卷调查的方式,调查问卷的各项题目中隐性考核课程思政育人效果。同时,学生对教学效果给予评价,教师根据学生的教学评价分析课程思政教学效果,进一步提升今后的教学质量。在考核评价时,教师可以采取小组内互评、组别间互评、教师总结评价等混合评价形式,无形中培养学生的公平公正意识和实事求是精神。

(二)构建"全过程多元化多主体"课程思政评价体系

所谓全过程,是指从每个章节的案例讨论、专题汇报、课后习题到期末考试等各个环节对学生价值塑造情况进行考查。所谓多元化,是指定性评价与定量评价相结合、过程评价与终结评价相结合、他评与自评相结合。所谓多主体,是指教师评价、学生自我评价、同学评价相结合。由于价值观具有内隐性,如何进行价值实践环节的设计是社会主义核心价值观培育效果检验的关键[②]。

(三)重视情境考核和作品考核

思想教育是一个循序渐进的过程,不可能因为一次活动、一个案例就可以获得大的提升。对课程思政结果的考核不应该仅仅关注"学了吗",更应该关注"学成了吗"。应用型大学应该借助实践育人优势,多方协同,利用互联网技术,在课堂内外创设更多的课程思政教学情境和条件,潜移默化地完成课程思政的育人功效。思想层面升华的显性表现往往出现在日常的情境中。因此特殊情境中的学生反应可以成为很好的考核指标。同时,学生的作品是学生学习结果的另一种显性化表现,可以展现学生的思维体系和道德标准。通过学生最终成果的全面展现来完成思政育人教学评价是非常重要的考评方式。当然作品是基于课程教学内容产生的,因此要想在作品中体现课程思政的考核点,在课程内容的设置

---

① 朱江淼,窦慧晶,姜燕.电子类专业课课程思政建设的研究与思考[J].电气电子教学学报,2023,45(1):76-79.

② 白彦,李国正.管理类专业课程引导大学生社会主义核心价值观培育的理论建构[J].中国高等教育,2022(23):21-23.

上就要进行精心设计。例如，上海第二工业大学文理学部应用统计教研室李楠老师在"抽样调查"这门课程中，首先通过介绍抽样调查发展史，培养学生发现问题的能力，其次通过学生关心的校内或社会热点问题的调查实践，增强学生的社会责任感。2019年，上海市推行垃圾分类政策就设计了"社区垃圾分类难点"等调查实践项目。借助市场案例如芯片技术的封锁与突破，激发学生的爱国情怀。通过撰写调查报告，培养学生诚信、严谨的职业素养和敬业精神。这种课程设计必然会在情境展示和作品呈现时蕴含思政考核点，例如合作精神、公平合理的考核指标等，而这些都可以纳入考核内容[①]。

---

① 李楠. 课程思政改革下的抽样调查教学设计［J］. 教育教学论坛, 2020（18）: 100-101.

第七章 应用型大学课程思政成效评价

第一节 课程思政成效评价整体概述

全面实施课程思政改革已成为提升高等院校育人实效的关键点，围绕"三全育人"的大思政格局，将课程教学与思想政治理论教育有机结合，突出非思想政治理论课的隐性育人职能，落实立德树人的教育理念。目前各高校极为重视课程思政教学，部分高校在课程思政教学改革方面取得了很多成果，不少优秀案例值得学习借鉴，但是对于课程思政实施效果评价相对薄弱，主要是课程思政的实施成效难以独立呈现、难以进行客观量化评价和难以适用统一的标准。基于此，以综合性评价、过程性评价和可操作性为原则，探索构建课程思政成效评价体系，促进立德树人根本任务落地生根，促进课程思政教学改革持续深化。

一、课程思政成效评价的背景意义

（一）课程思政成效评价的政策导向

2017年12月，教育部印发的《实施纲要》正式提出推动"课程思政"进课堂的教学改革，在专业课教学中充分挖掘思政元素，实现专业知识学习和思想政治教育同向同行，提升思想政治教学水平，强化专业知识教育和课程思政教育协同育人。2019年，习近平总书记进一步指出："坚持显性教育和隐性教育相统一，挖掘其他课程和教学方式中蕴含的思想政治教育资源，实现全员全程全方位育人。"[①] 2020年，教育部印发了《指导纲要》，明确了"'培养什么人、怎样培养人、为谁培养人'是教育的根本问题，立德树人成效是检验高校一切工作的根本标准，落实立德树人根本任务，必须将价值塑造、知识传授和能力培养三者融为一体，不可割裂"，逐步构建课程思政育人工作的顶层框架。上述关于课程思政的政策及论述，对课程思政的教育理念进行了充分解读，同时也是课程思政成效评价的根本遵循。

针对课程思政实施效果的评价，《指导纲要》从宏观层面阐述了课程思政建设的方向和措施，要求高校要将课程思政建设贯穿人才培养全过程，构建科学合理的课程思政教学

---

① 习近平：用新时代中国特色社会主义思想铸魂育人　贯彻党的教育方针落实立德树人根本任务 [N/OL]. 人民日报，(2019-03-19)[2024-2-29].http://jhsjk.people.cn/article/30982234.

体系,结合各专业特点分类推进课程思政建设,同时建立健全课程思政建设质量评价体系和激励机制,但对于如何对课程思政成效进行考核并未作出具体要求,只是作出了纲要性和体系性的说明。2020年10月,中共中央、国务院印发了《深化新时代教育评价改革总体方案》,方案中重点任务的第四点是改革学生评价,促进德智体美劳全面发展。完善德育评价,根据学生不同阶段身心特点,科学设计各级各类教育德育目标要求,引导学生养成良好思想道德、心理素质和行为习惯,传承红色基因,增强"四个自信"。通过信息化等手段,探索学生、家长、教师以及社区等参与评价的有效方式,客观记录学生品行日常表现和突出表现,特别是践行社会主义核心价值观情况,将其作为学生综合素质评价的重要内容。方案虽然没有对课程思政成效评价作具体的说明,但已经对课程思政成效评价作出了重要指引。

目前很多应用型高校探索分类评价,大力推进学生评价改革,突出"学生中心"的理念,促进学生德智体美劳全面发展,其中课程思政是德育的主要形式,得到了高校的普遍重视;一些高校在课程思政教学中形成了特色,取得了成果,形成了典型案例。但是在针对课程思政成效评价方面的研究和实践相对薄弱,尚未形成被广泛认可的评价体系。课程思政主要注重学生思想情感的转变和良好行为习惯的养成,在评价过程中,无法通过传统的终结性评价来判断其实施效果。因此,探索构建课程思政成效评价体系、对课程思政实施效果进行评价和反馈、确保落实立德树人的根本任务、提升人才培养质量,具有较高的研究价值。

(二)课程思政成效评价的必然要求

高校课程思政教育教学经过多年的探索实践,已经由独立的教育形式转为思政教学与专业课程教学深度融合的形式,逐步发展成全员、全过程、全方位的课程思政育人格局。但是专业课的学习侧重点在该课程的知识性和专业性,专业教学中穿插思政教学更为注重的是课程的价值引领和学生科学思维、理想信念及爱国主义的引导,其效果评价与专业课程的学习评价并不相同,使得现有的高校学生学习评价体系不能直接用于课程思政成效评价。在"大思政"背景下,深化课程思政建设,提升课程思政教学效果,结合应用型高校实际,基于"学生中心、产出导向、持续改进"的理念,构建多维度、多主体、多方法、多渠道的课程思政成效评价体系,是充分发挥评价体系的反馈改进作用,解决好专业教育和思政教育"两张皮"问题的必然要求。

课程思政涵盖了师生兼具主观性和多元性的多重价值和认知等元素,其育人效果的评价主体是教师教学质量和学生学习效果,但是课程思政的成效具有隐性特点,一般无法直接按照显性的教学质量评价标准进行评价。例如,有的教师在授课过程中穿插讲授的课程思政内容及教学过程难以进行量化考核,导致在评价教师教学质量和学生学习效果时,很少对学生的价值观转变和思政素养的形成进行整体评价;有的教师通过显性的思政考核来评估学生的思想道德水平,难以全面考核课程思政实施的效果和学生的获得感等[①]。在现有的教学评价体系下,尚未形成针对课程思政内容、方式方法和路径的评价体系,导致学校在进行课程思政成效评价时不准确,从而降低了课程思政教学资源建设的效果。因此,如何构建系统科学的课程思政成效评价体系,是当前各高校面对的共同难题,也是提升课

---

① 王秋怡. 推进课程思政落实立德树人根本任务 [J]. 中国高等教育,2021 (2):37-38.

程思政育人效果和保障课程思政有效实施的关键点。

高校课程思政的宗旨是落实立德树人根本任务，进行课程思政成效评价是提升育人效果的关键环节，也是落实立德树人任务的重要保障。高校根据课程思政教学评价结果能够更加科学地分析学校有关课程思政建设的组织架构是否合理，应该如何有针对性地进行改进；同时，教师可以分析自身在教学中是否真正实现了课程思政建设目标，应该如何进一步优化教学方法和教学策略[1]。

二、课程思政成效评价的现实境遇

（一）课程思政成效评价研究现状

近年来，课程思政评价体系已成为学术界研究的热点课题，学者们分别从课程思政评价内涵、主体、内容、方法、指标等方面进行了研究。李玉香、牛慧基于教学目标设定、教学过程实施和教学效果评价的全过程，结合教师同行的互评和学生评教，构建了课程思政成效评价体系，对课程思政育人效果进行评价[2]。许耀元基于整体性、客观性、发展性和指导性原则，从目标、内容、主体、过程、方法和效果六个层面构建了综合性课程思政教学效果评价体系[3]。郑敬斌、孙雅文研究了课程思政教学主体评价、过程性评价和绩效评价，将效能、效率、满意度和可持续性指标纳入课程思政教学质量评价环节[4]。谢晗进、李鑫、江雯总结了新时代高校教师课程思政的主要机理，基于师德师风评价、备课思政化评价、授课思政化评价和课外思政化评价四个维度构建了课程思政评价指标，并通过课程思政化动态跟踪评价促进课程思政建设[5]。

从上述课程思政成效评价研究成果来看，目前尚未形成学术界统一认可的课程思政成效评价体系，对于课程思政教学内容如何与专科课程内容有机融合、课程思政的教学效果如何进行量化评价等一系列问题，还在进一步的研究探索中。因此，需要逐步建立完善的课程思政成效评价体系，特别是针对不同学科、不同专业课程的思政教学，其评价体系的科学性和匹配度要逐步提高。

（二）课程思政成效评价存在问题

课程思政并不局限于某一门课程或某一个专业，而是将课程的显性教育功能和课程思政的隐性育人工程互交互融，达到教书和育人的高度统一，这也是落实立德树人的客观措施。但是与学生专业课程学习可以通过多种方式进行量化不同，课程思政隐性的育人功能难以进行有效的量化评价，主要表现为学生的价值观、态度、情感及意志等容易受社会环境及他人的影响，其主观意识形态形成过程具有非线性特征，难以进行量化评价。同时专业课程由于其专业性，在人才培养方案和教学大纲等指导下，在教学中实施课程思政没有统一标准及范式，课程思政效果因教师水平和教学内容不同而不同。在新时代背景下，作为应用型高校要充分认识课程思政成效评价存在的问题和困难。

---

[1] 陶文辉，邓泽民．高职院校思政课三维教学目标体系研究［J］．职业技术教育，2018（20）：62-65.
[2] 李玉香，牛慧．高职院校专业课课程思政教学评价体系构建研究［J］．船舶职业教育，2020，8（3）：55-58.
[3] 许耀元．高校课程思政教学评价体系构建［J］．智库时代，2020（3）：209-211.
[4] 郑敬斌，孙雅文．高校课程思政的本质意涵与建设之要［J］．中国德育，2020（17）：30-34.
[5] 谢晗进，李鑫，江雯．新时代高校教师的专业课程思政化评价研究［J］．教育教学论坛，2019（23）：51-53.

1. 课程思政成效难以单独呈现

课程思政是在课程教学中，结合教学内容和教学设计潜移默化地引导学生形成正确的价值观、理想信念等，具有潜在性和隐蔽性的特点。在教学评价中，学生的价值观、情感及理想信念无法独立表现出来。同时，应用型高校实践课程较多，学校通过第二课堂和实践实习等多种形式达到培养应用型人才的目标，相较于专业理论课的学习，第二课堂和实践实习课课时较少，参与的学生人数更多。因此，课程思政成效评价不能简单地套用目前高校的教学质量评价。如果采用现有的结果性评价或诊断性评价来评判课程思政实施效果，可能无法准确反映育人成效，同时影响持续改进的策略和效果。

2. 课程思政成效难以量化评价

人的情感变化和价值塑造具有非线性特点，导致课程思政成效在某些时段效果并不明显。通过思政塑造学生的价值观、提升学生的意志品质，需要过程的积累，先要经过对学生情感的触动，再逐步加以引导，使得学生将自己价值观和理想信念内化于心，在学习生活中外化于行，知行合一。在积累的过程中，既充分考虑价值塑造与情感发展的这种非线性特征和外部环境的负面影响，也要考虑价值塑造与情感发展的量化指标，进行课程思政评价时，不能以某一短时间内学生的行为和情感变化的效果进行评价，也不能片面地选取指标进行简单的量化；要坚持以学生为中心的理念，围绕学生价值塑造和情感发展，同时考虑外部环境的影响，采用定量和定性方法进行课程思政成效评价。

3. 课程思政实施成效评价难以适用统一的标准

寓价值塑造于知识传授和能力培养过程中的课程思政，其实施成效不仅受到教学设计、教学内容和教学方式的影响，还直接受到任课教师个人的影响。众所周知，同样的教材和课件、同样的内容和教学设计，不同的任课教师，其实施成效可能千差万别。结合课程目标，开展教学内容和教学案例设计以实现课程思政，其展现形式没有统一标准，其成效可能因人而异，教师"言传身教"的作用和影响远远大于在知识传授和能力培养方面的影响。作为应用型高校而言，学校充分尊重学生的个人发展规划，逐步推进分类培养和个性化培养，在人才培养过程中，针对学生需求开设的选修课越来越多，学科交叉越来越广，导致课程思政成效评价难度更大。因而，在尊重教师和学生个体差异的情况下，如何恰当衡量课程思政实施成效也是值得考虑的问题。

三、课程思政成效评价的模式构建

（一）课程思政成效评价的基本原则

1. 学生发展中心原则

应用型高校在办学中重点突出学生中心地位，基于学生中心的理念认为，在教学中要围绕学生的兴趣、认知、需要和能力等进行个性化教学，引导学生进行深层次的学习，教学过程中对学生话语权的尊重能促进学生个人成长和社交技能，并对培养学生终身学习的习惯有裨益[1]。根据"以学生为中心，以教为主导"的理念，教师在培养学生的过程中不

---

[1] MOTSCHNIG P R, HOLZINGER A. Student-centered teaching meets new media concept and case study [J]. Educational Technology & Society. 2002, 5 (4): 160-172.

仅要注重学生的个性化发展，还要主动引导学生积极参与知识的学习，加强与学生的互动和沟通，提供丰富的学习资源，强化实践运用能力，从而提高人才培养质量。

2. 综合性评价原则

课程思政成效评价既要考虑教学内容、教学设计和教学过程中对学生情感价值的塑造，还要关注教师在情感价值层面的引领作用。课程思政教育主要是基于课堂教学，教师既是课程思政的主导者，也是评价者，主要评价的是学生情感的变化和价值的塑造。基于"三全育人"格局，教师要提高自身的思想水平，深度挖掘与课程相关的思政元素，加强对课程思政实践的探索，多种形式引领思政育人。因此，对课程思政成效的评价，要从课程教学内容、教学设计、思政元素、教学方式方法等多个维度，对学生的获得感进行综合评价。

3. 过程性评价原则

学生情感变化和价值塑造具有非线性特点，在评价课程思政成效时，要基于学生知识学习的深度和广度进行定量评价，从学习的态度和参与度进行定性评价，避免将课程思政成效与专业课学习效果"分割"评价，同时要进一步避免孤立地对每一课程的思政成效进行终结性评价。在课程思政成效评价中，结合定量与定性评价指标，重点评价学生在一个阶段或一个时期的情感变化和价值塑造，贯穿于阶段性的过程评价，评价结果更准确，便于及时发现问题和下一阶段整改。

4. 可操作性原则

基于课程思政效果评价标准仅对课程思政教学效果进行定性分析，可以直观地反映课程思政的效果，减少主观性，但是对于学生价值观内化、思想行为的养成难以进行量化评价。若仅对学生的情感变化和思想行为养成进行记录，这种定性评价的准确性不具有说服力。因此，在进行课程思政成效评价时，首先要制定评价标准和评价指标，评价标准要把握课程思政教学的本质、要切实可行、避免过度复杂，以免影响评价结果。

（二）课程思政成效评价的主要目的

1. 促进立德树人根本任务落地生根

强化课程思政建设，落实"三全育人"，需要学校的校领导、中层干部、思政教师、专业教师、学生等多方主体全方位地参与或服务课程思政建设。因此，课程思政建设要立足实现立德树人根本任务，多维度、多主体构建课程思政成效评价体系，通过评价发现课程思政教育教学存在的问题，持续改进，提高课程思政育人成效。

2. 促进课程思政评价体系建立健全

高校在课程思政建设中涉及校领导、职能部门、教师、学生等多类主体，在构建课程思政成效评价体系时，要关注各类主体的角度和需求，保证直接或间接参与课程思政建设，参与相关评价，以达到评价更客观真实的目的，也要多角度地展示课程思政建设成效和潜在的问题。在多元主体评价的基础上，还应该对评价结果进行分析总结，凝练课程思政育人经验并加以推广，充分发挥课程思政成效评价的作用。

3. 促进课程思政教学改革持续深化

在构建多元化的课程思政成效评价体系的基础上，进一步优化评价流程方法，更好地实现评价目标。通过课程思政成效评价，及时发现课程思政教学存在的问题；通过集体备课的方式深入探讨问题的原因，找到解决问题的方法；通过对课程思政教学内容、教学设计、教学方法等方面的优化，进一步深化课程思政教学改革，提高课程思政育人质量。

4. 促进课程思政评价内容全面优化

课程思政教育要求专业课学习与思政课学习同向同行，教师首先要引导学生正确认识思想政治理论知识学习的重要性；其次要帮助学生树立正确的价值观和高尚的道德情操；最后要努力提高学生的专业水平和实践运用能力，使学生成为高素质的社会主义建设者和接班人。因此，需要深层次地优化课程思政成效评价内容，既全面评价学生主体在接受课程思政育人实践后综合素质层面的变化，又顺应多元发展理念的要求。

（三）课程思政成效评价的组织实施

1. 健全评价机制

坚持落实立德树人根本任务，是高校建设课程思政成效评价机制的重要目标；明晰课程思政成效评价体系和评价指标之间的逻辑关系，是构建课程思政成效评价机制的基础。科学的评价机制有利于更好地将课程思政育人落实到立德树人的根本任务中。健全课程思政成效评价机制，合理制定评价指标，能更明确地将各学科专业课程思政元素融入教学，同时，学生的思想认知转变和行为规范的养成等也会对专业课程学习起到积极作用。要使课程思政成效评价机制充分发挥作用，还要注重多元评价主体的建设，各课程思政主要利益相关者要积极发挥评价主体作用，丰富课程思政成效评价的内容，从而建设既互补又共享的多元评价主体。

2. 完善组织机构

在高校课程思政成效评价中，根据评价机制建设，成立由学校党委书记担任组长的课程思政成效评价小组，教务处等职能部门负责人、二级学院主要负责人、教师、教学督导等任评价小组成员。评价小组组织开展课程思政成效评价工作，通过召开专题会议的形式，及时解决在课程思政成效评价中发现的问题。

3. 构建评价标准

制定课程思政成效评价标准时要坚持以学生为中心的理念，围绕落实立德树人根本任务，符合学校人才培养目标与要求，充分体现课程思政理念和目标，能够全面、准确和科学合理地评价课程思政效果。根据《指导纲要》等指导要求，建设课程思政成效评价标准，要涵盖课程思政目标理念、课程、教师员工、教学过程和教学效果等维度，目标理念要坚持"立德树人"的根本目标，教师要在传道授业解惑的同时，引领学生的理想价值转变，培养德智体美劳全面发展的社会主义接班人。课程评价标准要把课程思政目标理念融入课程建设之中，课程内容、课程教学和课程考核要体现课程思政育人理念。教师员工评价标准要建立起师德师风考核机制，同时要树立正确的价值观念，在教学和工作中率先垂范，用实际行动引导学生，实现课程思政育人目标。教学中，将"五育并举"育人模式落实到课堂中，结合课程特点充分挖掘思政元素，实现"课程内容"与"思政内容"的融合，将立德树人贯穿教学全过程，帮助学生塑造正确的世界观、人生观、价值观。教学效果评价标准要涵盖多主体的过程性和综合性评价，保证评价的客观性和全面性。

4. 实施监控评价

高校在进行课程思政成效评价时，也要不断完善反馈机制和持续改进机制建设。首先，完善学校课程思政成效评价反馈机制，在课程思政成效评价小组指导下，组织有关部门收集整理学校职能部门、二级学院、教师、学生和后勤保障团队等针对课程思政教学成效的意见和建议，总结撰写课程思政成效评价报告，针对存在的重大问题，以专题研究的方式，形成整改意见并下发执行。其次，建立第三方评价反馈机制，学校可以与专门的机构合作，对学校的课程思政建设情况进行评价，通过评价结果反馈发现问题，提出行之有效的解决措施，提升课程思政育人效果。

5. 开展研究与实践

结合现有关于课程思政成效评价的理论研究成果，按照"统筹布局、试点先行、分步实施、协同发展"的思路，强化课程思政建设，将课程思政纳入学校质量工程建设项目管理，单独实施项目立项遴选，以理论与实践研究的方式遴选课程思政示范课堂、示范团队、示范课程、示范专业、示范学院等，充分发挥科研反哺教学的作用，整体提升课程育人水平。

第二节　课程思政成效评价的改革路径

为有效推进课程思政成效评价，在现有的评价方式下，进一步完善评价体系。进行课程思政成效评价时，不能只考虑学生的成绩和教师评价的简单易行，还要考虑学生情感和态度的改变等诸多因素。因此在构建课程思政成效评价体系时，要涵盖教师、学生、校领导、职能部门、督导、政府、企业、家庭等多元化的评价主体；创新评价方法，采取定量与定性相结合、过程与结果相结合、内部与外部相结合的评价方法；同时建立反馈机制，形成目标—评价—反馈—改进闭环体系，促使高校及时发现和反思在课程思政教学中存在的个性和共性问题，积极采取不同措施进行问题整改，从而提高课程思政的教学质量和育人质量。

一、课程思政成效评价的对策建议

（一）多元化评价主体相联合

评价主体指的是按一定的标准对某一具体活动或个体进行评判的个人或团体。教学活动、管理服务和他人的行为规范是课程思政成效的主要影响因素，因此，课程思政成效评价主体应该包括教师、学生、教学职能部门等校内人员和政府、企业等外部人员。构建多元评价主体，便于从不同角度反映课程思政育人效果，同时评价结果也更加客观真实，能更好地体现课程思政育人的全过程。不同评价主体根据既定的评价标准和评价指标，进行客观有效的评价，课程思政成效评价小组在不同主体评价的基础上，形成综合性评价，找出问题，进行持续改进，强化课程思政育人成效。

(二) 多维度评价内容相融合

1. 突出以学生评价为主体

学生是课程思政的接受者，也是课程思政的主体，在大学求学期间，会遇到不同的主体和不同的人对其进行课程思政评价。作为以学生为中心办学的应用型大学，要坚持以学生为中心构建评课程思政评价标准和评价内容，突出学生的道德素质、学习能力、实践运用能力等，注重学生日常行为规范，关注学生个体情感变化和价值观的转变，通过评价，使学生不断完善自我。

2. 强调以教师评价为主导

教师是课程思政建设的主导者，课堂教学是开展课程思政的"主渠道"，教师应该是课程思政成效评价的主体。教师在备课环节要结合教学内容，挖掘课程思政元素，进行教学设计；教学中，通过讲授、互动、讨论等形式呈现教学内容中蕴含的价值观念和人文精神，引导学生树立正确的价值观。因此，教师作为课程思政成效评价的重要主体，要通过课堂中学生的表现、行为养成和情感变化，给出公正客观的评价。同时，教师在评价中进行总结，反思自己在教学中存在的问题，持续改进教学设计和方法，提高课程思政育人成效。

3. 关注以教学资源为支撑

课程思政成效评价不仅需要教师、学生等多主体参与，还需要一系列教学资源作为支撑，如课程思政教学团队、课程思政教学案例、课程思政成效评价制度建设、课程思政成效评价系统建设和课程思政成效评价科研支持等，这些资源对课程思政成效评价同样具有重要作用。

(三) 多样化评价方法相结合

目前高校在课程思政成效评价中，大多采用关键事件法、矩阵评价法和问卷调查法等，基于这些方法，选择指标体系进行评价。但是课程思政育人效果具有长期性、再生性、隐蔽性和碎片化等特征，仅仅利用关键事件法、矩阵评价法和问卷调查法等已经无法满足当下课程思政评价要求。在信息技术快速发展的时代，将这些评价方法与互联网相融合，挖掘学生在价值观念塑造和情感变化方面的行为轨迹，依托数字化分析技术，结合课程思政成效评价的目标和要求，构建符合应用型办学定位并满足各评价主体需求的评价体系，使评价方法更加精准化和多样化，评价结果更接近课程思政真实育人效果。

二、课程思政成效评价的方法创新

(一) 定量评价与定性评价

定量评价是一种数学量化的方法，通过对数据的采集、整理，对评价对象进行判断。但是定量评价只关注评价对象的可测性方面，重点需要的是数据支撑，部分内容如果勉强用量化数据评价，除数据获取困难外，更无法反映其真实水平。因此，定量评价作为一种最常规的评价方法，也存在缺陷，会在一定程度上忽视难以量化的品质和行为。例如，学生价值观的变化和思想情感的发展，用简单抽象的数据是难以真实评价的。定性评价也称为质性评价,是指评价者从多个维度看待问题的方法,它弥补了定量评价的缺陷,通过对评价对象的定性描述,作出评判。对于课程思政成效评价,既要采用定量评价,也要结合定性评价,对数据进行深入分析,使得评价结果更加准确。

(二) 过程性评价与结果性评价

1967年,斯塔弗尔比姆提出的CIPP评价(决策导向评价)理念中,将过程性评价理解为对已经确定的方案的实施过程进行评价,它是可以为实施方案的人员提供反馈的,发现其中存在哪些内在的问题[①]。随着教育理念的不断发展,对于学习质量的评价,不仅看结果,还要关注学生学习的过程。这种强调学习过程的评价,能促进学生及时改进学习方法、学习内容等,能有效地促进学生发展。基于学生中心的理念,针对课程思政成效评价,应用型大学要充分发挥在分类培养中全程跟踪评价的特点,既对学生在学习中行为习惯的养成和理想价值的变化进行跟踪,也对教师和管理人员的思政教学及行为示范进行跟踪,以此形成过程性评价。过程性评价关注的是课程思政在实施过程中存在的问题及改进措施,改进成效则需要通过结果性评价进行判断。结果性评价侧重关注学生的课程思政成绩好坏和理想价值观念是否符合当下的社会主流标准,这种评价不利于学生全面发展。因此,在课程思政成效评价中,要对课程思政的过程形成过程性评价,也要对成效进行结果性评价。

(三) 内部评价与外部评价

内部评价是由组织内部评价者对某一事项进行的评价,分为专职人员评价和操作人员自行实施的评价。这类评价的实施主体对组织内部政策制定和执行过程有全面的了解和掌握,可以较为顺利地开展评价活动,评价完整后,及时根据评价结论研讨问题解决方案。与内部评价对应的是外部评价。外部评价是由组织外的第三方进行的评价,一般是由政府机构或者专业性的咨询服务机构作为评价方,对组织内部某项活动进行评价。外部评价具有相对的独立性,评价结果更为公正准确。在课程思政成效评价中,学校教务处要组织教师、管理服务人员等坚持进行内部评价,及时发现问题并持续改进;学校还可以委托第三方机构,对教师、学生等评价主体开展课程思政成效评估,学校根据第三方机构的评估报告对存在的问题逐一整改。

三、课程思政成效评价的反馈机制

(一) 评价反馈机制的构成

评价反馈机制是教学评价体系的重要一环,同样,评价反馈机制也是课程思政成效评价体系的重要组成部分。课程思政成效评价反馈机制建设包括基于云计算、数字化等平台建设,以及来自教师、学生、管理服务人员和社会等评价反馈制度和组织建设的多个环节。首先,基于学校的课程思政成效评价体系进行评价反馈制度建设,以制度的形式对评价反馈的目标、原则、内容和方式进行确定,使评价反馈工作有制度可依;其次,建设课程思政成效评价反馈系统,使反馈的信息及时传达至相关部门和人员,提高工作效率;再

---

① 张玉田. 学校教育评价 [M]. 北京:中央民族大学出版社,1987:13.

次，构建评价反馈领导小组，强化评价反馈机制组织建设，使评价反馈工作有序开展；最后，建设多形式的反馈渠道，针对教师、学生及其他相关人员针对性地开通线上线下反馈渠道，由此奠定评价反馈工作的基础。

（二）评价反馈机制的功能

1. 评价反馈预防功能的有效实现

针对课程思政建设环节和实施过程进行评价分析，在梳理出已经存在的问题的同时，要找出课程思政建设的潜在问题，及时反馈至对应部门和相关人员，提前谋划，防止问题的发生，使得评价反馈起到诊断的作用。课程思政建设涉及教学和管理的多个方面，不同高校甚至同一高校不同教师、学生在课程思政建设中的认知和方式都不尽相同，通过课程思政评价指标能有效地发现相关问题，及时针对性地解决问题和制定预防措施，起到防患于未然的作用。

2. 评价反馈激励功能的充分利用

评价的结果在给予实施者信息反馈的同时，也是对实施者的一种激励。在课程思政成效评价中，学校管理人员、教师和学生在得到评价结果后，通过与课程思政建设目标对比，发现与目标的偏差，不断调整管理服务方式、教学方法和学习方法等，持续改进并逐步缩小差距。课程思政成效评价标准可以作为课程思政实施主体的参照标准，对学校管理者、教师和学生具有较强的激励作用。

3. 评价反馈调控功能的价值体现

课程思政成效评价结果能真实地反馈课程思政实施的效果，管理人员和教师根据评价结果反馈的信息反思课程思政建设和实施中存在的问题，学生通过评价结果信息了解这一阶段的学习状况，为完善课程思政建设和强化课程思政实施效果提供依据。课程思政成效评价标准的建立，便于及时调整课程思政建设方向和优化实施过程，起到调控的作用。

（三）评价反馈机制的建立

1. 评价信息来源的获取

课程思政成效评价首先需要获取来自教学管理者管理过程中、教师教学过程中和学生学习过程中的信息。教学管理者可以提供课程思政建设方案、课程思政建设和评价相关制度以及课程思政评价指标体系等信息；教师可以提供课程思政教学方案、教学设计、教学过程和效果评价等信息；学生可以提供课程思政学习内容、学习方法、思想情感变化和理想价值转变等信息。这些信息是进行课程思政成效评价的前提。评价者在获取这些信息时，要针对不同主体，采用不同的信息收集方法，以保证获取信息的真实性和足够的样本量。

2. 评价反馈方式的选择

课程思政成效评价的信息反馈方式主要包括线上和线下两种。线上评价反馈要针对不同的主体，采用不同的信息反馈渠道。例如，针对学生的反馈，可以采用问卷星，随时通过微信扫码填写反馈信息；针对教师的信息反馈，可以通过超星等教学平台完成；针对教学管理人员的信息反馈，可以通过钉钉平台完成。线下的评价信息反馈主要通过专题研讨、走访和座谈等方式完成。信息反馈完成后，教务处等部门要对评价反馈的信息进行筛选、整理和分析，形成分析报告，为持续改进提供依据。

3. 归因分析和改进

在获取课程思政成效评价的数据后，对这些数据进行科学的统计分析是得到真实评价结果的重要环节。目前常用的数据分析包括 SAS、SPSS 等，通过分析验证课程思政的成效，再与课程思政建设目标进行比较，找出课程思政建设的不足之处，深入分析课程思政建设不足的具体原因和影响因素，集体研究持续改进的措施，从而提高课程思政实施效果。

第三节 课程思政成效评价的应用范式

党的二十大报告指出："全面贯彻党的教育方针，落实立德树人根本任务，培养德智体美劳全面发展的社会主义建设者和接班人。"党的二十大报告更加明确了新时代人才培养的目标和使命，进一步明确了将立德树人作为教育教学的根本任务。高校要完成立德树人的根本任务，课程思政是其途径之一，为将课程思政落实落细，就要发挥课程思政成效评价的指挥棒作用，使育才与育人高度统一。课程思政成效评价的关键是构建评价标准体系，在评价标准体系下，以资源支持、教师能力、课程实施和学习效果四个维度为基础，选取学校政策、资源保障、教师能力等多个指标，全面有效地评价课程思政成效，以此促进当代大学生树立正确的世界观、价值观、人生观，让立德树人落地见效。

一、高等教育立德树人的内在要义

（一）立德树人成效评价的核心价值

1. 立德树人要满足培养社会主义合格建设者和接班人的要求

党的十九大强调："要全面贯彻党的教育方针，落实立德树人根本任务，发展素质教育，推进教育公平，培养德智体美全面发展的社会主义建设者和接班人。"它阐释了立德树人与培养社会主义合格建设者和接班人之间的关系，深化了对立德树人规律的认知，也是真正办好中国特色社会主义大学、真正建成具有中国特色的世界一流大学的根本遵循。要高质量完成立德树人的根本任务，首先要坚持社会主义办学方向，其次要全面落实党的教育方针，最后要弘扬社会主义核心价值观。大学生是价值观和理想信念形成的关键阶段，培育正确的价值观、塑造高尚的情操和树立远大理想信念都需要课程思政来实现。开展课程思政成效评价，是落实立德树人的重要举措，也是培养社会主义合格建设者和接班人的内在要求。

2. 立德树人要满足中国高等教育人才培养的根本任务

党的十八大提出把立德树人作为教育的根本任务，回答了高等学校"培养什么人、怎么培养人""办什么样的大学、怎么办好大学"的问题。因此，各高校要结合自身特色，提高立德树人成效。首先要完善人才培养机制，将立德树人纳入学校人才培养目标；其次要加强师德师风建设；最后要优化教育教学资源，加强课程思政教学资源建设。各高校要充分利用自身的优势，全面构建"三全育人"体系，培养身心健康、品德高尚、理论扎实、应用创新能力强且具有社会责任感的当代优秀大学生。同时，学校要将师德师风建设纳入学校长期规划，把师德贯穿人才招聘、职称评审、评优评先和晋升始终。

3. 立德树人要满足应用型人才成长发展的需求

第一，尊重人才成长规律，当代大学生的成长伴随着经济全球化的变局，要理解互联网的发展对他们的影响，尊重他们的成长经历和特征。在人才培养过程中，要充分考虑学生的个性化，坚持分类培养，要尊重人的成长规律，要把握教育对象成长发展的关键期，要通过调研、大数据分析，在经验积累的基础上，高度重视大学时期教育对象世界观、人生观和价值观的培养①。第二，要深入研究学生的特点和变化，应用型大学学生相对于传统研究型大学学生在动手实践能力方面具有一定的优势，同时应用型大学在分类人才培养目标方面更为明确，因此，应用型大学在落实立德树人根本任务时，要立足于学生实际特点和发展需求，充分了解学生的思想行为，在人才培养过程中坚持正确引导，鼓励学生积极开展健康向上的活动，不断探索应用型人才培养规律，以学生能力培养为核心，及时发现和纠正学生的消极思想，高效、精确地构建应用型人才立德树人育人机制。

（二）立德树人落实机制的基本内涵

新时代背景下，高校成了立德树人这一使命的重要担当，也赋予了其更多内涵，主要体现在坚持以习近平新时代中国特色社会主义思想为指导，围绕中华民族伟大复兴的主题，着眼于培养德才兼备的社会主义建设者和接班人。立德树人落实机制是一个新概念，目前学术界对这一概念尚未有统一的定义，但是在研究理念和阐释思路中有了一定的共识，主要是围绕结构关系、功能属性和运行方式等要素对立德树人机制进行研究和阐释，重点突出"落实"的目标导向。立德树人的基本内涵包括以下三个方面：一是从结构关系出发，强调立德树人落实机制的结构性和系统性；二是从功能出发，强调立德树人落实机制的育人过程和规律；三是从运行方式出发，突出立德树人落实机制的方式方法。

立德树人落实机制是高校立德树人工作中各种要素在一定机理上形成相互联系和相互作用的体系，它不是简单地将立德树人各要素叠加在一起，而是将立德树人的各要素、环节和过程进行优化整合，实现立德树人的功效。立德树人落实机制更加突出多方协作育人，重在对育人的服务和引导。立德树人的本质是培养德才兼备的人而进行的全员、全过程、全方位育人活动，这决定了立德树人落实机制的各要素要互相协调、共同发挥作用。应用型大学办学的灵活性更高，在立德树人落实机制的构建中，通过制度建设和激励措施，促使各要素积极发挥自主性，相关部门和人员在立德树人工作中主动作为，强化结果运用，提高立德树人实施效果。

（三）立德树人协同机制的运行机理

实现立德树人的根本任务是高校思想政治协同育人机制建设的目标，协同育人机制的建设是实现立德树人的重要举措。立德树人协同育人机制能促使教育主体之间加强联系，

---

① 魏靖琳. 以激励手段优化高校网络教育资源供给的机制创新 [J]. 中国成人教育，2019（14）：23-25.

协同创新育人方式，优化解决立德树人过程中的难题，提升立德树人的实施效果。

构建立德树人协同机制，首先，要坚决强化党委统一领导。我国高校治理的重要基础是党委领导下的校长负责制，这已经是全国高等学校的统一做法。高校党委要坚决落实立德树人根本任务不动摇，将思想政治教育贯穿人才培养的全过程，培养德智体美劳全面发展的人才。其次，打通纵向和横向协同育人路径，加强协同体制机制建设，建设学校职能部门、二级学院、专业（教研室）三级协同育人体系，连通和扫除思政育人的断点和盲点。作为应用型大学，立足学校办学定位，更容易构建协同育人机制，聚焦改进协同育人的不足，强化分类培养，充分发挥各个育人主体的作用，解决立德树人各环节的堵点。最后，以课程协同实现课程思政的圈层效应，强化思政课程和专业课程协同，重视学科专业之间的联系，梳理在人才培养过程中所有课程的思政教育功能，重构课程结构，创新课程设置，以提升课程思政育人成效。

二、课程思政成效评价的标准体系

（一）课程思政成效评价的根本要求

新时代课程思政教育的落实，其育人成效是否需要评价？《指导纲要》指出"要坚持学生中心、产出导向、持续改进""确保课程思政建设落地落实、见功见效"。由此看出，进行课程思育人成效评价是确保课程思政育人实施效果的重要环节，也是持续改进课程思政育人效果的基础，更是提升课程思政育人质量和落实立德树人根本任务。建设思政教育评价和专业教育评价深度融合的课程思政育人成效评价体系、突出专业课程的能力培养和课程思政价值引领的同向同行，是提高新时代高校课程思政实施效果的关键措施。

课程思政成效评价不能简单套用专业课程的教学评价，目前大部分高校在专业课教学质量评价方面已经形成系统性的评价体系，但是对于课程思政成效评价还处于碎片化状态，尚未形成一套成熟有效的评价体系。对课程思政资源建设好坏，课程思政及教学设计是否合理等都没有建立监控评价机制。系统科学地开展课程思政成效评价，对于优化课程思政教学内容、改进课程思政教学设计和教学方法、提高课程思政育人成效有重要作用。

（二）课程思政成效评价的关键要素

1. 评价内容

高校的思政课是学生学习马列主义、毛泽东思想等主渠道，专业课则是运用这些方法论和观念来培养职业道德、思想价值观等。对于专业课的思政教育，不是在专业课的教学中随机插入一段爱国教育或其他价值教育的内容，而是教师在教学设计和教学过程中，充分挖掘与所教内容相关的人文意蕴、价值理想等，在知识传授和学生能力培养过程中，对学生进行思想引领和价值塑造，做到专业知识教学和思政教育的"无缝衔接"。因此，思政课程和专业课程不是包含关系，是平行协同的关系，二者同向同行，共同服务于立德树人的目标。

2. 评价主体

"专业课程思政实际上是通过教学活动和管理活动合力推动开展的"[①]，因此课程思政

[①] 陆道坤. 课程思政推行中若干核心问题及解决思路——基于专业课程思政的探讨 [J]. 思想理论教育，2018 (3): 64-69.

实施效果很难直接归功于某一教师或某一课程。围绕教学活动和管理活动的主体也应该是课程思政成效评价的主体，包括思政课教师、专业课教师、辅导员、教学管理人员、学生等，针对不同的评价主体，评价角度和内容也不相同。在课程思政成效评价中，对以上这些评价主体，要分别制定评价标准和指标，以指导他们进行评价，提高课程思政成效评价的真实性。

3. 评价方法

针对课程思政成效评价的不同主体，评价方法也不相同。针对教师和学生的课程思政实施效果评价可以采用问卷调查法、观察法和访谈法；针对教学管理者的课程思政实施结果评价可以采用定性评价法和问卷调查法等。在课程思政成效评价中，并不是单独使用某一种方法，而是把以上这些方法有机结合，以保证评价的全面性和客观性。

4. 评价指标体系

课程思政成效评价是一个系统工程，要先根据评价体系设计原则，设计指标体系。在设计指标体系时，要将指标项目、评价标准和所占权重组成一个整体，使得评价时能够达到既定目标。指标体系的设计要注意以下四点：第一，评价指标体系的设计要与课程思政成效评价的目标保持一致，通过评价要能达到既定目标；第二，评价指标体系要有整体性，要围绕评价目标设置指标；第三，指标体系要符合学校实际情况，能被广大师生接受认可；第四，评价指标要具有可行性，能得出明确的结论。

5. 评价反馈

课程思政成效评价体系的价值在于将评价结果有效地进行反馈。信息反馈和持续改进是评价中不可缺少的环节，通过评价反馈可判断指标设置是否更合理、评价是否达到既定目标。对于课程思政成效评价的结果反馈，课程思政各实施主体要针对不足的地方，持续改进，例如，教师改进教学设计、学生改进学习方式、教学管理者改进课程思政管理体系等，以达到提升课程思政质量的目标。

(三) 课程思政成效评价的质量标准

学生的情感价值和理想信念等方面的成长，虽然难以采用现有的课程评价体系进行考核评价，但是也是可以进行评价的。对于课程思政成效评价的质量标准可以采用以下标准进行评判。首先是参与度，课程思政是教师、学生和教学管理者等共同参与的教学活动，情感参与是课堂教学的重要催化剂，教师积极备课，学生真正用心投入学习，是课程思政实施的重要条件，参与度体现了从认知上学生勤于学习和自我成长的内在追求。其次是深度，课程思政成效评价的质量标准既要判断学生思想信念的变化和价值理想的转变，还要判断学生对专业知识的学习态度，促使学生从理性认知内化为专业知识，促使学校致力于培养德智体美劳全面发展的人才。最后是有导向性，在互联网快速发展的价值多元时代，在课程思政成效评价的质量标准中，要能体现出教师对学生正确价值的引导作用，使他们能够独立地进行价值判断和行为选择，促使价值观内化于心，外化于行。对于课程思政成效评价，需要深入教师课堂和学生日常生活中，通过观察课堂教与学的情况和学生日常生活的行为习惯等，分析课程思政实施质量的影响因素，从教师主体、教学过程以及学习效果三个维度进行观测，为制定课程思政成效评价的质量标准提供依据。

1. 教师主体维度

教师的主要任务是教书育人，教书是指引导学生学习专业知识，育人是指引导学生形成正确的价值观念，因此基于教师维度的课程思政成效评价质量标准，主要包括以下两个方面：第一，教师备课的质量。教师在备课中，要结合所讲知识，挖掘思政元素，进行课程思政教学设计，将专业知识与思政教育有机融合，达到"润物细无声"的效果。第二，教师在平时教学及生活中的行为表率。教师的行为表现对学生有重要的引导和示范作用，对学生的行为习惯和价值观念有潜移默化的影响。

2. 教学过程维度

教师要根据备课时的教学设计，结合讲授、研讨、翻转课堂等多种教学方式，在专业课的学习中进行思政教学，引导学生理想信念和价值观念的养成。基于教学过程维度，首先，教师的教学要与该课程的教学目标契合，教学中要有条理性和逻辑性，充分挖掘课程思政元素，突出学生中心，侧重个性培养。其次，教师要关注学生的学习状况、学生的学习态度和在课堂的参与度是专业知识学习和价值观念变化的关键。因此，在教学过程维度制定课程思政成效评价的质量标准时要考虑教师与学生关于教和学的质量。

3. 学习效果维度

基于学习效果维度制定课程思政成效评价的质量标准时，要考虑以下三个方面：第一是知识的学习效果，包括学生对课程相关知识前沿的了解、对课程体系的掌握等。这是学生在学校学习的最低要求。第二是能力培养的效果。经过在校学习，学生的沟通能力、分析问题和解决问题的能力等得到提高。这些是学生进入社会的必备能力。第三是价值塑造效果。课程思政教学的内容包括理想信念、集体主义、伦理道德以及法律法规等多个方面，引导学生树立正确的价值观和逐步养成良好的行为习惯等，使学生具备探索未知、追求真理、勇攀科学高峰的责任感和使命感。

三、课程思政成效评价指标的构建逻辑

（一）课程思政成效评价指标的原则遵循

1. 评价指标聚焦立德树人成效

课程思政是国家高教改革的重要战略举措，《指导纲要》指出，课程思政"决定着接班人问题，影响甚至决定着国家长治久安，影响甚至决定着民族复兴和国家崛起"，因此，必须坚持"人才培养效果是课程思政建设评价的首要标准"的思路。在进行课程思政成效评价时，不仅仅是针对学生课堂上在思政学习方面的表现和评价，更要评价学生对课程思政有关观点的认同度，是否具有政治认同、家国情怀、法律意识、道德修养等思想并内化于心，是否树立了为民族复兴和国家繁荣富强而艰苦奋斗的远大理想等。

2. 评价主体和评价内容相互关联

建立课程思政成效评价指标时，对每个指标的评价标准可以由不同的评价主体共同参与制定，包括教师、学生、教学督导、教学管理者等多元主体。从评价对象来看，从课程思政教学目标的设定、教学方法的运用、思政教学过程的实施及考核等方面进行评价。从

评价主体来看，针对教师要从人才培养方案、教学大纲、教案等教学资料以及教学过程等方面进行评价，针对学生要从学生的思想情感变化、价值观念转变等方面进行评价，针对教学督导要从对教师教学和学生学习的检查与监督方面进行评价，针对教学管理者要从对课程思政的制度、体系设计等方面进行评价。以上这些评价主体要对各自评价的内容有整体性和客观性的认知，在构建指标体系时，能体现所评价内容的真实情况，满足评价目标的要求。

3. 评价对象兼顾教师与学生

教师作为课程思政实施者，是课程思政实施效果的关键，针对教师要加强对教师课程思政教学意识和能力的评价。对于课程思政意识的评价，要关注教师对课程思政的态度和认知、对国家政策文件和法律法规的掌握和运用情况等。对于课程思政教学能力评价，要关注教师在课程思政教学时教学目标的设定、教学内容的选取和教学方法的运用等，考察教师如何将专业知识和思政元素有机融合，如何引导学生树立正确的"三观"和远大的理想等。学生是受教育的主体，也是课程思政师实施的主体，针对学生要加强对专业课程成绩和思想行为的评价。在评价时，不能单独对学生专业课程成绩和思想行为进行评价，既要考查学生对专业课知识的掌握程度，也要考查学生在学习该课程前后思想行为的变化、该课程对学生情感认同和价值塑造的效果等。

4. 指标设计具有完备性和可操作性

课程思政成效评价指标要围绕评价目标设置，构建一个完整的指标体系，这个指标体系要涵盖以下四个方面：一是课程思政资源建设，包括学校在课程思政的资金、人力等学校政策支持和思政师资队伍建设、思政课题立项、思政线上线下教学资源建设等教学资源保障两个大的方面。二是教师能力评价指标，包括教师的职业素养、专业能力和教学能力等方面。三是课程思政教学过程评价指标，主要包括教师教学过程、学生学习行为和师生互动三个方面。四是评价学生课程思政学习效果的指标，主要包括学生专业知识的掌握、实践应用能力的培养和情感价值的塑造三个方面。以上所述四个方面基本涵盖了课程思政成效评价的各个维度，在设计评价指标时，既要考虑评价对象的完整性，也要兼顾指标的可量化性和可评价性，要使课程思政成效评价落到实处，到达到其评价的目标。

（二）课程思政成效评价指标的内涵界定

课程思政成效评价是课程思政建设的最后环节，也是课程思政建设持续改进的依据。课程思政成效评价是检验课程教学质量的重要标准，评价的目的在于以评促建、以评促改和评价增效。在课程思政成效评价中，要将课程思政建设要求贯穿整个评价过程，基于全过程、多主体和多元化的原则构建整体性的评价指标体系。在构建评价指标体系时，将学校、教师和学生作为评价主体，从关联评价、输入评价、过程评价、成果评价四个方面，以及资源支持、教师能力、课程实施过程、学生学习效果四个维度，结合应用型人才培养的特点，构架课程思政成效评价的指标体系。

1. 关联评价：资源保障维度

教学活动的开展需要教学资源的保障，教学资源建设是教学有序开展和人才培养最基础的条件保障。高校是课程思政建设的主体，要为课程思政建设提供必要的资源支持，在课程思政成效评价时可以从学校政策保障和教学资源保障两个方面评价学校的课程思政资源支持和保障。

在学校政策保障层面，要对课程思政建设制度建设、体制机制建设和师资队伍建设进行评价，主要包括课程思政体系、制度建设、课程思政建设经费投入、课程思政教师队伍建设等方面。在教学资源保障层面，主要包括线上线下课程思政教学资源建设等方面。

2. 输入评价：教师能力维度

教师是课程思政建设的实施主体，其能力水平是影响课程思政教学成效的直接因素，直接决定课程思政的教学成效。课程思政教学成效评价的教师能力维度主要包括教师素养、专业能力、教学能力三个层面。教师素养层面，要评价学校师德师风建设长效机制建设，评价教师自身的品德行为和职业素养，注重教师在教学设计中思政元素与专业知识的有机融合。专业能力层面，评价教师对所属学科、专业和所授课程的专业知识是否具有全面、正确的理解和认知，关注教师的科研能力，评价教师是否具备将科研成果应用到教学中的能力。教学能力层面，要评价教师的沟通表达、教学设计、课堂组织管理等能力，关注教师能否以不同方式进行课程思政教学、课程思政教学内容是否与专业知识有效衔接、教学内容中是否渗透核心价值观等方面。

3. 过程评价：课程实施过程维度

课堂教学是课程思政的主阵地，课堂教学效果是优秀课程思政成效的关键因素，课程思政教学成效评价的课程实施过程维度主要包括教学行为、学习行为和师生互动行为三个方面。教学行为方面，要评价教师教学目标设置是否突出立德树人导向，教学设计是否合理、教学方法选择是否恰当，课程思政元素是否专业知识融合等。学习行为方面，要评价学生学习的积极性，上课时的参与度，价值观及思想行为的转变等。师生互动行为方面，要评价学生与教师上课交流的方式和频率，课外师生互动的次数与时长等。

4. 成果评价：学生学习效果维度

《指导纲要》中提出，人才培养效果是课程思政建设评价的首要标准，全面推进课程思政建设，就是要寓价值观引导于知识传授和能力培养之中。学生是课程思政教学直接的感受者，对学生学习效果的评价是课程思政成效评价的重要组成部分。基于课程思政教学成效评价的学生学习效果维度主要包括知识掌握、能力培养、价值塑造三个方面。知识掌握方面主要测量学生对知识的掌握程度，包括学生学习兴趣的转变，对所学专业课程知识内涵和外延的了解，对知识原理的掌握程度和所学方法的理解，课程知识体系的构建等。能力培养方面主要评价学生人际交往能力的提升，对所学知识的运用实践能力，分析问题、解决问题的能力，以及表达力、协作能力的提升等。价值塑造方面主要评价学生对科学理论知识的认知和研究态度，考查学生在价值观、思想情感和行为习惯上的变化等。

（三）课程思政成效评价指标的结构设计

遵循课程思政成效评价指标的构建原则，进而确定课程思政成效评价的一级指标和二级指标，而关于课程思政成效评价指标的内涵阐述正是评价要点。可见，课程思政成效评价体系已基本形成。为便于在实践中推广应用，将课程思政成效评价指标体系转化为结构化表格设计（见表7.1）。

表 7.1 课程思政成效评价指标体系

一级指标	二级指标	评价要点
关联评价：资源保障	学校政策保障	1. 学校关于课程思政制度建设、体制机制建设等的文件
		2. 对课程思政建设经费投入所占学费收入的比重
		3. 将课程思政工作纳入教师的考评体系，包括年度考核、职称评审、晋升和评优评先等
		4. 课程思政教学研究课题立项建设，组织课程思政教学比赛等
	教学资源保障	1. 建设校级课程思政示范课程和研究中心
		2. 培育一批校级课程思政教学团队和名师
		3. 发挥基层教学组织作用，搭建专业课教师与思政课教师的交流平台
		4. 建立课程思政线上线下学习资源，包括优质课程思政教材、优秀课程思政案例、优秀课程思政教案等
输入评价：教师能力	教师素养	1. 教师坚持立德树人，师德高尚，建立健全师德师风建设长效机制
		2. 教师职业素养好，教学过程中严谨细致
		3. 教学设计好，能将思政元素与专业知识有机融合
	专业能力	1. 教师对所属学科、专业和所授课程的专业知识具有全面、正确的理解和认知
		2. 教师有较强的科研能力，能将科研成果运用于教学中
	教学能力	1. 教师教学功底深厚，促进教学目标达成，具有较强的沟通表达、教学设计、课堂组织管理等能力
		2. 教师能以不同方式进行课程思政教学，课程思政教学内容与专业知识有效衔接，教学内容中渗透核心价值观
过程评价：课程实施过程	教学行为	1. 课程目标突出立德树人导向
		2. 课程教学设计的条理性、逻辑性
		3. 教学方法选择的适用性、创新性
		4. 课程思政元素挖掘的充分性，突出学生中心，侧重个性化培养
		5. 课程评价方式注重专业知识与课程思政素养并重，突出持续改进
	学习行为	1. 学生参与课堂学习任务的积极性
		2. 学生在上课时的抬头率
		3. 学生回答问题的准确率
		4. 学生价值认知和思想行为的转变
	师生互动行为	1. 课堂上师生交流的方式、频率
		2. 课堂讨论的时间及氛围
		3. 课下保持师生互动的次数与时长

续表

一级指标	二级指标	评价要点
成果评价：学生学习效果	知识掌握	1. 学生学习兴趣的提高
		2. 学生能够掌握专业课程的内涵和外延
		3. 学生能够领悟所学知识
		4. 学生能够自主构建课程知识体系
	能力培养	1. 学生人际交往能力的提升
		2. 学生具备分析问题、解决问题的能力
		3. 学生具备独立探究能力、创新能力
		4. 学生竞赛获奖数
		5. 学生对未来的规划
	价值塑造	1. 学生具备良好的科学研究态度
		2. 学生具备研究未知、追求真理的探索精神
		3. 学生民族自信心和自豪感增强
		4. 学生具有正确的"三观"、良好的行为习惯、社会责任感

依据关联、输入、过程和成果四个维度构建的课程思政成效评价体系，主要是为了判断高校课程思政教学成效，但在对高校课程思政教学成效进行评价时，也不能单纯地照搬评价指标体系。不同地区高校、不同学科以及不同专业在对课程思政教学评价的侧重点上还是存在差异的，应该根据实际情况灵活地选用指标。在利用上述指标体系对课程思政成效进行评价时，可以将指标进行进一步的拆分和重组，结合过程性评价、诊断性评价和总结性评价，构建更符合本校实际情况的指标体系，判断学生在某一时期的思想变化和价值观的转变。同时教师要反思教学过程，行政管理人员要反思管理方式，不断营造课程思政教学的良好氛围，切实突出应用型大学学生中心、产出导向、持续改进的教育理念。课程思政建设的成效直接关系到思政育人任务的实现，对帮助学生树立正确的世界观、人生观、价值观有着重要的影响。课程思政评价体系的构建应遵循导向性、发展性、公平性、多样性、可行性的原则，保证评价的客观性、全面性和科学性，要在实践教学活动中进一步检验，通过评价成效体系准确把握课程思政建设的内涵，进而真正实现"三全育人"，保障高校人才培养的质量。

第八章 数字化赋能课程思政新探索

当今，数字技术在深刻改变人们生活方式的同时，还深刻地影响高等教育的变革与发展。数字化如何高效赋能课程思政，成为摆在我们面前的重要议题。教育数字化是推进教育现代化发展的战略制高点。在信息化时代，如何实现优质教育资源共建共享成为新时期教育改革发展面临的重要课题和紧迫使命。《教育部 2022 年工作要点》将"实施国家教育数字化战略行动"列为重点任务。

第一节 数字化赋能课程思政的背景、历程及意义

在数字化的时代背景下，为了推动教育的升级迭代，国际上陆续出台了教育信息化政策，以实现教育的数字化转型，并力求利用信息化、数字化手段着力提升受教育者的数字素养，站在国家战略的高度，实现全方位教育转型。信息技术在我国迅猛发展，为实现教育信息化提供了广阔的发展空间。

一、数字化赋能课程思政的背景

数字化赋能课程思政的背景，有必要重点审视教育信息化和信息化教育这一对既有区别又有联系的两个方面。教育信息化为数字化赋能课程思政提供了重要的技术支持，而信息化教育则为数字化赋能课程思政提供了重要的嵌入领域。

（一）教育信息化

数字化赋能课程思政源于教育信息化的大背景。教育信息化是指在教育领域（包括教育管理、教育教学和教育科研）全面深入地运用现代信息技术来推动教育改革与发展的进程。其技术特点是数字化、网络化、智能化和多媒体化，基本特征是开放、共享、交互、协作，旨在以教育信息化促进教育现代化，用信息技术改变传统模式，对传统的教育思想、观念、模式、内容和方法产生了巨大冲击。教育信息化的发展，带来了教育形式和学习方式的重大变革，促进了教育改革，提升了受教育者的获得感。教育信息化是国家信息化的重要组成部分，对于转变教育思想和观念，深化教育改革，提高教育质量和效益，培养创新人才具有深远意义，是实现教育跨越式发展的必然选择。

随着教育信息化平台的发展应用，未来教育信息化的发展趋势是，有更多的教育产品和教育内容在教育云平台上进行展现。教育信息化为现有的教育网、校园网进行教育信息化升级，新一代教育网必将成为未来教育信息化的根基。未来的教育云平台，将实现互联

网、电信网、广电网等跨平台使用并且支持移动应用。

教育信息化有四个作用。其一，突破了"时空限制"，是缩小教育差距、促进教育公平的有效途径；其二，推动了教与学的"双重革命"，是共享优质资源、提高教育质量的重要手段；其三，打造了"没有围墙的学校"，是实现全民学习、自主学习、终身学习的必然选择；其四，汇聚了"海量知识资源"，是人类文明传承创新的重要平台[①]。

（二）信息化教育

信息化教育，就是在现代教育思想、理论的指导下，主要运用现代信息技术，开发教育资源，优化教育过程，以培养和提高学生信息素养为重要目标的一种新的教育方式。信息化教育是教育加了限定词"信息化"后的组合词，只是教育的一种特定表现形式，除此之外，还存在着其他各种形式的教育，各自有其特定的目标，比如大数学教育、大语文教育。信息化教育主要通过信息技术课程来培养学生的信息素养，未来会更多地融合到其他学科教育中去，并较少以单独的学科存在。

（三）教育数字化

党的二十大报告首次把教育、科技、人才进行"三位一体"统筹安排、一体部署，并首次将"推进教育数字化"写入报告，赋予了教育在全面建设社会主义现代化国家中新的使命任务，明确了教育数字化未来发展的行动纲领，具有重大意义。自从教育数字化战略行动启动实施以来，我国已经建成世界第一大教育教学资源库，探索了以服务引领和支撑学生全面发展、教师能力提升的新路径，实现了国家智慧教育平台应用试点工作全覆盖，形成了一批标志性研究成果，为加快建设高质量教育体系提供了重要支撑。

教育数字化是建设教育强国的重要基础。随着数字时代的到来，教育必须适应社会变迁并加速变革，培养适应未来社会的时代新人。如果说信息化还是工业化的延续和扩展，那么数字化则在开启另一个崭新时代，人类的思维方式总体上将由工业思维转向数字思维。教育变革先从数字资源建设和教育模式探索开始，进而会引发根本性的范式跃迁，形成教育新形态。

二、数字化赋能课程思政的历程

数字化赋能教育改革，尽管近年来引发广泛关注，但基于慕课建设实现数字化赋能教育的信息化早已在世界范围展开，尤其是慕课十年，使得中国在线教育发生了日新月异的变化，教育信息化取得了较大的进展。

（一）慕课发展由来

慕课（Massive Open Online Courses，MOOC），即大型开放式网络课程。2012年，美国的顶尖大学陆续设立网络学习平台，在网上提供免费课程。Coursera、Udacity、edX三大课程提供商的兴起，给更多学生提供了系统学习的可能。这三大平台的课程全部针对高等教育，并且像真正的大学一样，拥有一套自己的学习与管理系统。这些课程大多为免费课程，可谓深度惠及全球各行各业教育提供者和教育接受者。

2013年，慕课大规模进入亚洲。香港科技大学、北京大学、清华大学、香港中文大学

---

① "互联网+"时代学习方式非单一化——个性化、竞争型、合作型学习方式相融合[EB/OL].（2015-07-24）[2024-04-25]. http://news.hebei.com.cn/system/2015/07/24/016001562.shtml.

等相继提供网络课程。

以 Coursera 为例,这家公司原本已和包括美国哥伦比亚大学、普林斯顿大学等全球 33 所学府合作。2013 年 2 月,公司宣布有另外 29 所大学加入他们的阵容①。

截至 2022 年 11 月,中国慕课数量已经达到 6.2 万门,注册用户 4.02 亿,学习人次达 9.79 亿,在校生获得慕课学分认定 3.52 亿人次,慕课数量和学习人数均居世界第一位②。

(二) 慕课十多年,中国在线教育日新月异

十多年来,我国高校主体、政府支持、社会参与的主要模式,大力推动慕课与在线教育的建设、使用、学习及管理。自 2013 年至 2022 年,中国慕课数量增长了上万倍,注册用户增长了上百万倍(见图 8.1)。

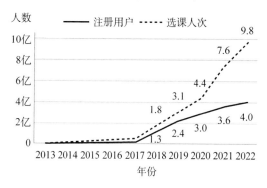 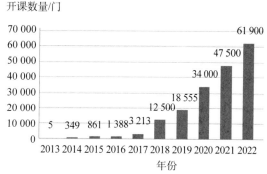

图 8.1 中国慕课十年发展③

2013 年,中国慕课建设开始起步;2018 年,教育部认定推出首批 490 门国家精品慕课;2019 年,教育部认定推出第二批 801 门国家精品慕课……从无到有、从小到大、从弱到强。如今,1 000 余所高校开设慕课,200 余门优质慕课登录国外著名课程平台。慕课在线教育平台为学习型社会、学习型政党、学习型国家建设提供了重要支撑④,诸多现代信息技术与教育教学深度融合,推动教育模式变革。

当前,我国慕课在发展理念、推广方式、学习模式、管理机制等方面形成了自己的特色,创造了中国的经验,为世界慕课的发展贡献了中国智慧。

(三) 教育数字化战略的提出

教育数字化是推进教育现代化发展的战略制高点。在信息化时代,如何实现优质教育资源共建共享成为新时期教育改革发展面临的重要课题和紧迫使命。《教育部 2022 年工作要点》将"实施国家教育数字化战略行动"列为重点任务。2023 年,全国教育工作会议

---

① 大型开放式网络课程[EB/OL].[2023-05-31].https://baike.baidu.com/item/大型开放式网络课程/6821056?fromtitle=慕课&fromid=4855871&fr=aladdin.
② 我国慕课学习人次达九点七九亿[EB/OL].(2023-01-03)[2024-04-25].http://www.moe.gov.cn/jyb_xwfb/s5147/202301/t20230103_1037816.html.
③ 教育部高等教育司吴岩:以数字化转型引领高等教育高质量发展[EB/OL].[2022-12-09].https://jkxy.gdpu.edu.cn/kf/info/1045/1153.htm.
④ 教育部高教司:中国慕课行动宣言[EB/OL].(2019-04-09)[2024-04-25].http://www.moe.gov.cn/s78/A08/A08_ztzl/ztzl_zxkf/201904/t20190418_378663.html.

提出实施教育数字化战略行动。

一年来，围绕教育数字化转型重大任务，教育部擘画教育数字化转型战略的顶层设计蓝图，提出"应用为王、服务至上、简洁高效、安全运行"的行动纲领，以建设国家智慧教育公共服务平台为抓手，加快推进教育数字化转型，实现智能升级。

尤其令人振奋的是，在国家智慧教育公共服务平台以及各类地方平台的带动下，2022年以来，各地教师借助智慧教育平台重构课堂教学、拓展特色课程的案例屡见不鲜，以区域为整体推进教育数字化应用的实践百花齐放。

2022年12月，中国教育科学研究院副院长、中国高等教育学会学术发展咨询委员会副主任兼秘书长马陆亭提出推进教育数字化的六个要求。第一，我们要立足数字时代这一改革发展的大环境，扎根中国大地开展实践探索，不断深化教育教学改革。第二，要更新教育理念，加强统筹规划。思想是行动的先导，要系统谋划我国教育数字化转型的战略路径和政策措施，加强方向引导和统一认识，充分发挥制度优势，注重以数字化为杠杆撬动教育的整体性变革。第三，要加强网络平台建设，营造数字化教育发展环境。加速教育资源的数字化改造，完善数字化公共服务平台，关注网络联通衔接，避免形成孤岛，要不断克服应用中出现的各种问题，促进个性化服务和精准化管理。第四，要加快推动教育模式改革，探索智能自适应教育路径。积极开发、探索、升级人工智能技术辅助的"课堂+线上+实践"混合式教育模式，注重发挥各种类型教育资源、方式的优势，促进人机协同、时空融合，致力实现规模化教学安排下的个性化学习，推动适应终身学习需要的质量保障和认证机制建设。第五，要努力提升教师数字素养，提高教师的多媒体互动交互教学能力。教师是改革的实施者，要加强数字时代的教师队伍建设，多层次开展教师数字化能力培训工作，为教师职业发展赋能，为教学改革升级。第六，要更加重视网络安全，关注数字伦理。具体包括技术安全、算法安全、数据安全等，要保障教育数字网络平台的可用、可靠、可控性，不断提高教育数字化管理水平。总之，数字时代是一个全新的时代，我们要不断解决前进发展中的问题，以积极进取的姿态融入新时代，为加快建设教育强国赋能、为建设社会主义现代化强国提供支撑[①]。

2023年，教育部将实施教育数字化战略行动作为重点工作任务，加快推进高等教育数字化转型。

三、数字化赋能课程思政的意义

习近平总书记在向2021年世界互联网大会乌镇峰会致贺信中指出，"数字技术正以新理念、新业态、新模式全面融入人类经济、政治、文化、社会、生态文明建设各领域和全过程，给人类生产生活带来广泛而深刻的影响。"课程思政是落实立德树人根本任务的重要路径，肩负着为党育人、为国育才的重任，因此高校要把握好数字技术的发展契机，通过数字化转型，促进现代信息技术与高校课程思政的深度融合，不断提升高校课程思政教学质量，承担好立德树人的根本任务。

---

① 教育部. 加快推进教育数字化 建设教育强国[EB/OL].(2022-12-09)[2024-02-29]. http://www.moe.gov.cn/jyb_xwfb/s5148/202212/t20221209_1028299.html.

(一) 数字化赋能有助于全面构建思政教育共同体

高校课程思政实施中的四大主体分别是教师、学生、学校和家企社会,四大主体协同融合发展、发挥各自长处,形成思政育人共同体。传统育人环境下缺乏有效的调节机制和桥梁,四大主体各自为政,难以形成合力。在人工智能时代,主体之间互联互通,线上线下有机融合,协同构建新型教学模式,实现教学资源的共建共享,开展教学经验交流与分享,推动共商、共建、共享、融合、协同的育人共同体。

与此同时,教育的模式探索将推动模式转变。随着智能数字空间的发展完善,工业革命以来形成的班级教学模式有望被新型教学模式所取代。新模式以混合式教学为形式、以智能自适应学习为关键,将帮助每名学生拥有自己的学习路径。

(二) 数字化赋能有助于突破思政教育时空边界

线下课程教学存在着课堂时间不充足的问题,对教师而言,常常无暇顾及融入太多思政内容,学生在课上也没有充足的时间思考思政内容。在高等教育中,数字技术已成为推动教育改革创新的主要手段之一,也将深刻影响我国教育事业的发展方向。线下课程还存在学生想要再听却不能回溯的问题,数字化能够有效地解决上述问题,能够让教师、学生、学校和家企社会打破时空边界。大规模线上开放课程和众多线上交互软件使课程思政突破学校围墙,学生可以不受时空限制,不只依托于课堂教学,还可以在课外通过数字化平台在线上选择最适合自己的课程进行学习。线上线下混合式教学模式为高校思想政治理论课教学改革带来了新契机。学生线上学习,不仅可以自由地选择观看途径、观看时间、观看地点,而且按下暂停键可以在重要的地方进行独立思考,通过反复听解决难点问题,切实让大学生接受随时随地、立体化的课程思政教育。

科技革命带来的变革是全方位的。创新推动社会进步,重塑社会形态。伴随着蒸汽机、电气化、计算机等引领性技术的突破,人类社会经历了从农业社会到工业社会、信息社会的时代变迁。未来以人工智能为牵引的数字时代,如同在我们的视觉三维空间里嵌入了一个智能数字空间,使得人类活动的维度大大拓展。此外,数字时代是一个全新的时代。时代变迁以典型形态特征改变为衡量标准,既包括新形态的形成,也包括新形态对旧形态的改造。因此,数字时代包含着对信息社会、工业社会、农业社会的融合和改造。数字空间和智能技术是形态转换的关键,二者就像当今的水、电、路一样,是未来社会的环境性因素。

(三) 数字化赋能有助于合理构建课堂生态系统

数字化正全方位改变教育生态,智慧教室、智慧校园、智慧终端应运而生,突破传统教学模式,以数字化交互式教学系统以及基于大数据分析的教学评价系统为核心,完善融合课堂生态系统。

数字化赋能的教育形态将发生根本性转变。形态体现着一种整体状态,教育形态总体上要适应经济社会的形态。通往数字时代,广泛的教育资源数字化及其应用平台的搭建,将为人人时时处处可学提供技术保障,多资源开发、多情景展现、多形式交流将改变原有的课堂教学方式[1]。

---

[1] 石慧,李延秋,杨文睿. 人工智能赋能高校课程思政建设 [J]. 计算机教育,2022,333 (9):94-100.

第二节 数字化对传统课程思政的赋能机理

数字化赋能课程思政,其最终目标是落实立德树人根本任务,是一种新型育人理念。数字化赋能课程思政,可利用多种智能设备把人工智能与思想政治深度融合,大大增强课程思政的育人功能,强化专业课程的育人效果。

一、数字化赋能课程思政的目的

(一)高水平地落实立德树人根本任务

立德树人是教育的根本任务,是高校的立身之本。对高校而言,落实好立德树人这一根本任务,就是要始终坚持社会主义办学方向,围绕"培养什么人、怎样培养人、为谁培养人"这个根本问题,立足培养社会主义建设者和接班人这个使命责任,教育引导学生树立正确的世界观、人生观、价值观,肩负历史使命,坚定前进信心。当前,要适应信息化时代青年学生的多样化需求,赋予思政课改革创新新动能,以切实增强学生的获得感,持续提升思政课的实效性,就需要顺应教育数字化转型蓬勃发展趋势,将现代信息技术与思政课教学传统优势深度融合,推动思政课把道理讲深讲透讲活,不断增强思政课思想性、理论性和亲和力、针对性,真正实现沟通心灵、启智润心、激扬斗志的效果。

高校课程思政的推进与实施,正在从专业课和思政课同向同行、交叉融合的1.0阶段,转向思政元素引领专业内容重构、智能技术赋能育人育材提质增效的2.0阶段。破解高校立德树人工作目标难实现、内容难重构、活动难实施等现实困境,推动"三全育人"格局不断提升是课程思政的重要内容。当下,面对世界百年未有之大变局和中华民族伟大复兴战略全局、面对新一轮科技革命和产业变革加速演进及社会治理智能化需要、面对教育高质量发展的新任务和新挑战,高校迫切需要融合科技与教育双向赋能思维和智能技术,深化课程思政改革,解决新时期立德树人工作涌现出的育人路径难实现、育人模式难验证和育人成效难评价等新问题。可以看出,提质增效已成为高校课程思政建设的主体诉求,是高校落实立德树人根本任务。着力推进"三全育人",是培养全面发展的社会主义建设者和接班人的战略保障。充分发挥数据的属性和作用,变革教育系统的原有结构,构建新的教育生态,是数字化转型赋予教育的功能体现。随着人工智能、大数据等新型基础设施的广泛深入建设应用,数字化转型对教育所具有的减负、提质、增效功能逐步展现[1]。

首先,数字化赋能课程思政,可以通过信息化手段提速教师队伍课程思政能力培训,提升师资队伍的课程思政素质。其次,教师可以通过人工智能、物联网等技术采集教学过程中学生个体行为、认知人格、学习风格等全要素数据,形成海量数据集合,建立学生数据画像;并通过数据清洗、训练和微调形成可用的数据预测模型,准确把握学生特征,为反映和描述学生学情提供依据,助力课程思政推进精准化,从而加强课程思政的顶层设

---

[1] 高锡文. 基于协同育人的高校课程思政工作模式研究——以上海高校改革实践为例[J]. 学校党建与思想教育, 2017 (24): 16-18.

计、系统谋划及适时评价，形成涵盖学科体系、教学体系、教材体系、管理体系等方面的更高水平的课程思政体系。最后，通过大大提升课程思政的场景化展现、功能性完善、学生的获得感提升等多种路径，推动更高水平地落实立德树人的根本任务。可视呈现和孪生构建学习场景，能够助力课程思政增值评价。在课程思政建设中，教师和人工智能助手多元协同，利用数字孪生技术构建多元学习场景，为学生自身调整学习状态和方法提供个性化建议；利用多模态数据融合学习分析、扩展现实（Extended Reality，简称XR）等技术进行情景测评，激发学生内隐价值体验，助力课程思政评价增值化。

（二）人才培养质量再上新台阶

党的二十大报告提出，"我们要坚持教育优先发展、科技自立自强、人才引领驱动，加快建设教育强国、科技强国、人才强国，坚持为党育人、为国育才，全面提高人才自主培养质量，着力造就拔尖创新人才，聚天下英才而用之。"

提高人才培养质量，广大高校应当不断深化对人才事业发展规律的认识，增强自主培养拔尖创新人才的自觉与自信。高校应充分认识到，要走好高水平人才自主培养之路，就应主动适应党和国家事业发展需要，聚焦国家重大战略需求，把发展科技第一生产力、培养人才第一资源、增强创新第一动力相结合，推进高质量人才培养和高水平科技创新联动发展，同向同行。

而数字化赋能课程思政，将大幅度助力广大学生保持好奇心、保持求知欲，也有利于打通院系之间、学科之间、专业之间的壁垒，强化交叉融合、协同创新，充分激发师生不断向科学技术广度和深度进军的积极性、主动性、创造性，下大气力破解课程思政"两张皮"难题，切实提升学生解决复杂工程问题的能力，最终有利于培养符合国家需要的具备国际视野的复合型、应用型、创新型、国际化人才。

（三）持续深化教育改革

教育信息化改革是高校全面深化综合改革，推进高质量发展的重要举措。数字化赋能课程思政，一方面可以强化多主体共同探索协同育人新路径，涵养文化育人新导向，丰富"三全育人"新载体，为持续深化教育改革探索出可复制、可借鉴、可推广的数字化赋能课程思政的经验做法；另一方面，数字化赋能课程思政，拓宽了课程思政的时间和空间，解决专业知识讲授和课程思政教育争抢有限教学课时的问题。《指导纲要》明确指出，科学设计课程思政教学体系、结合各学科专业特色分类推进课程思政建设、将课程思政融入课堂教学全过程是当前高校课程思政建设的重点方向。

面对当前数字化转型背景下高校课程思政"两张皮"现象与实施进路尚未明晰等困境，首先，高校应该把握专业主线，准确领会不同学科专业的独特属性，融入国家发展战略等思政元素；其次，人机协同融通思政课程和专业课程、实践课程等，以公共基础课、专业教育课和实践类课程为载体，融入与专业教学相关的思政点；最后，紧扣课堂教学活动的每一环节，融入体现思政点的具体教学内容与教学案例，从而实现专业教学与思政育人的深度融合。例如，文史哲类专业课程应凸显人文背景，人机协同共学共教共育，促进学生领悟马克思主义世界观和方法论、习近平新时代中国特色社会主义思想等；经管法类专业课程应兼具国际视野与爱国情怀，充分利用数据的连接属性和智能技术的功能作用，动态抓取专业和行业领域的时政热点，促进学生掌握相关国家战略、法律法规和政策、职业素养等；理工类专业课程应在深度交叉融合基础上，利用智能技术实施数据的融合分析和洞察表征，促进学生科学思维、工程伦理、大国工匠精神、家国情怀和使命担当等的发展①。

二、数字化赋能课程思政的五大主体

数字化赋能课程思政，不仅拓宽了课程思政的时间和空间，也有助于多元主体参与课程思政，使课程思政的内容和路径更加丰富多彩，达到润物细无声的效果。

（一）教师

贯彻实施《指导纲要》、全面推进课程思政建设，是落实立德树人根本任务的重要战略举措。教师是高校教育教学工作的一线组织者和实施者，是将立德树人根本任务贯穿于教学全过程的关键。发掘和强化各类课程的育人功能，切实提高高校人才培养质量，要充分发挥好教师队伍的主力军作用。

一方面，切实增强教师数字化赋能课程思政的意识。《指导纲要》明确指出，高等学校人才培养是育人和育才相统一的过程。抓好课程思政建设，要解决好专业教育和思政教育"两张皮"问题，这就要求教师切实增强数字化赋能课程思政意识，积极利用数字化赋能课程思政的方法及实现路径，努力通过提升数字化能力，提高课程思政的质量和效能。

另一方面，教师需要深度思考如何基于培养德智体美劳全面发展的社会主义建设者和接班人的高度，通过数字化将所讲授的课程更好地实现，将显性教育和隐性教育相统一，形成数字化课程思政的协同育人效应。为此，要充分利用数字化手段，丰富课堂教学主渠道，把课程思政理念有机融入各门课程的教学和改革，推进数字化赋能的言传与身教相结合，为人师表，做好示范，以数字化手段更加丰富地展示自身深厚的理论功底、知识、阅历、智慧和人格魅力，发挥教师的示范作用，帮助学生树立正确的世界观、人生观和价值观。

（二）学生

数字化赋能课程思政，可以给予学生更多展现自我和实现发展的机会，这主要是通过学生之间的榜样示范作用实现的。树立榜样、抓典型是根据事物发展的不平衡性规律提出的。根据唯物辩证法的观点，世界上存在的客观事物都存在矛盾，客观事物之间存在差别。人们的思想觉悟有高有低，每个人对社会的贡献也有大有小，因此，在我们的现实生活中，各个领域各个职业都有典型。这些典型不仅可以代表其所属领域的一般群体，还比一般群体更为先进，在课程思政中要善于发现典型，树立榜样，宣传先进事迹，推动人们向榜样学习。同时，根据发展需要和社会从众心理，每个人都有不甘落后的进取心和自尊心，都愿意成为他人的榜样。

数字化赋能课程思政，可以通过师生共建数字化互动平台，发现典型，树立榜样，宣传先进事迹，推进学生学习好榜样。也可以鼓励学生结合专业学习内容，在国内外寻找典型，在生生、师生互动中提升学生在课程思政中的主体作用。

（三）学校

在课程思政推进的关键阶段，学校的主体作用日益凸显。教师的数字化赋能课程思政的能力本质上是一种综合育人能力，其中数字化课程思政元素挖掘能力和数字化课程思政教学组织能力是提升教师数字化赋能课程思政能力的关键所在。

---

① 石岩，王学俭. 新时代课程思政建设的核心问题及实现路径［J］. 教育与研究，2019（9）：91-99.

首先，学校应致力于提升教师课程思政数字化元素挖掘能力。每一门课程都蕴含着丰富的思政元素，但这些思政资源不是直接显露在课程内容之中，而是蕴含在各个知识点的背后，隐含在科学理论的深处，需要教师运用数字化手段主动去发掘、加工和利用。

其次，学校应致力于提升课程思政教学数字化组织能力。教师要利用数字化组织好教学内容设计，将挖掘出来的思政元素"融"入教学内容中去，要找准切入点，从学科内在逻辑出发，从学生关心的现实问题入手，通过数字化更加丰富多彩地进行展现。

最后，学校应致力于夯实教师的数字化组织保障基础和交流平台建设。课程思政建设是一项系统工程，学校应建立全方位、多层次的数字化赋能课程思政的教师培训与发展体系，提高每一位教师数字化赋能课程思政建设的积极性和主动性，全面夯实推进数字化赋能课程思政建设的组织保障基础。推动搭建数字化赋能课程思政交流平台，要整合数字化技术教师、思政课教师、专业课教师、学生辅导员和班主任队伍，组建多学科背景互相支撑、良性互动的交流平台。

（四）家庭

家庭是个体成长的基础，家庭教育是育人的基础，家庭家教家风的育人作用毋庸置疑。学校教育作为育人专门机构，通过专门训练的教师实施长期、有目的、有计划、有组织的教育，对年青一代成长的影响甚大。科学认识、协调发挥好家庭家教家风建设和思政课的协同育人作用，对落实立德树人根本任务具有重要意义。新时期的思政课建设，要在坚持正确方向的基础上，及时更新教学内容、丰富教学手段，不断改善课堂教学状况，增强学生的社会主义核心价值观认同，升华学生爱国爱家的家国情怀，融通"小"家与"大"家的内在联系，认同建设相亲相爱的家庭关系的重要意义，自觉弘扬向上向善的家庭美德，通过自身的实际行动建设好家庭，实现个人梦、家庭梦与国家梦的共赢，这些目标与家庭家教家风建设的目标是一致的。

家庭家教家风建设可助力思政课教学。家庭的长期影响对一个人的性格和品行具有决定性的作用，家长的思想政治素质和行为规范对家庭成员，尤其是对子女思想品德的形成和行为模式影响重大。家庭教育以立德树人为根本任务，培育和践行社会主义核心价值观，弘扬中华民族优秀传统文化、社会主义先进文化，促进未成年人健康成长，家庭教育涉及很多方面，但最重要的是品德教育，是如何做人的教育。家风是一个家庭在长期的共同生活中培育并世代传承下来的精神风貌、道德品质、审美格调和整体气质，是品德教育的传承。因此，家庭家教家风建设好了，对学校思政课教学起着很好的推动作用。

（五）社会：企业和政府

企业通过企业导师在校外实践环节发挥专业课思政育人和价值引领方面的功能，形成校企协同育人格局。要推进校企双元共促课程思政协同育人，就要力求从课程思政师资建设、教学资源开发、教学环境打造等方面进行深度融合，形成课程思政协同育人格局。第一，要推进课程思政教学改革校企协同共行。要围绕立德树人根本任务，积极践行校企合作，深入推进课程思政教学改革，将行业企业人才培养素质要求与课堂教学思政育人目标相结合，将课堂教学思政育人和企业实践教学思政育人相结合，将企业文化与校园文化相结合，将校内教师和校外导师相结合，构建"校企合作、工学结合"的课程思政新模式。第二，要实现课程思政教师校企协同共育。一方面，要通过教师进企业挂职锻炼、送训到校等方式，建设一支思想政治素养高、课程思政教学水平高、职业实操能力强的校内"双师型"师资队伍。另一方面，要通过企业导师课程思政教学能力培训、企业导师课程思政教学能力过关上岗等方式，建设一支职业综合素质高、课程思政教学能力强的校外导师队伍。第三，要推进课程思政资源产教校企共享。要通过校企合作将优秀企业文化、企业精神、企业家榜样、职业实践机会等资源，转换为线上教学案例、新型活页式教材、教学视频等，实现校企共育共享时代新人。第四，要加强课程思政环境校企共创。要在学校和合作企业形成全员立德树人的意识，无论是思政课教师、班主任、辅导员、专业课教师等校内教师，还是企业顶岗实习指导教师等企业导师，都要提升对课程思政的认识，将思想政治教育作为常态化校企育人理念，形成校企全员全程全方位育人的"大思政"格局。

政府突出关键地位，加强组织领导。一是强化统筹协调。把思想政治理论课建设作为重要政治任务，摆上重要议程，始终放在心上、抓在手上。二是注重配优建强。实施"高校思想政治工作专职队伍配备两年攻坚计划"，"一校一策"抓好思政课教师配备，积极选聘学校党政领导干部、思政工作骨干、相关学科专业教师等担任兼职思政课教师，聘请革命博物馆、烈士陵园等红色基地讲解员参与思政课实践教学，邀请时代楷模等先进典型到校授课交流，进一步增强思政课的感召力和吸引力。三是注重研修培训。建设思政课一体化建设创新中心、高校思想政治理论课教师创新发展中心和研修中心，实施思想政治工作队伍能力提升攻坚行动，深入开展思政课教师上岗培训、骨干研修和全员轮训，切实提升广大思政课教师理论素养、教学能力和育人水平。四是注重关心厚爱。全面推进高校专职思政课教师职称标准单设、指标单列、评审单独等政策实施，全面落实专职思政课教师岗位绩效并发放到位，努力让广大教师安心从教、热心从教、舒心从教，形成争做"大先生"、教"大学问"、育"大英才"的生动局面。

三、数字化对传统课程思政的赋能机理

赋能是指为某个主体赋予某种能力和能量。赋能最早是心理学中的词汇，旨在通过言行、态度、环境的改变给予他人正能量，以最大限度地发挥个人才智和潜能。如在"管理学"课程思政中，教师通过多元数字化渠道赋予学生更多额外的权力。赋能的形式就是授权学生自主决策、组织、领导、控制和创新，通俗来讲就是，学生本身不能，但教师通过数字化工具使学生能。

（一）数字化是课程思政的助溶剂

思政课作为落实立德树人根本任务的关键课程，如何把握教育数字化机会推进课程数字化转型？如何借力数字化转型推动教育高质量发展？以上问题不仅是新时代思政课改革创新更好地担负起培根铸魂重任的焦点，也是学校加快内涵式发展构建高质量教育体系的困惑所在。依托教育数字化战略行动，从学校自上而下系统性设计，在建构数字化发展环境支持和建设数字化教育资源基础上，着力推进数字技术赋能教学变革、提升数字素养、促进师生发展、完善教育评价体系等关键任务，大力助推思政课高质量发展，为培养德智体美劳全面发展的社会主义建设者和接班人提供坚实支撑[①]。

（二）数字化是课程思政的推进器

数字化在课程思政中的推动作用是显而易见的，比如可通过智能工具提高课程思政的

---

① 谢幼如，邱艺，章锐，等. 数字化转型赋能高校课程思政的实施进路与评价创新[J]. 教育数字化，2022（9）：7-15.

效率、协助教师开展教学、加强反馈与互动、及时诊断学情以及开展有针对性的指导等，推动传统课程思政改革。

数字化赋能课程思政有助于教师进行个性化、差异化的课程思政教学，提高课堂的效率，把更多的时间花在启迪心灵的教学上、花在"育"上。人工智能在后台做助教，学生的需求得到更大满足。

数字化赋能的课程思政和传统课程思政之间的关系见图8.2。

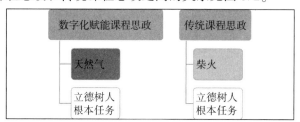

图8.2 数字化赋能的课程思政和传统课程思政之间的关系

（三）数字化是课程思政的催化剂

数字化是课程思政的催化剂，对传统课程思政有催化作用（见图8.3）。以诊断"问题导向"的课堂路径，强化问题意识，坚持以学生发展为中心，融合智能技术，开展教学设计与实施，赋能专业教学与思政育人达到预期目标。在这个过程中，以教学痛点为出发点，重构课堂教学内容；以解决教学问题为导向，将思政育人和已有教学理念有机融合；教师应利用智能技术精准掌握学生的个性需求、心理特征和价值取向等，并据此为课堂赋予适配的价值维度；基于课程思政、数据驱动等教学理念，正确设计与处理价值引领与知识导向的关系；融合专业教学成效和思政育人成效的全过程数据评价，流动于整个课堂教学过程之中，以支撑育人模式的动态调整，持续引导学生的思想观念和价值取向转变，推动课程思政内化于心、外化于行，促进课程思政提质增效①。

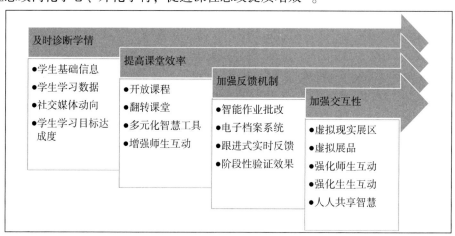

图8.3 数字化对传统课程思政的催化作用②

---

① 刘祥玲. 教育数字化转型中高校课程思政的困境与应对 [J]. 中国电化教育，2022（8）：100-105.
② 石慧，李延秋，杨文睿. 人工智能赋能高校课程思政建设 [J]. 计算机教育，2022，333（9）：94-100.

第三节　数字化赋能课程思政的基本路径

目前在数字化赋能课程思政的实践中，许多高校和教师已经做出许多有益的尝试，并且成功地开发出了一系列可推广的创新路径。这些包括数字化赋能建设智慧课程思政教学文化系统，为学生提供全方位的智能化教育体验；数字化赋能建设智慧课程思政开放课程，通过线上平台实现教学资源的共享和开放，提高教学效率和教学质量；数字化赋能建设智慧课程思政优秀案例，收集和分享具有代表性的案例和实践经验，促进教学改革和创新；数字化赋能建设智能课程思政师资培训机制，通过数字化教育手段提高教师的教学水平和能力[①]；数字化赋能建设智能课程思政教育效果评价机制，通过数据分析和评估工具对教学效果进行量化和分析，为教学改进提供数据支持[②]。这些创新路径的实现，将进一步推动数字化教育和课程思政的深度融合，提升教育教学的质量和效率，促进学生成长成才。

一、数字化赋能构建智慧课程思政教学文化系统

高校课程思政要聚焦高校育人价值本源，以专业课程为基本载体，将显性教育和隐性教育相统一，寓价值观引导于知识传授和能力培养之中，为学生确立正确的政治方向，帮助学生塑造正确的世界观、人生观、价值观。《指导纲要》明确指出，科学设计课程思政教学体系、结合专业特点分类推进课程思政建设、将课程思政融入课堂教学全过程是当前高校课程思政建设的重点方向。

在应用型大学中，高校课程思政同样有重要意义。应用型大学注重培养学生实践能力和职业素养，使其能够适应社会需求并为社会作出贡献。因此，在高等学校课程思政建设中，应用型大学可以结合专业课程特点，注重将显性教育和隐性教育相融合，以促进学生专业知识和职业能力的培养，同时塑造正确的政治方向和价值观[③]。

通过数字化赋能构建智慧课程思政教学文化系统，可以有效融合科技与教育双向赋能思维，基于"专业—课程—课堂"视角，利用智能技术精准把握课程思政实施中学生的个性化需求，全方位系统化推进课程思政的实施，有效推进人工智能赋能课程思政校园文化活动，借助移动、智能与虚拟现实等技术，设计思政元素展区，使传统展品以虚拟现实的形式传递给学生，让学生在自由快乐中了解相关历史背景。构建智慧课程思政教学文化圈，既丰富课程思政形式，又利用现代媒体传播思政文化，构建隐性课程思政课堂，校园活动、校园文化中思政教育的效率和效果有时甚至要优于课堂教学。数字化赋能构建智慧课程思政教学文化系统的具体内容见图8.4。

---

① 谢幼如，邱艺，章锐，等. 数字化转型赋能高校课程思政的实施进路与评价创新 [J]. 中国电化教育，2022（9）：7-15.
② 何利娟. 智慧平台赋能的大学法语"课程思政"教学改革研究 [J]. 成才之路，2021（33）：21-22.
③ 宋晟欣，雷霞，李映霞. 基于教学效果评价的应用型高校"课程思政"教学实践——以管理学课程为例 [J]. 科教文汇（下旬刊），2020（12）：58-59.

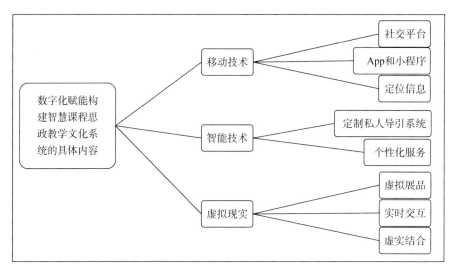

图 8.4　数字化赋能构建智慧课程思政教学文化系统的具体内容

以数字媒体技术专业计算机网络课程为例，该课程为专业主干课，也是很多课程的前驱课程，因此，构建计算机网络课程思政教学文化体系极其重要。

第一步，基于移动技术，使用社交平台与计算机网络领域的爱好者、精英进行交流。利用 App 和小程序获取有关课程的实时热点，共享在线课程资源，利用线上课程测试查漏补缺，反哺线下教学，同时关注学生思想动态，加强思政意识教育。

第二步，利用 App 和小程序中的智能技术，通过个性化测试，定制私人导引系统，生成个性化学习方案，当智能技术检测到前序课程中相关知识点掌握良好时，则在后续课程学习中减少该知识点的出现频率，实现以学生为中心、个性化学习。

第三步，使用虚拟现实技术构建三维虚拟化场馆。从远程终端到全球互联网络，利用智能化技术展示、宣传计算机网络的发展历史、网络体系结构，展示网桥、路由器等连接设备的使用方法；同时开放教育资源，永久存储海量课程知识，使学生产生沉浸式自由学习的体验感；增强学习过程中的互动性，实现实时交互，以此来丰富校园文化活动和课程思政形式[①]。

二、数字化赋能建设课程思政开放课程

近几年来，各种课程思政开放课程如雨后春笋般地涌现，从而出现了很多汇集开放课程的智慧教学平台，由此可以看出，数字化已经成为教育领域中的一个重要趋势。MOOC 就是一个集聚大部分课程思政开放课程的线上教学平台。MOOC 作为数字化的一种形式，因其灵活性、高效性和可扩展性，越来越受到人们的欢迎。数字化的赋能使课程思政得以更好地满足学生的学习需求，提升学习效果和教学质量。数字化可从以下五个方面来通过 MOOC 建设课程思政开放课程。

（一）提高学习效率

MOOC 的一大优势是可以随时随地进行学习，而数字化技术可以进一步提高学习效

---

① 石慧，李延秋，杨文睿. 人工智能赋能高校课程思政建设 [J]. 计算机教育，2022，333（9）：94-100.

率。比如,可以利用人工智能技术对学生的学习课程思政行为进行监控和分析,根据学生学习课程思政的行为和学习状态,为学生提供个性化的学习建议,例如选择适合自己的学习资源、制订适合自己的学习计划等。

(二) 提高教学质量

数字化技术可以提高课程思政的教学质量。通过技术手段,实现多媒体互动、远程直播等教学方式,让学生感受到更加生动、直观的学习体验,增强学生的学习兴趣。同时,数字化技术还可以让教师通过在线的方式与学生互动,及时回答学生的问题,提升教学的效果。

(三) 增强学生体验

数字化技术可以让课程思政的学习过程更加流畅和便捷。例如,利用VR技术,可以让学生在虚拟场景中学习,增强学生的体验感。此外,数字化技术还可以实现在线评测和在线作业提交等功能,让学生在学习过程中获得更加全面、细致的评价,同时也方便教师对学生的学习情况监控和管理。

(四) 实时反馈机制

采用在线学习的方式,能够为学生提供实时反馈,及时发现并纠正学习中的问题。通过数据分析技术,平台可以记录学生的学习过程,为学生提供个性化的学习建议,帮助学生更好地理解和掌握知识点。同时,平台也可以将学生的课程思政学习数据反馈给教师,帮助教师更深入地了解学生的学习情况,提供更有针对性的指导。

(五) 个性化学习路径

数字化技术可以为课程思政提供个性化学习路径,更好地满足不同学生的学习需求。平台可以通过学生的学习数据和偏好,为学生提供个性化的学习建议和学习路径,让学生更加高效地学习课程思政和掌握课程思政知识。这种个性化学习路径不仅可以提高学生的学习效果,还可以降低学生的学习焦虑和挫败感。

因此通过数字化建设课程思政开放课程,不仅能提供优质资源,还能提供完整的学习体验,学生可以线上学习、线上练习、线上考试、线上交流,最终获得分数,拿到证书,经历完整的学习过程。数字化时代,利用现代教育手段可实现翻转课堂、线上线下混合式教学,加强思政内容、专业知识与现实社会的关联度,提升思政育人功效[①]。

三、数字化赋能建设课程思政优秀案例

从数字化赋能课程思政的广义角度看,高校教育数字化转型优秀案例的典型工作场景,其主要类别包括智慧校园应用案例、智慧教室建设案例、智慧课堂教学案例、虚拟教研案例、虚拟仿真实验与实训案例、人工智能助推学习案例。从数字化赋能课程思政的狭义角度看,应从广义的高校教育数字化转型优秀案例的所有典型工作场景,广泛寻找其作用点和嵌入点。

---

① 李海云. 数字化转型背景下地方应用型本科高校大学生心理健康教育的实践与思考 [J]. 教育与职业,2020 (22): 105-108.

数字化赋能智慧课程思政优秀案例，具有重要的示范引领作用，不仅能促进教师能力的提升，也能为课程思政教学提供借鉴。

优秀案例对教师提出了更高的要求：教师须整合专业教学能力、思政引领能力和智能化教学能力；优秀案例需要专业教师与思政教师在不同的专业知识与思政内容之间融会贯通、协同合作；在讲解知识点的同时融入近期学生关注的社会热点，探讨现实问题时追求理论解读，所有课程都富有"思政味"，所有教师都能挑起"思政担"①。

四、数字化赋能课程思政师资培训

数字化技术的发展使教育培训领域发生了巨大的变化。数字化赋能课程思政师资培训，是以智能化手段完成教师课程思政专题培训。数字化技术在课程思政师资专题培训方面的应用，可以为师资培训提供更加高效、灵活、互动、多样的学习方式和工具。

（一）数字化技术的应用

1. 网络视频培训

网络视频培训是数字化技术中的重要应用，其能够实现远程视频沟通和交流，可以通过网络实现师生、生生之间的互动。通过网络视频会议，受训教师可以轻松地进行课堂学习、互动讨论、评价反馈等。在培训过程中，受训教师可以通过网络视频会议与培训教师远程交流，也可以与同行互动分享，提升学习效果。

2. 在线学习平台

在线学习平台是数字化技术中的另一个应用，它为师资培训提供了新的学习渠道和方式。通过在线学习平台，受训教师可以随时随地学习和交流，可以根据自己的时间和兴趣选择课程和学习内容。同时，在线学习平台也提供了更加多样化的学习方式和工具，例如视频课程、在线讨论、测试评估等。

3. 虚拟实验室

虚拟实验室是数字化技术中的另一个重要应用，它可以模拟真实的实验环境和操作过程，为师资培训提供更加安全、便捷、经济的实验学习方式。虚拟实验室可以让受训教师在虚拟环境中进行实验操作和数据分析，同时还可以交流和互动。

（二）数字化技术的优势

1. 提高效率

数字化技术可以提高师资培训的效率，例如，在线学习平台可以让受训教师在自己合适的时间和地点学习，避免了时间和空间上的限制。同时，数字化技术还可以通过自动化处理、智能化评估等方式提高教学效率。

2. 提高互动性

数字化技术可以提高师资培训的互动性，例如，网络视频会议可以实现远程交流和互

---

① 张娥，王广锋. 新时代专业教师课程思政教学能力的提升路径探析——以财经类专业为例［J］. 教书育人（高教论坛），2021（12）：36-37.

动,在线讨论平台可以进行互动讨论和交流。

利用数字化技术手段,开展针对不同专业教师、化整为零的分专题"线上+线下"式培训。在培训中坚持将思想引领和师德师风建设相结合,提升专业课教师思想政治素养,帮助他们更好地掌握课程思政的要求,提高课程思政的教学水平和教学质量;通过将思想引领和师德师风建设与专业课教学相结合,促进教师个人的成长和发展,激发教师的教学热情和责任心,使他们能够更好地履行职业使命,为学生的成长和发展作出更大的贡献。

五、数字化赋能课程思政教育效果评价机制

教育效果评价对教育实施起着重要的调节作用。传统的思政课程评价通常由辅导员主要负责形成纸质文档并存档。数字化赋能课程思政教育效果评价,为教学提供了情感交互的便利条件,并通过数据采集、分析和应用来推动评价改革,为办有温度的学校提供有力支持。借助数字化学习平台,教师积极运用现代信息技术,如大数据和人工智能,进行行为分析。除了基本数据,如签到率、参与率和学习时长等,还可以了解每位学生在不同课程上的学习时长和学习效果,从中洞察问题本质,个性化、细致化评估学生的学习效果。基于学生的能力、习惯和学习进度等因素,智能分析不同学生的学习状况[1]。

同时,改变纸质文档存储后便被搁置的状况,建立起课程思政评价电子档案系统,并开发针对该系统的移动设备应用程序或小程序,以便教师和辅导员能够建立主观评价体系并开展周期性和随机性评价[2]。此外,人工智能和大数据分析可以用于考查学生的出勤情况、问题回答情况和学科小测试情况等。舆情监测设备也可以用于及时发现并记录学生在网络生活中的动态,特别是在微博、微信等社交媒体上的动态,并将其作为客观评价的依据之一。最终,综合主观和客观评价数据,形成对课程思政效果的评价。数字化赋能的智能课程思政教育效果评价机制见图8.5[3]。

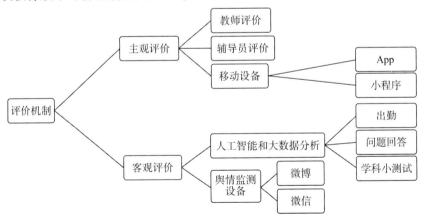

图8.5 数字化赋能的智能课程思政教育效果评价机制

---

[1] 张营营. "课程思政"实施效果评价——基于高校体育课教学的调研[J]. 当代体育科技,2019,9(13):182-183.

[2] 郭芳. 基于真实性评价理论的职业教育课程思政人效果评价体系构建[J]. 职业技术教育,2022,43(11):62-68.

[3] 石慧,李延秋,杨文睿. 人工智能赋能高校课程思政建设[J]. 计算机教育,2022,333(9):94-100.

关于对课程思政教育的效果评价，以下是三种数字化赋能课程思政教育效果评价的方法。

1. 在线问卷调查

让学生、教师在课程结束后在线填写调查问卷，以评价课程思政教育的效果。调查问卷可以包括关于教师教学质量、学生掌握程度、学生学习反馈等方面的问题，从而为教师和学校提供有关课程思政教育的反馈和改进建议。

2. 在线学习记录和评估

通过在线学习平台，跟踪学生的学习记录和评估学生的学习成果，以评价课程思政教育的效果。在线学习平台可以记录学生的学习进度、学习成绩和学习反馈等信息，同时还可以提供在线测验和作业来评估学生的掌握程度。

3. 数字化课堂观察和反馈

通过数字化技术，对课堂进行观察和反馈，以评价课程思政教育的效果。观察和反馈可以由专业的评估团队，对教师的教学质量、教学方法和教学内容进行评估和反馈，为教师提供改进的建议和指导。

综上所述，数字化技术可以提高课程思政教育的效果评价，从而为教师和学校提供反馈和改进建议。同时，数字化技术还可以提供更灵活、个性化的学习方式和更丰富的学习资源，从而更好地满足学生的学习需求，更好地实现教育目标。

第九章　应用型大学课程思政实践案例研究

思政实践案例的研究弥补了教师教学理论与教学实际相脱离的不足，通过案例的形式学习运用教育理论，可以有效地加深对教育理论的理解。在案例研究过程中，通过对课堂教学行为观察、分析、诊断并多维度解读，将具体的教学行为与理论实际联系起来思考，为教学行为赋予崭新理念，可以加深对教育理论的理解，反过来又指导教学实践，提升教师教育实践的合理性。

第一节　案例研究的意义

案例研究又称为教育故事，是当前国内外课程改革背景下较为流行的一种教育研究方法，是教师行为研究的方法之一。在每一位教师的日常工作中，都有大量的"故事"发生，这些故事蕴蓄着丰富的教育智慧，如果把它们记录下来并适当地反思，我们可以从中得出具有鲜明特色的教育结论，所以，案例研究成了教学理论和教学实践紧密联系的桥梁，从教学实践中来到教育理论中去，再回到教学中。[1]

教师进行教学案例研究，是教师不断反思、改进自身教学的一种方法，能促进教师更为深刻地认识到自己工作中的重点和难点，解除疑惑，指出问题，明确方向。这一过程也是教师自我教育和成长的过程。教师进行案例研究是与同行之间分享经验、加强沟通的有效方式，有利于提高其看课、评课等教研活动的水平和实效。

一、融通实践经验与理论创新，促进教育理论和实践的共同发展

教育理论和实践的共同发展是指教育理论和实践相互促进、相互融合，不断推动教育发展的进步。一方面，实践经验可以为教育理论提供有效的参考和支持。在实践中，教师可以不断尝试新的教育方式和方法，积累实践经验，发现实践中存在的问题，并寻求解决方案。这些实践经验可以为教育理论提供案例和数据支持，为教育理论的制定和完善提供实践基础。另一方面，理论创新也可以为教育实践提供指导和支持。教育理论的创新可以推动教育实践的改进和创新，为教育实践提供新的思路和方法。

（一）案例研究是教育理论的重要实践源泉

案例研究是教育理论的重要实践源泉，能够将教育理论与实践结合起来，使教育理论

---

[1] 廖菲，龚苇，吴静. 应用型高校大学英语教学与实践的"课程思政"创新案例研究[J]. 海外英语，2019(18)：109-110.

更好地适应教育实践的需要。它有助于教育理论更贴近实际、更加丰富深化、提供具体证据和支持、更好地回应教育实践需求，对于推动教育理论与实践的融合和发展具有重要的意义。

1. 案例研究有助于教育理论更加贴近实际

教育理论往往是抽象的和理论化的，而实践则是具体的和经验化的。对实际案例进行研究，可以使教育理论与实践产生对话，使教育理论更贴近实际，更有针对性。

2. 案例研究有助于教育理论更加丰富和深化

教育理论不断需要从实践中得到丰富和深化。案例研究通过对各种实际案例的研究，帮助教育理论从更多角度、更深层次地探讨教育问题，丰富教育理论。

3. 案例研究能够为教育理论提供具体证据

教育理论需要以实际证据为支撑，而案例研究提供了丰富的具体案例，可以为教育理论提供具体证据和支持。

4. 案例研究有助于教育理论更好地回应教育实践需求

教育实践在不断发展变化中，需要不断地回应新需求。案例研究有助于教育理论更好地回应教育实践的需求，适应不同时代和社会的教育需求。

（二）对案例的理性思考，有助于形成教育的新思想、新理念

通过对案例的分析解读和理性思考，我们可以获得教育的新经验、概括教育的新方法、启迪教育的新思想、提升教育的新理念。

1. 获得教育的新经验

案例分析可以帮助我们探讨不同教育场景下的经验和教训。通过分析成功或失败的案例，我们可以发现其中的原因，提高我们对教育实践的认知水平。例如，在教育教学的实践中，我们可以根据案例得出一些可以借鉴的好方法和经验，如运用信息技术手段、使用活动教学法等。这些经验可以丰富我们的教学实践经验，从而提高教育质量。

2. 概括教育的新方法

案例分析有助于发现新的教育方法和策略，帮助我们创新教学模式。通过对成功的案例进行研究，我们可以总结出新的教育方法和策略，从而实现教育的创新和发展。例如，在基于项目的学习中，学生的兴趣和参与度更高，教学效果也更好。在这种情况下，我们可以推广这种教学方法，使更多的学生受益。

3. 启迪教育的新思想

案例分析有助于启迪新的教育思想和理念。通过对案例的研究，我们可以发现教育中的共性和差异，从而深化对教育本质的理解。例如，对于管理学，我们可以通过分析管理学思政教学案例，启迪新的管理学思政教学思想。

4. 提升教育的新理念

案例分析可以帮助我们提升教育的理念，推动教育的创新和发展。通过研究思政教学案例，我们可以充分把握课堂思政的未来趋势和方向，从而提升对思政教育的认知。

综上所述，通过对案例的分析解读和理性思考，我们可以获得教育的新经验、概括教育的新方法、启迪教育的新思想和提升教育的新理念。这些新经验、新方法、新思想和新理念都可以推动教育的创新和发展,提高教育的质量和效果,从而更好地满足学生和社会的需求。同时,通过案例分析,我们还可以探讨教育的社会意义和价值,促进教育的公平和可持续发展,为未来的教育事业注入新的动力和活力。[①]

(三) 案例教学对应用型大学课程思政实践具有特殊的意义

随着社会的发展和人才培养的需求变化,越来越多的高校开始注重课程思政,其中应用型大学更是将课程思政作为学生综合素质和职业能力的重要组成部分[②]。而案例教学是一种以实践为基础、强调学生主动参与和解决问题的教学方法,它与应用型大学课程思政实践的需求相契合,具有以下四种意义:

第一,案例教学可以帮助学生深入理解课程思政的概念和内涵。通过具体的案例分析和实践探究,学生可以更加深入地了解课程思政的内涵和要求,加深对课程思政的认识和理解。

第二,案例教学可以促进学生的思想启蒙和价值观培养。案例教学强调学生主动参与和解决问题,使学生在解决问题的过程中深入思考和探索,培养学生的思维能力和创新意识;同时可以引导学生树立正确的价值观和道德观念。

第三,案例教学可以提高学生的实践能力和职业素养。应用型大学注重培养学生的实践能力和职业素养,而案例教学是一种以实践为基础、注重学生主动参与和解决问题的教学方法,可以帮助学生在实践中锻炼能力和提升素质。

第四,案例教学可以推动课程思政实践的创新和发展。案例教学具有强烈的实践性和探究性,可以引导学生深入思考和实践探索;也可以激发教师的教学创新和实践探索,推动课程思政实践的创新和发展。

综上所述,案例教学对应用型大学课程思政实践具有特殊的意义,可以帮助学生深入理解课程思政的概念和内涵,促进学生的思想启蒙和价值观培养,提高学生的实践能力和职业素养,推动课程思政实践的创新和发展。

二、融通案例研究与案例教学,推动教育改革

(一) 融通案例研究与案例教学是提升学生培养质量的重要手段

首先,案例教学法促进学生学习方式的变革,体现学生的主体性。大学的学习方法之所以有别于中学,是因为教师教给学生更多的是解决问题的方法和途径。就学习方式而言,多以自学为主。第一,案例教学法是自学的重要渠道,学生根据教师规定讨论的相关案例查阅资料,在整个过程中教师扮演的是组织者和指导者的角色,而真正的主角是学生,这对思政课传统的"填鸭式"教学方式来说是一种颠覆。因此,案例教学的过程本身就是学生学习方式变革的过程。第二,案例教学多是在讨论的过程中完成的,这种讨论可以是师生之间,也可以是生生之间,不拘泥于形式,这样的互动模式体现了思政课教学过程中学生的主体性。

其次,案例教学法有助于提高学生对思政课的学习兴趣,扩大学生的知识面。我们崇尚"以人为本"的教育理念,就是要以育人为己任,以人的全面发展为根本,把培养学生

---

① 张哲. 浅议应用型本科"跨文化商务沟通"课程的教学改革研究 [J]. 求学, 2019 (40): 27-28.
② 易琦, 刘旭红. 创新人才培养与高校教学管理改革对策研究 [J]. 广东教育: 职教, 2018 (8): 1.

的学习兴趣、创新能力，拓宽学生的知识面作为出发点和落脚点。案例教学法体现了"以人为本"的教育理念。一方面，从案例教学法的过程来看，它是一种探究性的学习，在鲜活的教学案例中，学生有身临其境之感，从事物表象去揭示事物的本质。"探究性"显然不能局限于教材的内容，更需要广阔的视野，因此，有助于扩大学生的知识面。另一方面，从案例教学法的结果来看，它不是在找标准答案，而是在寻求解决问题的方法，因此，案例教学的过程极大地激发了学生自主学习、合作学习的动力，从而提高了学生学习的兴趣。

最后，案例教学法有利于培养学生归纳、分析、解决问题的能力。"授人以鱼，不如授人以渔"，这是教学的最高境界。传统的思政课教学主要是单向性满堂灌的方式，而案例教学则是双向性的，学生在教师设定的案例情境中去分析问题、解决问题，这有助于学生独立思考[1]。另外，学生在教师的引导下对相关问题进行讨论、评价，从不同的视角去看问题，这无疑给学生开辟了一个更加自由的空间，在那里学生各抒己见、辩论是非，在思想的碰撞中去寻找解决问题的办法，增强对事物的立体认识。因此，在教学实践中，案例教学不是单向，而是双向，不是灌输，而是让讨论的教学方式受到学生的欢迎。

（二）融通案例研究与案例教学是成就"金师"的重要条件

首先，案例教学法有助于丰富教师的教学手段。教学内容的立体呈现是案例教学的根本要求。传统的思政课案例教学往往是一篇文章或者一段文字，几个问题，外加参考答案的教学方式。现代的思政课案例教学，教学手段应该是多样化的，如教师在教学的过程中可以采用多媒体、电影、参观考察等多种途径，以求加深学生对某一问题的认知。随着时代的发展，一块黑板、一支粉笔、一本教案已经不符合现代教学的要求，新时期，思政课教师除了具备扎实的专业水平，还必须具备现代教育技术。教师在进行案例教学的过程中，无形中就丰富了教学手段，由此，思政课枯燥乏味、样板式教学、重理论轻实践的标签就不复存在。由于案例教学法的涉入，思政课教学变得丰富多彩。

其次，案例教学法有利于完善教师的知识结构。案例教学法最显著的特征就是体现学生的主体性，但这并不意味着与教师没有关系，教师在整个教学过程中起到穿针引线的作用，从案例的筛选、设计、讨论、分析，到最后的点评和总结都离不开教师的指导。能把这些环节做好，教师必须具备广博的知识，不仅要具有社会科学知识，还要具有一定的自然科学知识、生活常识和时事政治等。因此，思政课案例教学要求教师不仅要精于自己的专业知识，还要博于其他学科领域。周而复始，在这样良性循环中，教师的知识结构不断得到完善。

最后，案例教学法有利于提高教师的教学能力。第一，在案例的筛选和设计阶段，教师要勤于收集相关的教学案例并进行加工，以备教学之需，这要求教师要具有敏锐的洞察力。第二，案例的讨论和分析阶段，要求教师对案例的背景、内容以及涉猎的相关知识有一个整体的把握，有效地组织学生进行有针对性的讨论，这要求教师具有较强的发现问题和分析问题的能力。第三，案例的点评和总结阶段，根据学生讨论的情况、提出的问题，教师当场点评，最后进行总结，这要求教师要有较强的课堂组织能力和控制能力[2]。

---

[1] 冯欢欢. 新时代高校思政教育合力育人体系的构建[J]. 中华传奇, 2020 (33): 93-95.
[2] 韦明顶. 论案例教学法在高校思政课教学中的重要作用[J]. 科教导刊（中旬刊），2013 (16): 123-124.

(三) 融通案例研究与案例教学是建设"金课"的重要路径

首先，案例教学法是促进课程思政教学方式方法转变的"金课"要求。"各式各样的教学内容可以采取不同的教学形式和教学方法，而各种教学形式和教学方法又总是通过一定的教学手段来实现的。"在课程思政教学中引用案例教学法，可以创新教学的方式方法。在教学中我们崇尚"教学相长"的理念，但在课程思政传统的单向性满堂灌的教学方式中往往难以做到。"教学相长"是学生尊重教师，也是教师"尊重"学生的表现，一个优秀的大学教师应该时刻把自己当成学生来看待。案例教学法满足了教师是"学生"的要求，也满足了学生是"教师"的愿望，因为案例教学法的知识空间无限大，如果不求甚解，在教学的过程中"教师"与"学生"角色互换是有可能的。案例教学法是在一定的情境中去讨论完成教学内容，"教学相长"是其重要途径，因此，案例教学法促进课程思政教学方式方法的变革，符合"金课"的要求。

其次，案例教学法有助于课程思政"金课"对教学实效性的要求。长期以来，高校课程思政教学流于形式，造成了教学的"失效性"是不争的事实。《中共中央宣传部 教育部关于进一步加强和改进高等学校思想政治理论课的意见》中指出，"创新教育教学理念、方式方法，切实增强高校思想政治理论课新课程设置的实效性，成为我们当前的迫切任务。"所谓"案例"，就是"一个实际情境的描述，在这个情境中，包含一个或多个疑难问题，同时也可能包含解决这些问题的方法"。因此，案例教学是一种情境的教学模式，根据不同的讲授内容，引用不同的教学案例，每一个案例反映着不同的主旨，这样不仅增加了教学内容的趣味性，也增强了教学的实效性，易于达到教学的目的。另外，在案例教学的过程中，体现了学生的主体性，激发了学生的学习兴趣，这也是课程思政教学实效性的体现。从上述内容可知，案例教学法在课程思政教学中的运用增强了课程思政教学的"实效性"。

最后，案例教学法体现了课程思政"以人为本"的"金课"教育理念。教无定法，无论什么样的教学方法，只要能促进学生学习的提高，有助于"金课"，就是好的教学方法。在"金课"的背景下，教师要不断地改进教学方法，做到与时俱进。在课程思政教学中做到与时俱进就必须倡导"以人为本"的教学理念。所谓"以人为本"，就是要以学生为本，以教学大纲为本，也就是说在教学大纲下创新教学的方式方法。案例教学的精髓在于：身临其境，以案论理，教学相长，重在分析，启发联想，开发能力。因此，案例教学法不仅做到教育方式方法的创新，而且重在启发学生的思考与联想，体现了课程思政"金课"以人为本的教育理念。

三、课程思政典型案例具有重要的引领价值作用

课程思政案例具有重要的引领价值作用，可以帮助学生更好地理解和领会思政教育的核心内容和精神，提高思政教育的实效性和针对性，促进学生思想道德素质和综合素养的全面发展[①]。推进课程思政建设，是落实习近平总书记在全国高校思想政治工作会议上强调的"守好一段渠、种好责任田，使各类课程与思政课同向同行、形成协同效应"的重要举措，旨在抓住教师队伍"主力军"、课程建设"主战场"、课堂教学"主渠道"，使德育

---

① 韦武尤. 高校思想政治教育中党史资源的应用 [J]. 江西电力职业技术学院学报，2022，35（2）：94-96.

与智育相统一，推动实现全员全过程全方位育人[①]。

（一）课程思政典型案例的思想引领价值

课程思政典型案例具有思想引领价值，可以引导教师认识和把握课程思政的重要性，提高课程思政的质量和效果，促进学生思想道德素质和综合素养的全面发展[②]。

首先，课程思政典型案例可以帮助教师深刻认识到课程思政的核心价值和作用。教师可以通过阅读和分析典型案例，了解课程思政对于学生思想品德和综合素质的重要影响，同时认识到教育教学中必须注重思政工作，才能实现学生全面发展的目标。

其次，课程思政典型案例可以帮助教师理解和运用思政教育的理论和实践方法。教师可以通过典型案例了解思政教育的具体实践操作，学习思政教育的教学策略和方法，提高教育教学水平，进一步推动思政教育的有效实施。

再次，课程思政典型案例可以激发教师的教学热情和创新精神。教师可以从典型案例中获得启示和感悟，调整自己的教学思路和方法，开拓教育教学新思路和新方向，提高教学效果和学生满意度。

最后，课程思政典型案例可以促进教师的思想教育素养和价值观升华。教师可以通过阅读和分析典型案例，提高自身思想政治素质，增强对思政教育的认识和理解，还可以培养正确的价值观和职业操守，为学生树立正确的人生导向和价值追求。

（二）课程思政典型案例的目标引领价值

课程思政典型案例具有目标引领价值，可以帮助教师更好地实现课程思政的教育目标，提高学生的思想品德和综合素质，实现个人成长和职业目标发展。

首先，课程思政典型案例可以引领教师厘清思政教育的目标导向。教师可以通过分析典型案例，了解课程思政教育的目标和要求，认清教育目标与学生思想品德和综合素质的关系，有助于教师明确课程思政的教育目标，设计教学方案和教学活动，提高教学效果和学生满意度。

其次，课程思政典型案例可以帮助教师确定教学内容和教学方法。教师可以通过分析典型案例，了解课程思政教育的教学内容和方法，了解思政教育的具体实践操作，结合自身实际情况，灵活运用不同的教学方法，推动学生的全面发展。

再次，课程思政典型案例可以促进教师实现个人成长和职业发展目标。教师可以通过分析典型案例，不断反思自己的教学方法和效果，不断学习和探索思政教育的新理念和新方法，提高自己的教学能力和水平，实现个人成长和职业发展目标。

最后，课程思政典型案例可以促进教师树立正确的教育理念和价值观。教师可以通过分析典型案例，了解不同的教育理念和价值观，结合自身的思政教育实践，树立正确的教育理念和价值观，为学生树立正确的人生导向和价值追求。

（三）课程思政典型案例的行为引领价值

课程思政典型案例具有行为引领价值，可以帮助教师更好地实现课程思政的具体实践行为，提高教学质量和学生的思想品德与综合素质，促进教育变革和发展。

---

① 陈思雯. 大学英语课程思政素材挖掘与实践——以《新视野大学英语》读写教程为例 [J]. 海外英语，2022（9）：161-162+180.
② 华雪婷. 浅析案例教学法在思政课教学中的运用 [J]. 数据，2022（11）：197-199.

首先，课程思政典型案例可以引领教师的行为规范和职业操守。教师可以通过分析典型案例，了解教育规范和教学标准，掌握职业操守和道德规范，加强自身职业素养和教学行为规范，提高教学质量和教学效果。

其次，课程思政典型案例可以帮助教师实现课程思政教育的实践行为。教师可以通过分析典型案例，了解思政教育的实践操作和有效方法，指导自己的教学行为，运用不同的教学方法和手段，提高教学效果和学生综合素质。

再次，课程思政典型案例可以促进教师的教育创新和实践探索。教师可以通过分析典型案例，学习和借鉴其他教师的教学方法和经验，探索思政教育的新领域和新方向，开展教育创新和实践探索，提高教学水平和学生综合素质。

最后，课程思政典型案例可以促进教师的教育变革和发展。教师可以通过分析典型案例，深入思考教育的本质和价值，把握时代发展趋势和学生需求，推动教育变革和创新，开创思政教育的新局面和新模式。

综上所述，课程思政典型案例具有行为引领价值作用，可以帮助教师更好地实现课程思政的具体实践行为，提高教学质量和学生的思想品德和综合素质，促进教育变革和发展。

第二节　案例研究的基本思路

一、从"个"到"类"、从"典型"到"一般"的研究和概括

（一）从"个"到"类"

从"个"到"类"，在提炼规律中历练思维能力。在案例研究中，概括个别案例文本内容的感知，侧重从丰富的信息中提取出主要内容。对经典案例加以关注，及时记录和整理，就可能从中提炼出某种共性的、规律性的东西，从而更好地找到理论和实践的结合点，甚至可以上升为自己的教育个性。学习和分析他人的案例，可以观察他人的课堂，反思自己的实践。在学习过程中，我们可以对案例进行解读和反思，分享他人的经历和规律，不断地收集、整理自己和他人的案例。通过不断积累这些案例，为分析研究提供扎实的研究基础[①]。

从"个"到"类"案例研究时须注意以下三点：

第一，尽可能充分占有案例研究材料，做到"胸中有数"。概括的目的是形成普遍性的认识，占有的材料越充分，所形成的普遍性认识越具有正确性。在外推性概括和典型性概括中，我们往往没有掌握全部材料，但是必须对材料的质量和数量"胸中有数"。

第二，案例研究过程中概括时必须有正确理论的指导。有了正确理论的指导，你就站在了巨人的肩膀上，并且这些理论是经过很多人甚至是很多伟人验证的，对于无数先驱验证过的正确的理论，我们要有坚定的信心。

第三，概括是为了形成普遍性的认识，但是要尽量防止所形成的认识笼统浮泛。要注

---

① 邢国盛. 浅谈高中思政教师的生本德育工作 [J]. 吉林教育，2020（13）：12-13.

意抓住事物的特殊性，注意将结论加以必要的限制，其他还要注意时间、地点、条件等方面的限制。既追求尽可能广泛的普遍性，又要尽可能加以严密的限制，这就是概括中要遵循的思维的辩证法。

（二）从"典型"到"一般"

归纳推理，是一种由从"典型"到"一般"的推理。由一定程度的关于个别事物的观点过渡到范围较大的观点，由特殊具体的事例推导出一般原理、原则的解释方法。归纳推理的思维进程是从"典型"到"一般"，而演绎推理的思维进程不是从"个别"到"一般"，是一个必然地得出结论的思维进程。"一般"都存在于具体的对象和现象之中，因此，只有通过认识"个别"，才能认识"一般"。人们在解释一个较大事物时，从个别、特殊的事物总结、概括出各种各样带有一般性的原理或原则，然后才可能从这些原理、原则出发，再得出关于个别事物的结论。这种认识规律贯穿于人们的解释活动中，不断从"个别"上升到"一般"，即从对个别事物的认识上升到对事物一般规律的认识。显然，归纳推理是从认识研究个别事物到总结、概括一般规律的推断过程。在进行归纳和概括的时候，解释者不单纯运用归纳推理，同时也运用了演绎法。在人们的解释思维中，归纳和演绎是互相联系、互相补充、不可分割的。

（三）从经验抽象到理论层次

社会学研究经过几个世纪的发展，逐渐形成了经验分析与理论探讨相结合的学科品质，强调通过各种调查方法收集、整理和分析资料，从中概括和提升结论，并理论化地回答研究问题。伴随着追逐经验发现和理论洞见的脚步，大量极具启发性和创造性的研究成果不断涌现，对完善社会科学相关专业的建设、推进社会改革深化与提升社会治理水平，都起到了重要作用。经验事实很容易被我们理解和接受，而理论往往抽象深奥，晦涩难懂。正由于两者间的这种差别和不同，一般在一种新理论被建立时，人们对该理论的认识和理解将借助于形象的、感性的经验事实，这就是经验对理论的助解效应。同时，经验对理论还有一种作用，即证实作用。许多理论是通过观察、实验等经验方式来验证的。当然，一个为人们所理解的理论也往往可以帮助人们解释一些经验现象及预测一些经验事实。这是从一般到特殊或从抽象到具体的过程。

对于广大的教育实践工作者来说，更侧重经验的积累和提升，使具体经验上升到一般经验，由一般经验上升到科学经验。我们在研究自己经验的同时，还要重视吸收他人的成功经验，只有在别人经验和自身经验的互动中，我们才能拥有更丰富、更宝贵的经验。为了积累总结更多、更好的经验，我们要以日常教育教学工作为"土壤"，而且要不断地对"土壤"进行改造。也就是说，对日常教学实践进行的研究，是在工作常态中的研究。它主要包括即时即事的研究、阶段程序的研究和关键环节的研究①。

即时即事的研究是指对人们在数字时代通过即时通信工具和社交媒体实时分享和交流信息、情感和观点这一现象的分析与研究。

阶段程序的研究是指一种前后衔接的、循序递进的研究，从事教育科研更重要的应是在教育教学实践中不断地获得体验和积累，不断地进行归纳和总结。

---

① 皮晓芳，付荣华. 德育视角下物流行业企业认知课程思政模式探索［J］. 教育教学论坛，2020（51）：379-380.

关键环节的研究是指抓住教育教学进程中的某些重要环节，或发展过程中出现的某些关键性问题重点进行研究。如我们对备课、上课、作业、辅导、考核等教学流程中的五个环节花大力气进行研究，不仅要使这五个环节提高质量，而且还要使这五个环节环环相扣、相互作用、形成系统。将初步的结果提炼成成熟的结果，即最终的研究成果。即由知晓一般的道理到体会简单的因果关系，或者说由较浅显的认识发展到系统的、理性的认识，由具体的、一般的结论归纳提炼为抽象的、科学的研究理论。

二、把握新时代课程思政典型案例的新特征

（一）新时代对青年赋予的时代责任

2021年，习近平总书记在广西考察时强调，只有创新才能自强、才能争先，要坚定不移走自主创新道路，把创新发展主动权牢牢掌握在自己手中。新时代创造新奇迹，关键在于培育青年的创新创造意识，充分发扬青年的智慧和力量。创新不仅需要在理论上进行，也需要在实践中体现。对新时代课程思政典型案例的研究在一定程度上助推了这一创新意识的提升[1]。创新意识不仅需要外在力量的推动，更需要内在自主意识的提高。当前更需要每位中国青年培育独立思考能力，养成善于思辨的习惯，形成自主创新的能力。新时代将责任和使命交给新一代的青年，中国青年必须要将创新意识融入发展的康庄大道，必须要将创新的理念融入中国式现代化道路，必须要将创新的成果融入中华民族伟大复兴的历史使命之中。

把握新时代课程思政典型案例是对中国青年自信自强、守正创新、勇往直前的精神进行弘扬。青春的朝气，是中国进步的强大力量；青春的激情，是中国革新的动力源泉；青春的奋斗，是中国不屈的时代风貌。百年前，中国青年觉醒，是他们不畏强权、奋勇当先，点燃了中华民族伟大复兴的希望之光，掀起了伟大的社会革命运动[2]。新民主主义革命时期，中国青年奋勇拼搏，是他们不怕牺牲、英勇斗争，赢得了新民主主义革命的胜利，换来了民族独立的新天地。社会主义革命和建设时期，中国青年奋进，是他们不懈努力、艰苦奋斗，开启了建设社会主义的新模式；改革开放和社会主义现代化建设新时期，中国青年拼搏，是他们勇作改革闯将，开风气之先，为改革开放和社会主义现代化建设贡献了青春、建立了重要功勋[3]。进入中国特色社会主义新时代，中国青年仍需要不断发扬奋斗精神，才能使中华民族勇立潮头。青年是最富创造力、创新精神的一股力量，青年是最勇于并善于求新求变的代表。中国青年已然在各行各业显示出青春力量，为中国不断刷新纪录，创造新的奇迹。

（二）新时代课程思政数字化转型特征

在数字化时代背景下，思政教育面临的时代背景、教育环境、教育资源、教育对象等都发生了重大转变，推进思政教育数字化转型越来越彰显其时代必然性。从教育对象来说，学生生活在信息时代，他们的成长与数字技术、数字资源密不可分，具有显著区别于前人的成长环境，这给思政教育带来了更多挑战，也带来了更多机遇。从教育方式来说，

---

[1] 王敏. 课程思政的德育功能与实践［J］. 哈尔滨职业技术学院学报，2019（6）：39-41.
[2] 陆季华. 三全育人，构建思政小课堂和社会大课堂［J］. 智力，2020（30）：141-142.
[3] 李俊文. 学校党建必须在思政德育中发挥引领作用［J］. 文教资料，2021（11）：122-123.

传统的思政教育模式往往采用单向输出模式，难以满足当代学生的需求，不能充分调动学生的学习兴趣和学习积极性，推进思政教育数字化转型已经越来越有其必要性。

思政教育数字化转型，教育内容仍然是根本，必须落实立德树人根本任务，突出教育内容的导向性，突出思政教育的政治性底色与时代性特点，同时，也必须突出数字化传播规律，突出"虚与实"的内在一致性，突破网络传播"碎片化"的考验，运用数字化思维和互联网思维强化课程话语权、权威性，推进思政教育思维方式、教育方式和价值引导方式的深刻转变，使价值目标更清晰[①]。

以数字技术搭建共享大平台，推进思政课堂组织形态数字化转型。思想政治教育的主阵地在课堂，课堂组织形态是数字化转型的核心。通过数字化打破时空界限、突破学校边界，构建线上线下融合、校内校外打通的大型在线思政教育平台，建立起学生愿触及、爱停留、可影响的思政教育数字化阵地，使共上一堂思政大课成为现实。整体推进思政教育数字化转型，使课堂形态从传统教学转向数字化教学，课堂环节从单向关系转向通过留言弹幕和课后作业实现的双向交互，课堂场域从单场景转向适配课内课外、校内校外、小屏大屏、线上线下的多场景，触发思政教育"课堂革命"。

紧贴网络化、数字化的时代特征，实现教学手段和教学模式的革命性重塑，是思政教育数字化转型的关键。运用现代数字技术和媒体技术，借鉴影视作品、综艺节目、网络流行作品，对课程进行媒体化、场景化、形象化创新，转化为可视、可感、可触、可互动的新资源，实现沉浸化、全景化、共情化学习，探索全新的教育模式，真正增强网络大课的吸引力，真正赢得学生的心。

（三）新时代课程思政如何走向国际化

新时代课程思政如何走向国际化是一项系统、全面、复杂、重要的工程，需要多种力量和多个层面的协同同向发力。面对当下思政课国际视野培育不足的现状，探究其原因，基于全球化发展、国家现代化发展、学校发展及其人才培养的要求，基于思政课自身的开拓进取和育人质量，高校思政课应大力加强国际视野的培育，以系统论为推进框架，从整体上推进教学实践。

从宏观层面上讲，高校思政课国际视域的培育与提升，主要取决于国家层面的相关政策设计和供给。因此，国家层面应针对全球化发展对人才国际化水平的要求，制定相应的国际化人才培养标准和培养体系，制定相应的思政课课程设置体系，出台相应政策支持体系，以此从国家层面规约和引导高校思政课国际视野的走向[②]。

从中观层面上讲，思政课国际视野的培育与提升，主要取决于思政课所在学校为思政课国际视野培育提供的条件、环境和具体的政策引导。置身新时代，高校应主动适应高等教育国际化、信息化等发展的态势，按照国家层面制定的人才国际化发展的标准体系和人才培养体系以及思政课的相关制度、政策体系的要求，积极制定切合本校实际的人才国际化发展的思政课教学对策，从制度到人力、物力、财力等方面，围绕思政课国际化视野培育的需求进行高质量的匹配，提供良好的软件和硬件。

从微观层面上讲，高校思政课国际视野的培育，关键在于思政课及其执教教师的国际

---

① 李超群. 课程思政理念下德育元素融入留学生中国文化课的研究[J]. 现代职业教育, 2021 (41)：14-15.
② 杨斌. 凝心铸师魂，立德育新人——《教师职业道德》课程思政元素分析与运用[J]. 求学, 2020 (24)：39-40.

化育人能力，以思政课培育学生国际视野的关键在于思政课及其教师、教学等方面要从国际化视域进行解构和重构。高校思政课执教教师应通过各种渠道和方式，以国际视域培育的要求重构自身的教育知识体系、能力体系和文化体系，奠定思政课国际视域培育提升的坚实基础；积极推动教学视域的改革创新，以国际视域统领教学视野，在分析问题的理论解释框架上，构建一种国际视野的分析框架体系，提升思政课阐释问题的国际认同力和影响力；在教学内容话语体系的国际视域重构上，瞄准国际化人才培养和本校学生的实际情况，对教学中的论点、论述、论据材料的重构，应立足全球范围进行，不断扩大教学内容的国际性和世界性，以此不断提升思政课国际视野培育的内在品质。

总之，加强新时代高校思政课国际视野培育是面向21世纪、培养具有中国情怀和保持国际视野的人才的需要，是当代中国走向世界贡献世界和参与引领全球治理的需要，是高校走向世界和拓展自身发展空间的需要，是高校思政课不断拓展自身发展空间和提升育人质量的需要，更是广大青年学生成才发展和报效祖国的需要。当下中国日益走进世界舞台的中央，高校思政课更应大力提升国际视野的培育。这项工作是一项系统工程，需要多方面的努力。今后主要的推进路线是应在党的领导下、在学校的大力支持下，以思政课教师为关键力量，在国际视野培育主导下重构高校思政课教学的理念、内容、主体、客体、方式和督导环境等教育要件，构建国际视野培育的完整实践推进体系，从而助推思政课可持续发展和高质量发展。

三、课程思政典型案例"三达成"目标

（一）为学生成长服务

推进课程思政建设的根本目的在于育人，把培养堪当民族复兴大任作为一种精神性教育实践活动，思想政治教育同其他社会教育实践活动一样，总是以一定的教育价值理念为指引来开展实施的。从时间维度看，任何人的思想品德都有其发生和发展的过程，有其自身的规律，积极向上的思想观念不是一天形成的，消极落后的思想观念也不是突然产生的，都有一个量变到质变的过程①。全过程是一个系统的教育过程，其要求是把思想政治教育贯穿教育教学全过程和学生成长成才全过程，在这一过程中不断关注教育对象的思想观念变化，形成长效育人机制，防止某一阶段的"疏漏"而影响思想政治教育效果。

质量是高等学校的生命线，提高人才培养质量是高等教育永恒的主题。全国教育大会提出，要培养德智体美劳全面发展的社会主义建设者和接班人，其中，品德作为人才标准的统领，放在了知识、才能之首，是人才标准的首要条件。由此可见，道德品质培养是大学生全面成长成才的重要环节，是提高人才培养质量的核心。高校课程思政作为培育精神信仰、完善健全人格、培养良好品德的关键课程，对于引导大学生的成长成才具有重要的引领效果，但是目前高校课程思政仍无法完全适应大学生的需求。高校课程思政教学只有不断提升亲和力，实现知识传授与价值传递渗透、理论供给与个人需求统一、传统优势与信息技术融通、课堂教学与社会实践结合，满足学生的成长发展需求和期待，才能切实增强大学生课程思政的获得感，塑造时代新人。

（二）为成就"金师"服务

习近平总书记指出"教育是国之大计、党之大计"，教育的根本问题是"培养什么

---

① 姚兰. 依托课程思政全面提升高校教师德育领导力研究与实践 [J]. 教育观察，2020（14）：100-101+134.

人、怎样培养人、为谁培养人"。推进课程思政建设就是为了培养党和国家信得过、靠得住、拿得起的人才，培养堪当民族复兴大任的社会主义人才，培育有家国情怀、有坚定信仰、靠得住的人。当下，课程思政建设在全国各大高校轰轰烈烈地开展，教育部也出台了相关文件督促课程思政建设。专业课教师作为课程思政的一线执行者，能否正确地认识自身的德育责任、是否具有足够的能力去落实好课程思政，直接关系到课程思政建设的成效。因此，必须着力提高专业课教师的德育能力和德育素养。

专业课教师活跃在培养学生一线，与学生接触十分频繁、直接。专业课教师作为课程思政建设的重要实践者，也是课程思政建设课堂上一线的执行者。专业课程教师不仅要正确认识德育职责，与时俱进，保持政治敏感度，丰富政治理论；也要适应新形势下学生思想的变化，提高自身的德育素养、德育能力，充分发挥在培养学生中的导向作用，实现价值的引领与知识的传授相融合，坚持走德育和智育的双行线，两手都要抓、两手都要硬。充满魅力的教师领导者，既能够激发团队中其他教师的热情，也擅长激励学生，让学生在学习时充满活力和激情，从而有助于课程思政建设实效的提升，更好地实现立德树人的目标。

专业课教师肩负着将专业课知识与思想政治资源有机结合的任务，承担隐性德育的重要责任，这对教师的教育教学能力提出更高的要求。目前专业课教师队伍的学历层次不断提高，青年教师陆续加入，为培养社会主义建设者打下了坚实的基础。同时，随着课程思政建设的不断深入，对于专业课教师的要求也在不断提高，专业课教师所拥有的教育背景、知识体系、德育素养、德育技能与课程思政建设的要求存在差距，因此提升专业课教师队伍的德育领导力，提高德育能力、德育技能，更好地完成德育职责，也就成为专业课教师队伍建设的一个迫在眉睫的问题。随着全国课程思政建设氛围越来越浓重，相关部门也出台了一系列相关政策。在这样巨大的推力下，专业课教师对课程思政的认知有所转变。专业教师需要切实认同课程思政这一育人观念，正视自身的德育责任。高校也要激发专业课教师对于课程思政建设的主动性，加强对课程思政的价值认同，激发专业课教师的热情，在对课程思政价值认同的基础之上更好地开展课程思政建设。

德高为师，身正为范。作为大学生的人生导师，专业课教师要响应国家课程思政建设号召，将个人发展愿景与学校发展愿景、课程思政建设愿景相结合，在课程思政建设中，发挥自己的积极性与主动性，为课程思政建设提供支持，成为促进课程思政建设、支持学生发展的重要人物。

（三）为建设"金课"服务

课程思政是提高教学质量和水平的重要途径。作为铸魂育人的课程，提升课程思政教学质量是高校思想政治理论课建设的必然要求。当前，我国社会已进入改革发展的关键时期，经济体制、思想观念也在发生着深刻的变革，身处其中的大学生，其思想活动的独立性、差异性、多变性和复杂性也不断增强，需要不断推动课程思政的改革创新。如果观念上不突破、内容上不更新、载体上不拓展、方法上不创新，不及时回应大学生的思想困惑，不及时解决大学生在学习生活中碰到的实际困难，大学生就会对课程思政没有兴趣，甚至产生排斥和抵触情绪，课程思政的教学质量更是无从谈起。

实现思政元素和专业课程的有机融合，要明确课程思政和专业课开展的目标，把这个目标作为课程思政建设的切入点，寻找思政元素与专业课程相融合的平衡点。课程思政要做的是隐性德育，这就要求教师要悄悄地做、润物无声地做，把这些思政因素融合到课堂中，把思政元素融合到上课时的某一两句话中，向学生传递正向的正能量的东西，让学生受益。专业课教师在推动思政元素融入专业课教学时，也要根据学生特点、性格、年龄等因素，灵活地把思政元素融入专业课教学，而不是一个简单的叠加或者是知识的重合。同时，在推动思政元素和专业课程融合的过程当中，要实现思政元素和专业课程的平衡[①]。要把思政元素融入专业课程中，实现两者的有机融合，实现智育和德育的融合，实现知识传授和立德树人的融合；同时也不能削弱专业课课程教学的质量，要完成知识传授的使命。

第三节　实践案例的探索

一、基于内容的典型案例

基于内容的典型案例包括数据型案例、实例型案例及故事型案例。

（一）数据型案例

这类案例的主要内容由数据、数字构成。数据型案例的特点在于科学，内容有理论的深度和数据可信度，通常是一个大数据统计的结果，具有典型性。例如统计学、数学分析等课程，就可以用大量的数据、数字说话。

1. 统计学

数据型案例即在获取数据、分析数据、处理数据中，应用思政育人元素，推动课程思政与专业课程巧妙融合。统计学是通过搜索、整理、分析数据等手段，以达到推断所测对象的本质，甚至预测对象未来的一门综合性科学，当中涉及大量的数学知识与数据调查处理方法。学生在运用统计工具做数据调查、处理、分析、图表设计、撰写分析等工作时，其思政教育资源可体现三个方面：专业素养、科学精神、统计伦理道德操守[②]。

（1）专业素养。学生在统计学的课程学习中，由于专业能力提升需要扎实的专业基底，因此有利于培养学生思考的主动性，养成规律思维，引导学生透过现象看本质，强化实践与创新能力，培养学生细致耐心的工作作风和严肃认真的工作态度。

（2）科学精神。统计学中数据的收集、分析、解释的过程要基于事实、公正平实、精益求精、严谨求真。在统计实践中，数据的准确度、分析方法的合理性、结果的可解释性都要严格掌控。学生应具有全球化视野，树立追求真理的科学精神，进行辩证思考，培养创新能力。

（3）统计伦理道德操守。引导学生在统计调查过程中实事求是，在撰写报告的过程中追求真实性。统计职业道德规范的基本内容包括：忠于统计，乐于奉献；实事求是，不出假数；依法统计，严守秘密；公正透明，服务社会。例如，在统计问卷数据搜集时，让学

---

① 邱莉. 当代大学生思政德育素质现状、成因及建设方向——基于对南京地区高校问卷调查的分析[J]. 文教资料，2008（31）：181-183.
② 邱小燕. 课程思政融入统计学课程的教学探索[J]. 现代商贸工业，2021，42（6）：142-143.

生搜集我国经济社会数据，在结合数据与经济社会的相关政策撰写论文中，可及时了解时事政治，研究中国问题，认识到当前中国面临的国际局势，激发学生的爱国热情，树立正确的爱国主义核心价值观；在问卷处理整理过程中，则需要团队通力合作完成，此过程旨在培养学生良好协作意识和互帮互助、相互成就的优秀品德。

2. 北方民族大学：数学分析①

"数学分析"课程是数学类专业课程中的一门基础核心课程。通过系统地学习与严格地训练，学生应全面掌握数学分析的基本理论知识，培养严格的逻辑思维能力与推理论证能力，具备熟练的运算能力与技巧，同时提高建立数学模型并应用微积分这一工具解决实际应用问题的能力。

例如，在讲授"定积分的概念"时，针对变力做功、变速运动、曲边梯形面积等各类数据进行归纳总结，找出解决问题的关键是分割，只有将区间$[a,b]$进行任意的无限分割后，才可以进行后面数据的近似与累加。一个"无限分割，连续累加的过程"，也恰恰体现了朴素而又深刻的德育元素——"量变与质变"的哲学道理。从生活哲理方面，也让学生体会到"勿以善小而不为，勿以恶小而为之"的道理；激励学生"不积跬步无以至千里，不积小流无以成江海"，要脚踏实地，保持积极乐观的人生态度，养成良好的道德品质、健康的生活情趣；要主动承担社会责任，热诚关爱他人，多做扶贫济困、扶弱助残的实事，以实际行动促进社会进步。

（二）实例型案例

实例型案例是生活或者工作当中真实发生的事情。因为学生在工作或者生活中也会发生这些案例，因此当讲这些案例的时候，更容易激活学生的旧知，让学生容易理解并快速产生共鸣。如下面的案例——福州理工学院商学院：网络营销。②

"网络营销"是因电子商务实践的需要而出现的一门新兴课程。设立本课程的目的在于通过对网络营销的理论和实践的学习、研究，促进学生对网络营销环境、流程及其基本实质的了解；深入理解网络营销赖以生存的内外环境、网络消费者的购买动机、网络市场细分等内容；准确掌握网络营销与传统营销的关系，掌握与运用网络促销方法，制定促销组合，掌握网络广告的相关知识等；提高学生在复杂多变的环境中从事电子商务实践的理论素养和网络营销工作的能力，培养学生正确的职业观。

网络营销离不开网络，"互联网不是法外之地"的观念已深入人心。在教学过程中，坚持习近平总书记提出的"四有"（有理想信念、有道德情操、有扎实知识、有仁爱之心）好老师的标准，深入推进思政课程和课程思政建设，从而使学生具备较高的网络文明素养、电子商务诚信与信用素养、信息安全与保密素养，具备国际化视野和基本的创新精神及创业意识。

---

① 思政研究院-思政资源库. 数学分析思政案例. ［EB/OL］.（2020-11-22）［2024-04-29］.http://mobile.sizhengziyuanku.com/exampleList/detail/490.2020-11-22/2023-05.

② 福建理工学院商学院. 课程思政优秀案例3-网络营销. ［EB/OL］.（2022-04-15）［2024-03-14］.https://mp.weixin.qq.com/s?__biz=MzU4Mjc2MDgzMw==&mid=2247494750&idx=1&sn=42f167d62954127b770d627a9a6dce05&chksm=fdb1ccb0cac645a60229603b5beb8d8813941262309cbb1031393588dd8653c85cd64e2a2921&scene=21#wechat_redirect.

在案例的引入上，不仅考虑与知识点的匹配程度和对学生的吸引力，还要以"坚持显性教育和隐性教育相统一"的要求来设置思政内容的侧重点。例如，以"全媒体营销"为切入点，解析案例"褚橙的网络营销成功之道"，讲述褚时健的波折人生，既能以实例说明法律面前人人平等，强调法律常识的重要性；又能以其"老年创业"的精神激励学生不论遇到什么困难都勇往直前，乘风破浪，保持积极的人生态度，要心中有梦，也要勇敢追梦。

（三）故事型案例

故事型案例主要的特征就是案例中有人物、有故事情节，最主要的作用就是显得很生动。故事型案例可以是真的，也可以是假的，因为是故事，所以学生不会"较真"。很多童话故事、隐喻故事都是假的，目的是帮助大家理解和掌握。故事型案例可以广泛使用于各类课程中。如下面的案例——思政研究院：接处警规范化工作实务。[①]

故事型案例是指通过新闻快讯、故事场景等启发、挖掘学生领略思政育人元素的实际应用。

故事①导入：4月13日21时40分，有群众拨打110报警，称在××市区×巷×小区其儿子走丢，至今没有回家。接警后民警立即赶往现场，在小区门口，民警找到报警的谭女士，谭女士称其儿子平时在家很听话。晚上吃饭之后，儿子趁她出门丢垃圾的时候从门口跑出去了，到现在都没有回家，她很着急，所以就报警了。经民警进一步了解，谭女士76岁，老伴已经去世，子女在外地工作，其所说的"儿子"是其养的一只陪伴宠物狗。民警在了解到这一情况之后，对谭女士的谎报警情进行了批评教育，之后仍然协调物业调取监控，帮谭女士找到了她的宠物狗。

在故事①中，警察虽不纵容老人"报假警"这种违反法律的行为，但依旧用自己的热忱去帮助人民群众解决问题，这体现了道德中的乐于助人。可见，警察的服务不仅体现在与罪恶的斗争中，也体现在平日的良善点滴中。法律与道德的碰撞让学生更能深层次地理解警察热忱服务人民的职业理念。

故事②导入：2020年1月8日9时43分，D市公安局110指挥中心的接警电话骤然响起，值班人员迅速拿起电话。"我不行了，请你们帮帮我。"电话里，传来一名男子急促而微弱的求助声，并且他的声音低沉而时断时续，接警人员无法听清。在断断续续的交流中，男子告诉接警人员，他驾驶一辆渝D号牌的大货车，停在距离D市区八角井高速入口不远的洪湖路附近。然后电话里的男子便再也没有了声音。根据职业经验，D市110指挥中心判断，求助男子极有可能遭遇意外受伤或是突发严重疾病，于是警察迅速开展了一场"生死时速"的救援。终于，10时许，警察在市区金沙江路与华山路交汇处发现了渝D号牌的大货车，此时男子意识已经模糊。在几位警察的帮助下，男子被抬下货车送上救护车，迅速驶往D市人民医院，开启了绿色治疗通道。在警察、医生通力合作下，当天12时，男子生命体征趋于稳定，脱离危险（见图9.1）。

在故事②中，虽然求救人员的求救信息不完全，但是警方并没有因求救信息的模糊不

[①] 思政研究院-思政资源库．接处警规范化工作实务．[EB/OL]．(2021-12-09) [2024-03-14]．http://www.sizhengziyuanku.com/anli/2899.thml.

清而置之不理，而是不遗余力地组织附近所有警力和协调相关部门，展开一场"生死时速"的救援。这体现了警察不放弃任何一位人民群众、珍视生命的闪光点。教育学生要持有善心、保持热忱，养成在自己所坚守的岗位中力所能及地帮助他人的职业理念；同时教育学生在危机时刻说出有效信息的重要性。

图 9.1　思政研究院："接处警规范化工作实务"故事型案例插图

二、基于目标导向的典型案例

基于目标导向的典型案例有政策制定型典型案例、确认问题型典型案例、概念运用型典型案例及事件说明型典型案例。①

（一）政策制定型典型案例

政策制定通常是指一个组织、一个公共政策领域或其他行为领域识别并选择目标、方

---

① 案例的类型[EB/OL].[2024-03-01].https://wenku.baidu.com/view/2b251093fe0a79563c1ec5da50e2524de418d05e.html?_wkts_=1685688688333&bdQuery=%E6%A1%88%E4%BE%8B%E7%9A%84%E7%B1%BB%E5%9E%8B.

向或运作规则的过程。政策制定型案例,就与这些程序有关。学生不是被要求去分析某个问题或决策,而是要去考虑各种问题和决策来建立一个能够解决许多特定问题的指导框架。一个政策制定型案例有可能是一个被迫决策型案例。

1. 辽宁生态工程职业学院:职业生涯与就业指导[①]

"职业生涯与就业指导"课程开设着眼于职业学校学生的职业道德、职业修养、职业理想、就业技能等方面的培养与教育。学生通过学习,能够更全面地分析并认识自我,了解所学专业在社会经济中的特殊地位与作用,熟悉就业政策、就业形式、明确的职业目标,积极合理地进行职业生涯规划,掌握提高就业与创业的基本途径与方法,提高竞争能力与创业能力。

例如,模块四"大学生就业形势与政策"便讲道:全球经济下行的环境下,大学生的就业形势严峻,应聘难度增加。面临此就业局势,可以从四个方面去教育、帮助大学生顺利就业:一是正视当前就业形势;二是树立正确的就业观念;三是理解大学生就业制度;四是了解大学生就业政策,如人才聘用制度、人事代理制度、就业准入制度、社会保险制度等。这是为了避免大学生过度自信或是迷茫无从选择,做到从容就业。同时,通过对应届毕业生的采访以及对国际经济形势的分析,侧面反映我国社会主义制度的优越性。

2. 广东技术师范大学:公共政策学[②]

"公共政策学"是能够较为集中体现价值观、法治意识和道德规范等德育元素的一门课程。通过运用结合案例方法将公共政策的相关理论在具体的情境下鲜活地展现出来,使学生能够清楚地了解如何从政策视角来分析相关的社会问题。以第七章"公共政策理论模型"为例,教师通过设置案例分析让学生深入理解和掌握公共政策分析的各个理论模型,并通过中西方案例的对比,在潜移默化中了解我国社会制度的优越性,增强"四个自信"和爱国情感。例如,美国利益集团左右枪支政策。自美国多起校园枪击案后,民众一致呼吁更强有力的控枪政策,但由于美国步枪协会这一强大利益集团的干预和阻挠,相关政策迟迟不能出台。该国际时讯可以让学生了解西方利益集团干预政策的过程,美国政府受到利益集团左右的情况,从而对西方"民主政治"的实质有更深刻的了解。这也从侧面反映我国"以人为本"的执政理念,激发爱国情感,增强民族制度自信。

该课程的总体思政思路有以下三方面:第一,通过对国家重大方针政策的学习和掌握来引领学生把握国家的政治原则和方向,树立法治意识和道德规范;第二,通过案例的选取和对比,引导学生树立中国特色社会主义的道路自信、理论自信、制度自信和文化自信;第三,通过让学生为社会问题设计政策方案的方式,锻炼提高学生的专业素养和能力,培养和提高他们的家国情怀、社会责任感和使命感。"公共政策学"各章节课程思政育人元素具体实施过程见表9.1。

[①] 辽宁生态工程职业学院-基础教学部. 课程思政典型案例(孙晓靓)-就业政策[EB/OL].(2021-03-30)[2023-05-20].http://jcb.lnstzy.cn/info/1156/1304.htm.

[②] 广东技术师范大学教务处. 思政案例(210)Ⅱ《公共政策学》课程思政教学案例[EB/OL].(2022-12-06)[2023-05-20].https://www.gpnu.edu.cn/info/1039/31088.htm.

表 9.1　"公共政策学"各章节课程思政育人元素具体实施过程

章节	课程思政点	思政育人预期成效
第一章	公共政策中政治原则、法治原则及道德规范	使学生树立政治意识、法治意识及道德规范意识
第二章	公共政策要发挥主观能动性来解决社会问题	培养学生的社会责任感及为人民服务的思想
第三章	政策界定过程中的参与机制与障碍	让学生了解我国的公共政策,实现真正民主;了解政策要符合道德法律才能成功
第四章	政策目标要符合实际,备选方案要注重可行性	改变学生好高骛远、怨天尤人的思想状况,树立脚踏实地的思想与制度自信
第五章	公共政策执行科学化、法治化	树立法治意识、制度自信
第六章	辩证、全面评价公共政策	树立使命感与"四个自信"
第七章	公共政策理论模型	了解阶级视角,树立"四个自信"

(二) 确认问题型典型案例

确认问题型案例较少关心行动甚至思想,而更多地关注研究和分析,关注对复杂信息以及对这些信息重要程度所做假定的展示和评价。这种类型的案例,或许关注逻辑的争论,或许关注对那些兴趣浓厚者赞成的争论焦点问题的权衡,或许关注专家以及他们所使用的分析模型和数据的可靠性。

1. 湖南城市学院:供热工程①

"供热工程"是市政与测绘工程学院的基础课程。本课程让学生了解供热工程的基本原理,培养学生分析和解决供热技术实际工程问题的一般能力。以第八章第一节"集中供热系统"的知识点为例:长输供热技术是供热工程发展的关键技术,但是长输供热热损失大,供热范围受限,这是供热性领域的世界性难题。

习近平总书记在 2018 年全国生态环境保护大会上就提道:良好生态环境是最普惠的民生福祉,坚持生态惠民、生态利民、生态为民,重点解决损害群众健康的环境问题,不断满足人民日益增长的优美生态环境需要。基于上述宗旨,清华大学付林教授率领科研团队,充分利用热电厂余热,进行热电联产集中供热系统的研发,提供长输供热的中国解决方案,大幅降低了系统供热能耗,实现系统供热能力增加 30% 以上,供热能耗降低至少40%,热网输送能力提高 50%,解决该世界难题。山西大同是第一个应用该技术的城市,自从使用了该低耗供暖技术后,大同市空气质量显著提升(见图 9.2),不仅每年为大同节约了 67.8 万吨标准煤炭,还解决了空气污染的问题。该课程知识传递给了学生正确的社会主义核心价值观,传承了大国的工匠精神与节能意识,并激发了学生工程兴国的爱国主义热情及民族自豪感。

---

① 湖南城市学院教务处. 课程思政精小案例汇编[EB/OL].[2024-03-01].https://www.yunzhan365.com/basic/1-50/16839147.html.

饱受雾霾困扰的山西大同　　　　　　　蓝天白云下的山西大同

图 9.2　湖南城市学院市政与测绘工程学院："供热工程"课程确认问题型典型案例插图

2. 湖南城市学院：分析化学①

"分析化学"是化学工程与工艺学生的基础必修课，是一门研究物质组成、含量、结构和形态的化学信息的分析方法及理论的学科。本课程注重培养学生的动手能力、创新意识及实际解决问题的能力。以第四章第五节的内容"酸碱指示剂"为例，通过牵牛花、木芙蓉的变色现象创设一个问题情境，以"紫罗兰变色之谜"问题，开展新课引入，激发学生透过现象看本质的科学意识，培养学生勇于探索、追求真理的科学精神和严谨的学科思维（见图9.3）。同时利用问题探索，如，酸碱指示剂的在生活中有哪些应用？引学生理论联系实际，关注生活，热爱生活，基于酸碱指示剂的食品新鲜度智能传感器——电子鼻，也充分揭示了科学精神重在传承。

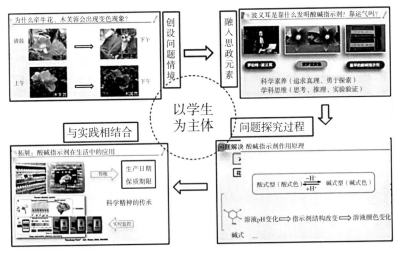

图 9.3　湖南城市学院材料与化学工程学院："分析化学"课程确认问题型典型案例插图

（三）概念运用型典型案例

概念运用型的案例，可以将一段叙述或故事与练习题或一些问题结合起来。通过一个案例，将学员置于某种情境之中，从而引入一个概念。在这个情境中，概念的运用将会明

---

① 湖南城市学院教务处. 课程思政精小案例汇编[EB/OL].[2024-03-01].https://www.yunzhan365.com/basic/1-50/16839147.html.

晰，从而得出一个更好的决定或政策。如下面的案例——常州工学院：工程经济学。①

"工程经济学"是以工程与经济的关系为逻辑起点、以工程—经济系统为客体、致力于增强工程有效性的一门应用经济学学科，是工程类专业的专业基础课。该课程通过课程思政塑造学生正确的"三观"及职业精神、职业道德等非技术能力，培养学生复杂工程的"经济性评价与选择"的技术能力。

例如，解析"工程经济学"中经济效益理论的基本内涵时提到既要关注项目消耗的社会资源（成本），又要关注项目占用的社会资源（投资），用现代竞争的观点与追求经济效益。这让学生能够深刻地认识到，现代竞争不是零和博弈，要实现全局观的帕累托最优经济效益，得追求互惠双赢。

再如，解析资金时间价值理论的概念时让学生了解到，资金时间价值对于不断满足人们日益增长的物质文化需要和推进人类自身再生产的重要意义，需要用辩证、全面的眼光去认识资金对时间价值的核心要义，不能偏颇、不能割裂。

（1）社会资金时间价值增值的前提源于习近平总书记提出需全面建成小康社会、打赢脱贫攻坚战，从"输血式"扶贫转变到"造血式"扶贫的政策背景。

（2）市场是资金时间价值实现的重要条件，完善的市场机制是资源科学配置、合理配置的前提与基础。因此政府需要减少对经济活动的直接干预，通过"放管服"经济政策去进行机制改革，实现治理体系现代化。

（四）事件说明型典型案例

事件说明型案例的目的是说明在实现一个目标、设计和管理一个项目、运用一种方法时的成败得失。因而，案例可以看作所发生的事件及其发生原因的历史记录。如下面的案例——思政研究院：物业管理概论。②

"物业管理概论"是物业管理专业主干课程之一，这门课程要从理论和实践的结合上回答为什么要实施物业管理、怎样实施物业管理以及物业管理发展过程中的矛盾和纠纷应该如何化解等问题。在课程思政理念下，本课程坚持以马克思主义理论、社会主义核心价值观为指导，探索德育元素在课程中的融入方式，从而立德树人。

以第三章第一节内容"物业管理招投标的原则"为例，通过探讨"中海、万科、华润上海围标案"的前因后果，以及物业管理项目招标过程中可能存在的问题或者出现的违规现象，让学生了解一位合格优秀的物业项目经理应该具备的素质和要求，促使其将社会主义核心价值观化为自身思想觉悟，不断约束自身行为。

案例描述：2020年3月31日，中海以底价34.3亿元将虹口区HK271-01地块收入囊中，楼面价63 155元/平方米。该地块零溢价成交惊讶了整个行业，随后的4月初，便传出该地块涉嫌"围标"的消息。一块"钻石地块"，却没有任何人竞争，底价成交，引起了人们的猜测。2020年7月，该地块重新拍卖，最终以44.04亿元落入招商口中。而中海近7亿元保证金被罚没，三家房地产企业众多高层下课，部分高管被采取强制措施。

由该事件分析："围标"是一种目光短浅、投机取巧的不良行为，其根本原因在于诚

---

① 陕西科技大学教师发展中心．［转载］"课程思政"教学改革优秀案例系列展之《工程经济学》．[EB/OL]．(2020-12-01)[2024-04-25].http://jsfz.sust.edu.cn/info/1064/2340.htm.
② 思政研究院．物业管理概论思政案例．[EB/OL]．(2022-04-29)[2024-06-14].http://mobile.sizhengziyuanku.com/exampleList/detail/3442.

信缺失。参与"围标"的企业不讲职业道德,长期忽视企业诚信建设,注重的是短期行为,而不是长期效益。企业和个人都受到了相应的惩处,教育我们要遵纪守法、恪守职业道德、诚信经营、靠自身和企业的实力来公平竞争、努力开拓市场、获取经济效益。

三、课程类视角的典型案例

(一) 公共基础类课程思政典型案例

如下面的案例——哈尔滨城市职业学院:新视野大学英语。①

"新视野大学英语"是国内大学英语领域使用第一套立体化教材,提供课本、光盘与网络课程三种不同载体的公共基础性课程。其思政目标是要求教师在传道授业解惑的基础上,帮助学生树立正确的"三观"和传承中华民族优秀的传统文化。

本书的第六章内容为介绍西方国家的节日文化。学生在接触西方文化的同时,需要融入相关思政元素,培养他们的民族文化自信。例如,可在课堂上列举与中国传统节日——春节的相关表达,加深学生对春节的认同感及归属感(见图9.4)。其实,在世界多元文化并存的浪潮中,我国有许多的传统节日被列为珍贵的非物质文化遗产,因此当代大学生需要用包容、发展、自信的眼光去看待世界各国文化,并不忘初心。课程思政元素以培养学生的社会主义核心价值观、增强学生的社会主义文化凝聚力的切入点与教学内容融合。

图9.4 哈尔滨城市职业学院:"新视野大学英语"课程思政案例插图

(二) 专业教育类课程思政典型案例

如下面的案例——哈尔滨师范大学教育科学学院:学前教育。②

"学前教育"作为思想政治理论课程,具有鲜明的意识形态属性,属于显性教育课程,教育方式更直接、有效。而其他课程思政元素都是隐性的,需要在课程内容中挖掘其中所蕴含的思想道德追求、科学精神、爱国情怀、优秀传统文化等,通过嵌入式、融入式、渗入式教学对大学生发挥价值引领作用。"课程思政新理念"追求实现显性教育和隐性教育有机统一,各类课程应与思政政治理论课程同向而行。

---

① 哈尔滨城市职业学院. 课程思政典型教学案例《新视野大学英语》. [EB/OL]. (2022-12-22) [2024-04-25]. https://www.13451.cn/news/959.html.

② 窦岚. 怎么办好学前教育"课程思政" [N]. 中国教育报, 2019-12-19 (2).

实施课程思政，是有效提升专业课程教学质量的有力抓手。学前教育专业思政教育资源丰富，内容涵盖面广，涉及教育、心理、管理、音乐、美术等领域，可挖掘的育人因素多样，且课程形式新颖。比如，"学前教育学"课程蕴含了儿童观、教师观、教育观的基本职业理念；"学前教育政策法规"课程蕴含了法治观念、教育情怀、师德师风、人际交往等隐性教育内容。教师在教授专业知识和专业技能的过程中，可以潜移默化地对学生进行思想价值引领，而不会造成学生的抵触情绪。实施课程思政也有助于专业教师提升思想政治素养，有助于引导他们把教书和育人、言传和身教结合起来，不断提高育人意识、政治理论水平和人文素养，做到以德立身、以德立学、以德施教。

（三）实践类课程思政典型案例

如下面的案例——思政研究院：鸡尾酒制作。①

"鸡尾酒制作"是酒店管理专业（民宿方向）学生的专业选修课程，根据酒店管理专业人才培养目标和相关职业岗位（群）的能力要求而设置。该课程旨在培养学生调酒的动手能力和创新能力，能够融入企业工作任务、紧随时代发展，进行各类规格宴会、酒会、民宿接待等项目的鸡尾酒调制与创作，为学生职业生涯的发展奠定基础。该课程共分为三大模块，分别为鸡尾酒概述、鸡尾酒制作、鸡尾酒创作三个教学项目，其思政育人元素见表9.2。

表9.2 "鸡尾酒制作"三大课程模块思政育人元素

	教学内容	思政育人元素
模块一：鸡尾酒概述	1. 鸡尾酒概述	国际视野，理想情怀，对美好生活的不断追求
	2. 鸡尾酒基酒介绍	提升文化自信，增强文化传承使命感
	3. 鸡尾酒辅料介绍	了解茶道，以茶喻人
	4. 鸡尾酒装饰制作	精益求精，创造美好生活
模块二：鸡尾酒制作	1. 鸡尾酒载杯工具介绍	安全意识、卫生意识、责任担当、职业素养
	2. 英式调酒技能训练	爱岗敬业、持之以恒、团队合作、厉行节约
模块三：鸡尾酒创作	1. 鸡尾酒材料创新	家国情怀、中外融合、民族文化传承
	2. 鸡尾酒工艺创新	与时俱进、钻研精神、精益求精
	3. 鸡尾酒口味创新	以人为本、创新精神
	4. 鸡尾酒理念创新	绿色低碳、厉行节约

案例描述：例如"以茶入酒，传承国韵——绿茶鸡尾酒的创作"的思政育人元素实施过程（见表9.3），从课前预习到课后提升等11个流程，均可融入思政内容。例如，节约成本、减少浪费、追求低碳环保生活；培养团队协作意识、工匠精神，取长补短；坚持创新，坚持文化自信，要有传承中华优秀传统文化的责任感。

---

① 思政研究院.《鸡尾酒制作——以茶入酒，传承国韵——绿茶鸡尾酒的创作——模块三鸡尾酒制作》课程思政案例.[EB/OL].[2024-04-29].http://www.sizhengziyuanku.com/anli/4839.html.

表 9.3 "以茶入酒,传承国韵——绿茶鸡尾酒的创作"的思政育人元素实施过程

教学环节	教学活动	思政实施
1. 课前预习	收集创意鸡尾酒配方,汇总其制作材料	培养职业热爱
2. 新课引入	以绿茶、枸杞、八角调酒,融入中医文化	培养对中国传统文化的热爱
3. 新知讲解	绿茶如何与其他酒水协调	中西合璧、兼容并蓄
4. 计算配方	辅助鸡尾酒计算器等软件,减少浪费	节约成本、减少浪费
5. 选择调法	小组头脑风暴	团队协作意识
6. 教师讲解	鸡尾酒原料调之前风格各异	各美其美,美美与共
7. 组内评价	小组成员相互评价	取长补短
8. 调整配方	根据组内讨论调整配方,重新制作	勇于创新、工匠精神
9. 造型设计	装饰上用环保材料	低碳环保
10. 作品择优	小组评选最优作品	三人行,必有我师焉
11. 课后提升	将作品上传,与行业调酒师交流	精益求精、工匠精神

后 记

《应用型大学课程思政建设研究》的付梓，标志着广东科技学院与南博教育研究院联合开展的应用型大学系列研究又一项成果的诞生。

这项成果，不仅仅是课程思政"广科模式"的有益探索，也是我国应用型大学课程思政理论与实践的经验总结，对应用型大学课程思政建设和发展具有一定的指导意义和借鉴价值。

自2018年以来，广东科技学院联合南博教育研究院启动了应用型大学"广科模式"系列研究工作，先后完成了"粤港澳大湾区与新时代应用型高等教育""高水平应用型本科专业建设：人才培养模式与评价体系研究""高水平应用型大学要素研究""高水平应用型大学课程建设研""高水平应用型大学产教融合研究"五项研究成果。应用型大学课程思政建设研究，是在广东科技学院课程思政建设实践的基础上，于2023年启动的研究项目。我们始终坚持"从实践中来，到实践中去"的原则，深入开展理论研究与实践探索，并对研究成果进行总结、梳理、提炼，与此前的研究一道形成系列研究著作，力求构建一个完整的应用型大学发展要素体系，致力于为应用型高等教育改革创新作出贡献。

高校立身之本在于立德树人。如何开展课程思政建设，更好地发挥课堂教学的"主渠道"作用、课程建设"主战场"作用、教师队伍"主力军"作用，是高校必须认真思考和努力探索的重要课题。每一所大学理应立足于为党育人、为国育才，积极贯彻落实立德树人根本任务，认真践行课程思政理念，全面加强课程思政建设，积极构建"三全育人"大格局，提高人才培养质量，提升学校育人水平。基于此，本书从绪论和应用型大学课程思政价值、应用型大学课程思政制度、应用型大学课程思政协同育人机制、应用型大学课程思政体系建设、应用型大学课程思政模式、应用型大学课程思政方法、应用型大学课程思政成效评价、数字化赋能课程思政新探索、应用型大学课程思政实践案例研究等九章，来探讨应用型大学课程思政建设的有关问题，较好地回应了应用型大学的人才培养问题。诚然，本书还存在许多不足，研究论述的广度和深度还有待提升，希望得到专家、学者宝贵的建议，并与教育同行一道不断丰富和完善应用型本科教育研究成果，这正是我们努力的目标。

特别感谢南博集团刘东风董事长坚定有力的支持、学术顾问魏中林教授全面细致的指导及广东科技学院吴念香书记的宏观指导，还要衷心感谢广东科技学院邱林润、刘嘉诚、程珊、金南顺、彭瑾、王斌、王金良、任立华等老师对本书所作出的贡献。作为项目研究的宏观组织和统筹者，我更多的是为各位专家、老师做好服务工作，为持续推进应用型大学系列项目研究搭建平台和提供保障。

值此书出版之际，写这几句话，是为后记。

周二勇

2024年3月10日